Osho

...Y LLÖVIERON FLORES

Charlas sobre historias zen

Primera edición: febrero 1996
Segunda edición: diciembre 1998

Título original: ...*And flowers showered*

Traducción: Jorge Viñes

Diseño de portada: Equipo Creativo

© Osho International Foundation, 1975, 1998

De la presente edición en castellano:
© Arkano Books, 1996
 Alquimia, 6
 28933 Móstoles (Madrid) - España
 Tels.: 91 614 53 46 - 91 614 58 49
 E-mail: alfaomega@sew.es

Depósito Legal: M. 47.432-1998
I.S.B.N.: 84-920921-2-2
Impreso en España por: Artes Gráficas COFÁS, S.A.

Este libro está impreso en papel ecológico.

ÍNDICE

I.
LLUVIA DE FLORES

Subhuti era uno de los discípulos de Buda.
Él pudo comprender la potencia del
vacío —el punto de vista de que nada existe
excepto en su relación de subjetividad
y objetividad.
Un día, cuando Subhuti estaba sentado bajo un
árbol en un estado de sublime vacío, empezaron
a caer flores a su alrededor.
"Te alabamos por tu discurso sobre el vacío",
le susurraron los dioses.
"Pero yo no he hablado del vacío", dijo Subhuti.
"No has hablado del vacío, no hemos oído el vacío",
respondieron los dioses. "Esto es verdadero vacío".
Y cayeron flores sobre Subhuti como lluvia.

Sí, sucede. No es una metáfora, es un hecho —así que no te tomes esta historia metafóricamente. Es literalmente verdad. Porque la totalidad de la existencia se siente feliz, dichosa, extática, incluso cuando es una sola alma quien alcanza lo supremo.

Somos parte de la Totalidad y la Totalidad no es indiferente a nosotros, no puede serlo. ¿Cómo va a ser una madre indiferente a su hijo? Es imposible. Cuando el niño crece, la madre también crece con él. Cuando el niño es feliz la madre también es feliz con él. Cuando el niño danza, algo danza también en la madre. Cuando el niño está enfermo, la madre está enferma. Cuando el niño es desdichado, la madre es desdichada. Porque no son dos; son uno. Sus corazones laten a un mismo ritmo.

La Totalidad es tu madre. La Totalidad no es indiferente a ti. Permite que esta verdad penetre en tu corazón tan profundamente como sea posible, porque incluso esta consciencia de que la Totalidad se siente feliz contigo, te cambiará. Entonces ya no estás alienado, ya no eres un extranjero aquí. Ya no eres un vagabundo, sin hogar, porque todo es un *hogar*. Y la Totalidad es tu madre, te cuida, te ama. Así que es natural que cuando alguien se convierte en un Buda, y alcanza la cima suprema, toda la existencia danza, toda la existencia canta, toda la existencia lo celebra. Es literalmente verdad. No es una metáfora, recuerda; de otra forma errarás toda la cuestión.

Llueven flores, y continúan lloviendo —nunca se detienen.

Las flores que llovieron para Subhuti aún siguen lloviendo.

Tú no las puedes ver, no porque no estén cayendo, sino porque no eres capaz de verlas.

La existencia continúa la celebración infinitamente, por todos los Budas que han sido, por todos los Budas que están siendo, y por todos los Budas que serán, porque para la Existencia no hay pasado, presente y futuro. Es una continuidad. Es eternidad. Sólo existe el ahora, el ahora infinito.

Aún llueven, pero no puedes verlas.

A no ser que caigan sobre ti, no puedes verlas; y cuando las veas cayendo para ti, verás que han estado lloviendo para todos los Budas, para todas las almas iluminadas.

La primera verdad es que a la Existencia le importa lo que te sucede. La existencia está orando continuamente para que te suceda lo Supremo. De hecho, tú no eres otra cosa que una mano extendida por la Totalidad para alcanzar lo supremo. No eres otra cosa que una ola que viene de la Totalidad para tocar la luna. No eres otra cosa que una flor abriéndose, para que la Totalidad se llene de fragancia a través tuyo.

Si puedes abandonarte a ti mismo, esas flores pueden llover esta misma mañana, en este mismo momento. Los Dioses siempre están dispuestos. Sus manos siempre están llenas de flores. Simplemente observan y esperan. Cuando alguien se vuelve un Subhuti —vacío; cuando alguien está ausente, de pronto empiezan a caer flores.

Éste es uno de los hecho básicos. Sin darse cuenta de ello no hay posibilidad de confianza. Sin ello no hay posibilidad de que alguna vez alcances la Verdad. A no ser que la Totalidad te ayude, no hay posibilidad de que la alcances. ¿Cómo vas a alcanzarla? Y ordinariamente nuestras mentes piensan justo lo contrario. Pensamos en la Totalidad como en el enemigo, no como el amigo, nunca como la madre. Pensamos en la Totalidad como si la Totalidad estuviera tratando de destruirnos. Miramos a la Totalidad a través de la puerta de la muerte, no a través de la puerta del nacimiento. Pareciera como que la Totalidad está contra ti, luchando contigo, no permitiéndote alcanzar tus metas y propósitos, no permitiéndote tu plenitud. De aquí que continúes haciéndole la guerra continuamente. Y cuanto más luchas, más verdadera te parece tu falsa idea; porque si luchas, tu propia lucha te retorna reflejada en la Totalidad.

La Totalidad te apoya, recuerda. Incluso cuando luchas, la Totalidad te apoya. Incluso cuando luchas y estás equivocado, la Totalidad de apoya. Ésta es la segunda verdad que hay que comprender bien. Si no lo comprendes, te será difícil continuar. Incluso cuando luchas con la Totalidad, la Totalidad te apoya; porque la Totalidad no puede hacer otra cosa que apoyar. Si te descarrías, aún la Totalidad te cuida. Incluso si te descarrías, la Totalidad va contigo. Si un niño se descarría, la madre aún se interesa por él. Si el niño se vuelve un ladrón y está enfermo, la madre aún le cuidará, nunca le dará veneno. Si el niño se descarría completamente, por el mal camino, la madre aún orará por él. Ése es el significado de la historia de Jesús sobre los dos hermanos.

Uno de ellos se fue, lejos del padre, descarriado, se gastó su parte de herencia y se convirtió en un mendigo, un jugador, un borracho. El otro permaneció con el padre, ayudó en los negocios, trabajó en la granja y en los jardines, incrementó la heredad, ayudó en todas las formas, sirvió al padre con un espíritu de entrega. Y cuando de pronto llegaron noticas de que el otro hermano se había convertido en un mendigo, de que mendigaba por las calles, el corazón del padre empezó a compungirse y todas sus oraciones fueron para él. Se olvidó completamente del que estaba cerca y sólo recordaba al que estaba distante. Por la noche, éste estaba presente en sus sueños, pero no el que estaba cerca y trabajando para él, que era bueno en todos los sentidos.

Un día el hijo mendigo regresó y el padre preparó un gran festejo. El hijo bueno volvía a casa desde la granja y alguien le dijo: "¡Mira la injusticia de tu padre! Tú le amas, le cuidas y le sirves, has permanecido con él, has sido absolutamente bueno, nunca has hecho nada en contra de su deseo, pero nunca ha preparado una fiesta para ti. ¡Sin embargo ha mandado matar al cordero más gordo para tu hermano, el que se descarrió y que ahora vuelve como un mendigo! ¡Y toda la casa lo está celebrando!".

El hijo, el hijo bueno, se sintió muy herido. Le parecía absurdo. Volvió a casa enfadado. Habló con su padre: "¿Qué estás haciendo? Nunca has dado una fiesta para mí, que te he servido, ¿y qué ha hecho por ti este otro hijo? Se gastó la herencia, se lo jugó todo, ¡y ahora vuelve a casa como un mendigo!".

El padre dijo: "Sí, porque tú estás tan cerca y eres tan bueno y eres tan feliz que no necesito preocuparme por ti. Sin embargo, mis oraciones y mi amor siguen al hijo que fue por el mal camino!".

Jesús solía contar esta historia a sus discípulos una

11

y otra vez, porque, como él dijo, Dios puede olvidar a los santos, no hay necesidad de recordarlos, pero Dios no puede olvidar a los pecadores.

Se habla de Dios como de un padre, pero yo os digo que Él no es un padre, es una madre; un padre no es un fenómeno tan profundo como una madre, por eso los hindúes Le llaman madre —Dios es madre, actúa como una madre. Y Jesús dijo que siempre que un pastor va de vuelta a casa y una oveja se ha perdido, deja a todas las ovejas en el bosque, en la noche oscura, y va en busca de la que se ha perdido. Y cuando encuentra a la oveja perdida, la lleva sobre sus hombros y se regocija y vuelve a casa sintiéndose feliz, porque la que se había perdido ha sido encontrada. Siempre que sucede así —y todos somos ovejas perdidas— el pastor se regocija. Empiezan a llover flores.

En Oriente los dioses no son antropomórficos: son fuerzas naturales. En Occidente se ha personificado la divinidad tan sólo para darle un corazón, un latido, para hacerlo más sensible. Por su parte, los hindúes, los budistas, han convertido todas las fuerzas naturales en dioses, ¡y tienen razón! Cuando Subhuti alcanzó el vacío, los dioses empezaron a llover.

Y el significado es muy hermoso: el sol es un dios para los hindúes y budistas, el cielo es un dios; cada árbol es un dios. El aire es Dios, la tierra es Dios. Todo tiene un *corazón*, ése es el significado. Todo *siente*, ése es el significado. Nada es indiferente a *ti*, ése es el significado. Y cuando tú lo alcanzas, todo lo celebra. Entonces el sol brilla de forma diferente; ha cambiado su cualidad.

Para los que son ignorantes todo sigue igual. El sol brilla igual que antes, porque el cambio de cualidad es muy sutil y sólo alguien que está vacío puede sentirlo. No es algo burdo, así que el ego no puede sentirlo. Lo burdo es el campo del ego. Lo sutil sólo se puede sentir cuando no hay ego, porque es tan sutil que si está ahí, te lo perderás: tu mera presencia es suficiente estorbo.

Cuando uno está totalmente vacío, la cualidad del sol cambia inmediatamente, tiene una poesía de bienvenida. Su calidez no es sólo calidez, se ha convertido en amor: una calidez amorosa. También el aire es diferente, se queda un poco más tiempo a tu alrededor, te toca con más sentimiento, como si tuviese manos. El tacto es totalmente diferente, con más sensibilidad. El árbol florecerá, pero no de la misma forma. Ahora las flores brotan del árbol como si saltasen.

Se dice que siempre que Buda pasaba por un bosque, los árboles florecían aun cuando no fuera la estación. ¡Tiene que ser así! El hombre puede errar en reconocer a Buda, pero, ¿cómo van a errar los árboles? ¡Ellos no tienen mente! Y cuando Buda camina por un bosque, empiezan a florecer. Es natural, ¡tiene que ser así! No es un milagro. Pero puede que no seas capaz de ver esas flores, porque esas flores no son realmente físicas. Esas flores son los *sentimientos* de los árboles. Cuando pasa Buda el árbol tiembla de forma diferente, late de forma diferente, ya no es el mismo. Éste es el significado. La Totalidad cuida de ti, la Totalidad es tu madre.

Ahora trata de comprender esta parábola, una de las mejores.

Subhuti era uno de los discípulos de Buda.

Buda tenía miles de discípulos. Subhuti era sólo uno de ellos. No tenía nada especial. En realidad nadie sabe gran cosa de él, pues ésta es la única historia en la que se le menciona. Había otros discípulos renombrados y famosos, grandes eruditos; había príncipes que renunciaron a sus reinos y los abandonaron para hacerse discípulos de Buda; eran hombres importantes, pero no llovieron flores sobre ellos. Las flores eligieron a Subhuti, que era sólo un discípulo más, sin nada especial.

Pero es que sólo entonces llueven flores; de otra forma, si te sientes especial alrededor de un Buda, ¡te equivocas! Puedes sentirte lleno de ego por estar cerca de un Buda, puedes crear una jearaquía, o pensar, "Yo no soy un discípulo ordinario, soy algo especial: soy el siguiente a Buda. Los demás son sólo ordinarios, una multitud, pero yo no soy una multitud, yo tengo un nombre, una identidad propia. Ya antes de venir a Buda era alguien". Y así sigues siendo alguien.

Sariputta vino a Buda. Cuando vino lo hizo con

quinientos discípulos propios. Era un maestro. Por supuesto, un maestro no iluminado, que no sabía nada, pero que creía que sabía porque era un gran erudito y conocía todas las escrituras. Había nacido brahmín y tenía mucho talento, un genio. Desde su misma infancia destacaba por su gran memoria: podía memorizar cualquier cosa. Sólo tenía que leer una escritura una vez, y ya estaba memorizada. Era conocido en todo el país. Cuando vino a Buda era alguien. Se hizo discípulo de Buda pero siguió siendo alguien. Ése "ser alguien" se convirtió en la barrera.

Estos dioses parecen ser muy irracionales: han elegido a un discípulo, Subhuti, que era sólo uno entre la multitud, sin nada especial. ¡Estos dioses parecen estar locos! Deberían haber elegido a Sariputta; pero no fue así. No eligieron a Ananda, el primo-hermano de Buda, la sombra de Buda durante cuarenta años. Durante cuarenta años no estuvo ni un momento lejos de Buda. Dormía en la misma habitación, le acompañaba a todas partes. Era la persona más conocida. Todas las historias que contó Buda, comienza diciéndoselas a Ananda: "Ananda, sucedió así...", "Ananda, sucedió una vez...", "Ananda" y "Ananda" y "Ananda". Sin embargo, estos dioses locos no le eligieron a él, sino a Subhuti, ¡un don nadie!

Recuerda, sólo los don nadies son elegidos; porque si eres alguien en este mundo no eres nadie en el otro. Si *aquí* eres nadie, te conviertes en alguien en el otro mundo. Los valores difieren. Aquí, las cosas burdas son valiosas; allí son valiosas las cosas sutiles. Y lo más sutil, lo más sutil posible es: *no ser*. Subhuti vivía entre la multitud, nadie conocía ni siquiera su nombre, y cuando llegaron estas noticias de que llovían flores sobre Subhuti, todo el mundo se preguntaba: "¿Quién es ése Subhuti? Nunca hemos oído hablar de él. ¿Ha sucedido esto por accidente? ¿Le han elegido los dioses equivocadamente?". ¡Había tantos que estaban más altos en la jerarquía! Y seguramente Subhuti era el último.

Ésta es la única historia acerca de Shubuti.

Trata de comprenderla bien. Cuando estés junto a un gran Maestro sé un nadie. Los dioses están locos, te elegirán sólo cuando no seas. Y si intentas ser, cuanto

14

más triunfes en ser alguien, más errarás. Esto es lo que buscamos en el mundo; y lo que intentamos también alrededor de un Buda. Anhelas riquezas. ¿Por qué? Porque con riquezas te haces alguien. Anhelas prestigio y poder. ¿Por qué? Porque con poder y prestigio no eres ordinario. Anhelas aprender, tener erudición, adquirir conocimientos. ¿Por qué? Porque con conocimientos tienes algo de lo que estar orgulloso.

Pero así los dioses no te elegirán. Tienen su propia forma de elegir. Si tú mismo estás golpeando demasiado tu tambor, no hay necesidad de que los dioses lluevan flores sobre ti: ya tú estás arrojando flores sobre ti mismo. Cuando dejás de enorgullecerte de todas las cosas, de pronto toda la existencia empieza a enorgullecerse de ti. Dice Jesús, "Los que son los primeros en este mundo serán los últimos en el Reino de Dios. Y los que son los últimos serán los primeros".

Sucedió una vez que un hombre muy rico murió el mismo día en que también había muerto un mendigo en la ciudad. El nombre del mendigo era Lázaro. El rico fue directamente al infierno y Lázaro directamente al cielo. El rico miró hacia arriba y vio a Lázaro sentado junto a Dios y gritó al cielo: "Parece que algo ha ido mal. ¡Yo debería estar ahí y este mendigo debería estar aquí!". Dios se rió y dijo: "Los últimos serán los primeros, y los primeros serán los últimos. Tú has disfrutado suficiente siendo el primero, ahora deja que Lázaro disfrute un poco".

Y el rico tenía mucho calor (por supuesto, en el infierno aún no hay aire acondicionado), un calor abrasador. Tenía mucha sed y no había agua. Así que gritó de nuevo y dijo: "Dios, por favor, al menos envía a Lázaro con un poco de agua, tengo mucha sed".

Y Dios dijo: "Lázaro tuvo sed muchas veces, casi muriendo en tu puerta, y tú nunca le diste nada. Se estaba muriendo, *hambriento* en tu puerta, y aunque dabas una fiesta cada día con muchos invitados, a él siempre le echaban de la puerta tus criados, porque los invitados eran poderosos: políticos, diplomáticos, hombres ricos; y un mendigo era inoportuno. Tus criados le perseguían cuando tenía hambre, mientras que la gente que estaba invitada se saciaba. Tú nunca miraste a Lázaro. Ahora es imposible".

Y se dice que Lázaro se rió.

Ésta se convirtió en una profunda historia sobre la que reflexionaron muchos místicos cristianos. Fue como un *koan* zen, y en los monasterios cristianos se han estado preguntando una y otra vez *por qué se rió Lázaro*.

Se rió de lo absurdo de las cosas. Nunca había sabido que un don nadie como él, un leproso, un mendigo, entraría alguna vez en el cielo. No podía creer que esto sucediera. Y tampoco podía creer lo contrario: que un rico, el más rico de la ciudad, iría al infierno. Se rió.

Y Lázaro aún se ríe. Y también se reirá cuando tú mueras: si eres alguien se reirá, porque serás expulsado. Si eres nadie, ordinario, se reirá, porque serás recibido.

En este mundo, porque existe el ego, todas las valoraciones pertenecen al ego. En el otro mundo, en la otra dimensión, las valoraciones pertenecen al no-ego. De ahí, el énfasis de Buda en no-ser, *anatta*. El dijo: "Ni siquiera creas 'Soy un alma', porque también eso puede convertirse en un ego sutil. No digas '*Aham Brahmasmi*: Soy Brahma, soy el Ser Supremo'. Ni siquiera digas eso, porque el *Yo* es muy astuto. Puede engañarte. Te *ha* engañado durante muchas, muchas vidas y puede seguir engañándote. Simplemente di: 'No soy' y permanece en ese *no-ser*, permanece en esa nada, vacíate del ser".

Hay que deshacerse del ser. Una vez que se ha arrojado al ser, no falta nada. Empiezas a rebosar y comienzan a caer flores sobre ti.

Subhuti era uno de los discípulos de Buda.

Recuerda: "uno de ellos".

Pudo comprender la potencia del vacío.

Era sólo uno de tantos, por eso fue capaz de comprender la potencia del vacío. Nadie hablaba de él, nadie le conocía. Caminó con Buda, le siguió en muchos, muchos caminos en sus viajes. Nadie sabía que él también estaba allí; si hubiese muerto nadie se habría dado cuenta. Si se hubiera escapado nadie lo habría sabido, porque nadie sabía que Subhuti estaba allí. Él supo, poco a poco, siendo nadie, de la *potencia del vacío*.

¿Cuál es el significado de esto? Que cuanto *más* se convertía en una no-entidad, más sentía que Buda se estaba acercando a él. Nadie más se daba cuenta, pero Buda era consciente. Todo el mundo se asombró cuando estas flores llovieron sobre él, pero no Buda. Cuando le contaron que algo le había sucedido a Shubuti, Buda dijo: "Lo estaba esperando. Iba a suceder en cualquier momento. Se ha borrado tanto a sí mismo que iba a suceder cualquier día. No me sorprende en lo más mínimo". *Pudo comprender la potencia del vacío* ¡estando vacío! Tú no conoces el poder del vacío. No conoces el poder de estar totalmente ausente por dentro. Tú sólo conoces la pobreza del ego.

Pero intenta comprender. ¿Te has sentido alguna vez realmente poderoso con el ego? Con el ego siempre te sientes impotente. Por eso dice el ego: "Engrandece un poco más tu imperio para que te puedas sentir poderoso; no, esta casa no basta, es necesaria una casa más grande; no, este balance bancario no basta, es necesario un balance bancario mayor; no, esta fama no basta, un poco más". El ego siempre pide más. ¿Por qué? Si es poderoso, ¿por qué seguir pidiendo más? El mero anhelo de más dice, muestra, que el ego se siente impotente. Tienes un millón de rupias y eres impotente. El ego dice: "No, un millón no es suficiente, ten diez millones de rupias". Y yo os digo: con diez millones de rupias serás diez veces más impotente, eso es todo. Y entonces el ego dirá: "No, esto no es suficiente".

Nada es suficiente para el ego. Esto prueba tan sólo que eres impotente, que careces de poder. Cuanto más poder ganas, con menos poder te siente por contraste. Cuanto más rico te haces, más pobre te sientes. Cuanto más sano, más temeroso de la muerte; cuanto más joven, más sientes que la vejez se acerca.

El opuesto está a la vuelta de la esquina, y si tienes un poco de inteligencia verás que el opuesto está alcanzándote, atenazándote el cuello. Cuanto más bello eres, más sientes tu fealdad interna.

Realmente el ego nunca es poderoso. Sólo sueña con el poder, piensa en el poder, reflexiona sobre el poder; pero son sólo sueños y nada más. Y los sueños están ahí sólo para ocultar la impotencia que hay dentro de ti, pero no pueden ocultar la realidad. Hagas lo que hagas, desde aquí o desde allá, de nuevo la realidad llega y destroza todos los sueños.

El ego es la cosa más importante del mundo. Pero nadie se da cuenta de ello, porque el ego sigue pidiendo más, nunca te permite detenerte a mirar la situación. Antes de que te des cuenta, te empuja más y más hacia adelante en algún sitio. La meta siempre está en algún sitio cerca del horizonte. Y está tan cerca que piensas: "Para el anochecer la alcanzaré".

El anochecer no llega nunca.

El horizonte permanece siempre a la misma distancia. El horizonte es una ilusión. Todas las metas del ego son sólo ilusiones. Pero te dan esperanza, y tú sigues sintiendo: "Un día u otro me haré poderoso". *Ahora mismo* permaneces sin poder, impotente, inferior; pero en el futuro, en la esperanza, en el sueño, te haces poderoso. Debes ser consciente de que muchas veces, sentado en tu silla, empiezas a soñar despierto: te has convertido en el emperador de todo el mundo o en el Presidente de los Estados Unidos, e inmediatamente empiezas a disfrutarlo. Todo el mundo te mira, te has convertido en el punto focal de la atención de todo el mundo. Así ese sueño te estimula, te intoxica. Si sueñas así, caminarás de forma diferente. *Esto es lo que le está sucediendo a todo el mundo.*

Tu potencial permanece en los *sueños*, tú permaneces impotente.

La verdad es justo lo opuesto: cuando no la buscas, viene; cuando no la pides, te es dada; cuando no la anhelas, está ahí; cuando no vas al horizonte, de pronto te das cuenta de que siempre ha sido tuya, aunque nunca la viviste. Está ahí dentro, y tú la buscas fuera. Está ahí dentro de ti y tú vas fuera. La estás *llevando*. El poder más supremo, lo Divino mismo, está en ti. Y tú estás buscando aquí y allá como un mendigo.

Pudo comprender la potencia del vacío. Estando vacío, comprenderás; no hay otra forma de comprenderder. Lo que quieras comprender, sé eso, porque ésa es la única forma de alcanzarlo. Intenta ser un hombre ordinario, nadie, sin nombre, sin identidad, sin nada que exigir, sin ningún poder que forzar sobre los demás, sin ningún esfuerzo por dominar, sin ningún deseo de poseer, tan sólo siendo una no-entidad. Inténtalo, ¡y mira lo poderoso que te vuelves! ¡Qué lleno de energía y qué rebosante! Tan poderoso que puedes compartir tu poder. Tan lleno de dicha que puedes dársela a muchos, a millones. Y cuanto más das, más te enriqueces. Cuanto más compartes, más creces. Te conviertes en una corriente.

Pudo comprender la potencia del vacío: el punto de vista de que nada existe excepto en su relación de subjetividad y objetividad. That is what truth is.

Ésta es una de las más profundas meditaciones que descubrió Buda. Él dice que todo existe en relación: todo es relativo, no algo absoluto, sustancial. Por ejemplo: tú eres pobre, yo soy rico. ¿Es algo sustancial o sólo una relación? Puede que yo sea pobre en relación a otra persona, y puede que tú seas rico en relación a alguna otra persona. Incluso un mendigo puede ser rico en relación a otro mendigo; hay mendigos ricos y mendigos pobres. Un rico es pobre en comparación con otro más rico. Tú eres pobre —¿es tu pobreza existencial o sólo una relación? Es un fenómeno relativo. De no existir nadie con el que relacionarte, ¿qué serás? ¿Rico o pobre? Very nice question

Piensa: de pronto toda la humanidad desaparece y te quedas sólo en la Tierra, ¿qué serás: rico o pobre? Simplemente serás *tú*, ni rico ni pobre, porque, ¿cómo comparar? No hay un Rockefeller con quien compararse. No hay mendigos con los que compararse. ¿Serás guapo o feo cuando estés solo?: Ninguno de los dos; simplemente serás tú. Sin nada con lo que compararte, ¿cómo vas a ser feo o guapo?

Y así con la belleza y la fealdad, la riqueza y la pobreza, y con todas las demás cosas.

¿Eres sabio o tonto? ¿Tonto o sabio?: ¡Ninguno de los dos! Así que Buda dice que todas estas cosas existen en relación. No son existenciales.

Son sólo conceptos.

¡Y estamos tan preocupados con cosas que *no* son! Estás demasiado preocupado de si eres feo. Estás demasiado preocupado de si eres guapo. Y te preocupas por algo que no existe.

Algo relativo *no* es. Es sólo una relación, como si hubieras dibujado algo en el cielo, una flor de aire. Incluso una burbuja en el agua es más sustancial que las relatividades. ¿Quién eres si estás solo? *El ser alguien llega en relación con alguien.*

Eso significa: ser nadie es estar en la naturaleza; ser nadie es estar en la existencia.

Y estás solo, recuerda. La sociedad sólo existe fuera de ti. En lo profundo de tu interior estás solo. Cierra los ojos y mira si eres bello o feo: ambos conceptos desaparecen; dentro no hay belleza ni fealdad. Cierra los ojos y comtempla quién eres. ¿Respetado, no respetado? ¿Moral, inmoral? ¿Joven, viejo? ¿Negro, blanco? ¿Amo o esclavo? ¿Quién eres? Cierra los ojos y en tu soledad caen todos los conceptos. No puedes ser nada. Entonces surge el vacío; todos los conceptos han sido anulados. Sólo permanece tu existencia.

Ésta es una de las meditaciones más profundas que descubrió Buda: SER NADIE. *Y esto no hay que forzarlo.* No tienes que pensar que eres nadie, tienes que darte cuenta de ello; si no, tu "nadiedad" será demasiado pesada. No tienes que *pensar* que eres nadie, simplemente tienes que darte cuenta de que todas las cosas que piensas que eres son relativas.

Y la Verdad absoluta no es relativa. La Verdad *no* es relativa. No depende de nada, simplemente está ahí. Así que descubre la Verdad dentro de ti y no te preocupes por las relaciones. Las relaciones difieren, las interpretaciones difieren. Y si las interpretaciones cambian, tú cambias.

Cuando algo está de moda, si lo usas, eres moderno, apreciado. Si ha pasado de moda y lo usas, estás desfasado, no eres respetado. Hace cincuenta años algo estaba de moda y habrías sido moderno. Cincuenta años después puede ponerse de moda otra vez y entonces de nuevo serás moderno. Ahora mismo está pasado de moda. ¿Pero quién *eres* tú? ¿Modas cambiantes? ¿Conceptos cambiantes? ¿Relatividades?

20

Uno de mis amigos era comunista, pero muy rico, y nunca sintió la contradicción. Era un burgués bien alimentado que jamás trabajó con sus manos. Tenía muchos criados; pertenecía una antigua familia real. Hizo un viaje a Rusia en 1940. Cuando regresó, me dijo: "Dondequiera que fui, me empecé a sentir culpable. Porque siempre que estreché las manos de alguien pude sentir inmediatamente que el otro sentía que mis manos no llevaban ninguna de las marcas de un trabajador. No son proletarias, son burguesas, ¡suaves!, ¡femeninas! E inmediatamente la cara de la otra persona cambiaba y soltaba mi mano como si yo fuese intocable". Me dijo: "En la India, siempre que estrecho las manos de alguien mis manos son apreciadas. Son bellas, femeninas, artísticas. En cambio en Rusia me sentí tan culpable de mis manos que incluso empecé a pensar en cómo destruir su suavidad, para que nadie me mirase como a un explotador, un burgués, un rico".

Porque allí, el trabajo se ha convertido en un valor. Si eres proletario en Rusia eres alguien. Si eres rico, eres un pecador. Cualquier cosa es sólo un concepto relativo.

En la India hemos respetado a los *bhikkus, swamis, sannyasins*. Y también fue así en la China anterior a Mao. El hombre que renunciaba al mundo era el *más* respetado y la sociedad cuidaba de él; era la cima más alta de la humanidad. Cuando llegó el comunismo a China, miles de monasterios fueron completamente destruidos, y todos los monjes —respetables hombres del pasado— se convirtieron en pecadores porque no trabajaban. Desde entonces sólo puedes comer si trabajas, y mendigar es una explotación prohibida por la ley; ahora nadie puede mendigar.

Si Buda hubiese nacido en la China de Mao habría tenido dificultades. No se le habría permitido mendigar, se habría pensado que era un explotador. Incluso si Marx hubiera nacido en China o Rusia, habría tenido dificultades, porque en toda su vida lo único que hizo fue leer en el Museo Británico. No era un proletario, no era un trabajador. Y su amigo y colaborador, Fredrick Engels, era muy rico. En Rusia se les adora como dioses, pero si Fredrick Engels fuese ahora a visitarla, tendría problemas. Nunca trabajó; vivió del trabajo de los demás. Y ayudó a Marx; sin su ayuda Marx no habría escrito *Das Kapital* o el *Manifiesto Comunista*. Pero ahora es diferente. Hoy en Rusia él tendría dificultades. La moda ha cambiado; los conceptos cambian.

Recuerda esto: lo que cambia es relativo y lo que permanece sin cambiar es absoluto; y tu ser es absoluto, no es parte de la relatividad.

Indeed

...el punto de vista de que nada existe excepto en su relación de subjetividad y objetividad.

Si comprendes bien este punto de vista, si reflexionas y meditas sobre él, de pronto se hace la luz en tu interior y ves que todo está vacío.

Un día, cuando Subhuti estaba sentado bajo un árbol en un estado de sublime vacío...

Recuerda las palabras *sublime vacío*, porque a veces tú también te sientes vacío pero ello no es sublime. A veces tú también te sientes vacío, pero no es un vacío extático: es una depresión, un vacío negativo, no un vacío positivo. Debes recordar esta distinción.

Un vacío negativo significa que te sientes fracasado, *sin* comprender. Has intentado alcanzar algo en el mundo y no lo has alcanzado. Te sientes vacío porque no pudiste conseguir lo que deseabas: no pudiste conseguir la mujer que querías y te sientes vacío; el hombre tras el que andabas escapó y te sientes vacía; el éxito con el que soñabas no llegó y te sientes vacío. *Este* vacío es negativo: es tristeza, depresión, un estado de mente deprimido. Si te sientes vacío *de esa forma,* recuerda, las flores no lloverán sobre ti. Tu vacío no es real, no es positivo. *Aún estás tras las cosas,* y por eso te sientes vacío. Aún estás tras el ego: querías ser alguien y no pudiste. Es un fracaso, no una comprensión.

Así que recuerda: si renuncias al mundo por un fracaso, no hay verdadera renuncia, no es *sannyas,* no es verdadero. Si renuncias al mundo a través de la comprensión, eso es totalmente diferente. No renuncias como un esfuerzo triste y frustrante. No lo haces como un suicidio. Recuerda: si tu *sannyas* es un suicidio, entonces las flores no lloverán sobre ti; y entonces te alejas. Seguramente conocerás la fábula de Esopo.

Pasaba una zorra y había uvas, pero la viña estaba en lo alto de un árbol. La zorra las intentó atrapar una y otra vez, pero estaban fuera de su alcance, así que se fue diciendo: "No merecen la pena, todavía no están dulces y maduras. Son amargas". No pudo alcanzarlas, pero para el ego es difícil aceptar que "soy un fracaso". En vez de reconocer: "He fracasado, estaban fuera de mi alcance", el ego dirá: "No valían la pena".

Vuestros muchos *sannyasins*, los mal llamados sántos, son iguales a la zorra de Esopo. Han renunciado al mundo no porque comprendieran su futilidad, sino porque eran unos fracasdos y el mundo estaba más allá de su alcance, y así están llenos de rencor y quejas. si vas con ellos, encuentras que dicen: "La riqueza es suciedad, y, ¿qué es una mujer hermosa? ¡Nada excepto huesos y sangre!". Pero, ¿a quién están tratando de convencer?: tratan de convencerse a sí mismo de que las uvas son agrias y amargas.

¿Por qué hablar de mujeres cuando has dejado el mundo? ¿Y por qué hablar sobre la riqueza cuando no estás interesado en ella? Ello demuestra que todavía existe un profundo interés; aún no puedes aceptar el fracaso, y la comprensión no ha surgido.

Siempre que estás *en contra* de algo, recuerda, no ha surgido la comprensión; porque en la comprensión *los pros* y *los contras* desaparecen. En la comprensión no eres hostil al mundo. En la comprensión no condenas al mundo y a la gente. Si sigues condenando, tu condena evidencia que hay una herida en alguna parte y que te sientes celoso; porque sin celos no puede haber condena. Condenas a la gente porque de alguna forma, en alguna parte, inconscientemente, sientes que están disfrutando y que tú te lo has perdido. Sigues diciendo que este mundo es sólo un sueño, pero si es realmente un sueño, ¿por qué insistir en que es un sueño? Nadie insiste sobre los sueños. Te despiertas por la mañana y sabes que tu sueño fue un sueño y se acabó. No vas diciendo a la gente que cualquier cosa que sean es un sueño.

Recuerda un truco de la mente: tratas de convencer de algo a la gente tan sólo para convencerte a ti mismo, porque cuando el otro se siente convencido, tú te sientes bien.

Si vas y le dices a la gente que el sexo es pecado y ellos quedan convencidos o no pueden refutarte, te pones feliz. Te has convencido a ti mismo. Mirando los ojos de los demás estás tratando de cubrir tu propio fracaso.

El vacío negativo es inútil. Es simplemente la ausencia de algo. El vacío positivo es la presencia de algo, no la ausencia, por eso el vacío positivo se convierte en poder. El vacío negativo se convierte en un estado mental triste, deprimido: simplemente te derrumbas hacia adentro, eso es todo. Sintiéndote fracasado, sintiéndote descorazonado, sintiendo por todas partes el muro que no puedes cruzar,. sintiéndote impotente, tu reacción será censurar y condenar.

Pero eso no es crecimiento, eso es una regresión. Y en lo profundo no puedes florecer, porque sólo la comprensión florece, nunca la depresión, y si tú no puedes florecer, la Existencia no va a llover flores sobre ti. La Existencia simplemente te responde. Cualquier cosa que seas, la Existencia te da más de eso. Si dentro de tu ser florecen muchas flores, más flores lloverán sobre ti. Si tienes una profunda depresión, la Existencia también incidirá en tu depresión. *Lo que eres llamará a la puerta. Lo que eres te será devuelto multiplicado.*

Así que sé cuidadoso y estáte alerta. Y recuerda, un vacío *sublime* es un fenómeno positivo. No se es un fracasado: simplemente se mira y se comprende que los sueños no pueden cumplirse. Y entonces no hay tristeza en absoluto, sino *la felicidad de haber llegado a esta comprensión de que los sueños no pueden cumplirse.* Uno nunca se siente deprimido, desesperanzado, *simplemente se siente feliz y dichoso porque ha llegado a una comprensión*: ahora no intentaré lo imposible; ahora no intentaré lo inútil. Y uno *nunca* dice que el objeto del deseo sea malo; cuando estás en el sublime vacío positivo dices que el deseo es erróneo, no el objeto del deseo. Ésta es la diferencia.

En el vacío negativo ves el objeto del deseo como erróneo, así que tratarás de cambiarlo por otro objeto.

24

Si el objeto erróneo es la riqueza o el poder, lo dejarás y harás que el objeto sea Dios, la liberación, el cielo, etcétera.

Si el vacío es perfecto y sublime y positivo, no ves el objeto como erróneo, simplemente ves que ese deseo es fútil; los objetos están bien, pero el deseo es fútil. Entonces no cambias tu deseo de un objeto a otro objeto; simplemente abandonas el deseo mismo. No deseando, floreces. Deseando, te vuelves más y más paralizado y muerto.

Un día, cuando Subhuti estaba sentado bajo un árbol en un estado de sublime vacío...

Vacío pero feliz, vacío pero lleno; vacío pero sin que falte nada, vacío pero rebosante; vacío pero en calma, en casa.

... empezaron a caer flores a su alrededor.

Se sorprendió, porque no era nadie. Él nunca lo esperó. Si lo esperas, nunca caen. Si no lo esperas, caen y entonces te sorprendes. ¿Por qué? Subhuti debió pensar que algo había ido mal. ¿Cayendo sobre Subhuti, un don nadie, y también cuando está vacío? ¿Ni siquiera pensando en Dios, ni siquiera pensando en la liberación, ni siquiera meditando (porque cuando estás meditando no estás vacío, estás haciendo algo, estás lleno de tu esfuerzo), sin hacer nada? Subhuti debió ponerse alerta porque algo había ido mal: Los dioses se han vuelto locos. ¿Por qué estas flores, sin ser la estación? Debió mirar al árbol y debió mirarse a sí mismo de nuevo: ¿Estás lloviendo flores sobre *mí*? No podía creerlo.

Recuerda, cuando te suceda lo Supremo, te sorprenderás, porque nunca lo supusiste; ni siquiera lo esperabas, no te hacías ilusiones. Y a los que están suponiendo y esperando y anhelando y orando y deseando, nunca les sucede, ¡porque están *tensos*! Nunca están vacíos, nunca están relajados.

El universo viene a ti cuando estás relajado, porque entonces eres vulnerable, abierto: todo puertas abiertas. Por cualquier parte, Dios es bienvenido. Pero no estás rezando, y no estás pidiéndole que venga, no estás haciendo nada. Cuando no estás haciendo nada, simplemente en un estado de vacío sublime, te conviertes en el templo, y Él viene.

...en un estado de sublime vacío, empezaron a caer flores a su alrededor.

Él miró a su alrededor. ¿Qué está sucediendo? No podía creerlo. Nunca lo había supuesto. No podía creer que él fuese merecedor, o que fuera capaz, o que hubiese crecido.

"Te alabamos por tu discurso sobre el vacío", le susurraron los dioses.

Tenían que susurrar. Debieron haber mirado a los ojos asombrados de este Subhuti, tan sorprendido. Dijeron: "Te estamos alabando. No estés tan sorprendido y asombrado. ¡Tranquilo! Simplemente te alabamos por tu discurso sobre el vacío!.

"Pero yo no he hablado del vacío", dijo Subhuti.

"¡Yo no he dicho nada!".

"No has hablado del vacío, no hemos oído el vacío", respondieron los dioses. "Esto es verdadero vacío".
Y cayeron flores sobre Subhuti como lluvia.

Intenta comprender. Dijeron: "Te alabamos por tu discurso sobre el vacío", y él no estaba hablando a nadie, no había nadie. No estaba hablándose a sí mismo porque estaba vacío, no dividido. No estaba hablando en absoluto. Simplemente estaba allí. Por su parte nada estaba siendo hecho, ninguna nube de pensamiento atravesaba su mente, ningún sentimiento surgía en su corazón: *estaba simplemente como si no estuviera.* Estaba simplemente *vacío.* Y los dioses dijeron: "Te alabamos por tu discurso sobre el vacío". De forma que él aún se sorprendió más y dijo: "¿Qué? Yo no he hablado del vacío, ¡yo no he dicho nada!". Ellos dijeron: "Tú no has hablado y nosotros no hemos oído. Esto es verdadero vacío" —Porque no puedes hacer discursos sobre el vacío, sólo puedes estar vacío; ése es el único discurso. De todo lo demás se puede hablar, todo lo demás se puede convertir en un sermón, un objeto de sermón, todo lo demás puede ser comentado, discutido; pero no el vacío. Porque el esfuerzo mismo de decir algo sobre él lo destruye. En el momento en que lo dices ya no está allí. *Una sola palabra, y el vacío se ha perdido.* Incluso una sola palabra puede. *llenarte,* y el vacío desaparece.

No, no se puede decir nada sobre él. Nadie ha dicho nunca nada sobre él. Sólo puedes estar vacío, y ése es el discurso.

Ser es el discurso. El vacío nunca puede convertirse en un objeto del pensamiento. El estado de *no-*pensamiento es su naturaleza. Así que los dioses dijeron: "Tú no has dicho nada y nosotros no hemos oído. ¡Ésa es su belleza! Por eso te alabamos. Raramente sucede que alguien *esté simplemente vacío.* Esto es verdadero vacío". Y él ni siquiera se daba cuenta de que era vacío, porque si te das cuenta, algo extraño ha entrado en ello: estás dividido, en partes. *Cuando uno está realmente vacío no hay otra cosa que vacío, ni siquiera la consciencia del vacío. Ni siquiera el testigo está allí.* Uno está perfectamente alerta, uno no está dormido —pero el testigo no está allí. Va más allá de ser testigo, porque siempre que eres testigo de algo hay una ligera tensión en tu interior, un sutil esfuerzo, y entonces el vacío es una cosa y tú eres otra. Tú eres testigo de ello; no estás vacío. Entonces de nuevo el vacío no es más que un *pensamiento* en la mente.

Algunos vienen a mí y dicen: "He experimentado un momento de vacío". Y yo les digo: "Si tú lo has experimentado entonces olvídate de ello, porque ¿quién lo puede experimentar? El experimentador es suficiente, una barrera suficiente. *¿Quién lo puede experimentar?*". El vacío no puede ser experimentado, no es una experiencia, porque el experimentador no está allí; el experimentador y la experiencia se han hecho uno. Es un *experimentando.*

Permitidme acuñar esta palabra: es un *experimentando.* Es un proceso indiviso; y ambos polos han desaparecido, ambas orillas han desaparecido y sólo el río existe. No puedes decir: "Yo experimenté". porque tú no estabas allí, ¿cómo vas a experimentarlo? Y una vez que entras en ello no puedes convertirlo en una experiencia pasada, no puedes decir: "Yo experimenté", porque entonces se convierte en una memoria del pasado.

No, el vacío nunca puede convertirse en una memoria, porque el vacío nunca puede dejar rastro. No puede dejar ninguna huella. ¿Cómo puede el vacío convertirse en una memoria del pasado? ¿Cómo puedes decir: "Yo experimenté?" Siempre está en *el ahora*, es un *experimentando*. No es ni pasado ni futuro, siempre es un proceso en marcha. Una vez que entras, has entrado. Ni siquiera puedes decir: "Yo experimenté"; por eso Subhuti ni siquiera se daba cuenta de lo que estaba sucediendo. *Él no estaba allí.* No había ninguna distinción entre él y el universo. Ninguna distinción. Todos los límites se disolvieron. El universo comenzó a fundirse en él, él se fundió en el universo: fusión, disolución, unidad. Y los dioses dijeron, "Esto es verdadero vacío". *Y cayeron flores sobre Subhuti como lluvia.*

Esta última línea hay que comprenderla muy cuidadosamente, porque cuando alguien te dice que estás vacío, el ego puede regresar inmediatamente, porque *te darás cuenta,* y sentirás que se ha conseguido algo. De pronto los dioses te harán darte cuenta de que estás vacío.

Pero Subhuti es excepcional, extraordinariamente excepcional. A pesar de lo que los dioses gritaban a su alrededor, susurraban a su oído, y caían flores sobre él como lluvia, a él no le importó. Simplemente se mantuvo silencioso. Ellos dijeron, "¡Has hablado, has dado un discurso!". Él escuchó sin regresar. Ellos dijeron, "No has hablado, no hemos oído. ¡Esto es verdadero vacío!". No había ego diciendo: "Me ha sucedido la verdadera felicidad. Ahora me he iluminado"; y de esta forma hubiese errado en el *último* punto. E inmediatamente las flores habrían dejado de caer si él hubiese regresado. No, él debió cerrar los ojos y debió haber pensado: "Estos dioses están locos y estas flores son sueños; ¡no te preocupes"!.

El vacío era tan hermoso que ahora *nada* podía

ser más hermoso que eso. Él, simplemente permaneció en su vacío sublime, por eso las flores cayeron sobre Subhuti como lluvia. Ahora no caían unas pocas aquí y otras pocas allá, ahora caían *como lluvia.*

Ésta es la única historia sobre Subhuti, no se vuelve a decir nada sobre él. No se le menciona de nuevo en ninguna parte. Pero yo os digo que las flores aún siguen cayendo. Subhuti ya no está bajo ningún árbol, porque cuando uno se vuelve real y totalmente vacío, uno se disuelve en el universo.

Pero el universo aún lo celebra. Siguen lloviendo flores.

Pero tú sólo serás capaz de conocerlas cuando lluevan para ti. Sólo cuando Dios llama a tu puerta sabes que Dios es, nunca antes.

Todos los argumentos son inútiles, ningún discurso da en la diana; a no ser que Dios llame a tu puerta. A no ser que te suceda a *ti,* nada puede convertirse en una convicción. Hablo de Subhuti porque esto me sucedió a mí y no es una metáfora, es literal. Había leído acerca de Subhuti con anterioridad, pero pensé: "Es una metáfora, hermosa, poética". Nunca había tenido una ligera noción de que esto sucediese *en realidad.* Nunca pensé que esto fuera un fenómeno realista, algo *real* que sucede.

Pero ahora os digo que sucede. Me sucedió a mí, te puede suceder a ti; pero es necesario un vacío sublime.

Y nunca te confundas. Nunca pienses que tu vacío negativo puede hacerse sublime alguna vez. Tu vacío negativo es como la oscuridad; el vacío sublime es como la luz, es como un sol naciente. El vacío negativo es como la muerte. El vacío sublime es como la vida, la vida eterna; es dicha.

Permite que ese estado penetre más y más profundo en ti. Ve y siéntate bajo los árboles. Simplemente siéntate, sin hacer nada. ¡Todo se detiene! Cuando tú te detienes, todo se detiene. El tiempo no se moverá, como si de pronto el mundo hubiera llegado a una cima donde no hay movimiento. Pero no tengas la idea de que "ahora estoy vacío", si no lo perderás. E incluso si los dioses comienzan a llover flores sobre ti, no prestes mucha atención.

Y ahora que conoces la historia, ni siquiera preguntes por qué. Subhuti tuvo que preguntar, tú no lo necesitas. E incluso si susurran por sí mismos: "Hemos oído el verdadero vacío y el discurso sobre él", no te importe. Y las flores caerán como lluvia sobre ti también.

II.
EL ESTUDIANTE INSOLENTE

Cuando Yamaoka era un estudiante insolente
visitó al Maestro Dokuon.
Queriendo impresionar al Maestro,
dijo: "No hay mente, no hay cuerpo, no hay Buda.
No hay mejor, no hay peor. No hay Maestro,
no hay estudioso. No hay dar,
no hay recibir. Lo que pensamos que vemos
y sentimos no es real. Ninguna de estas cosas
aparentes existe en realidad".
Dokuon había estado sentado tranquilamente
fumando su pipa y sin decir nada. De repente,
cogió su bastón y dio a Yamaoka un
golpe terrible.
Yamaoka saltó de ira.
Dokuon dijo: "Ya que ninguna de estas
cosas existe realmente, y todo es vacío,
¿de dónde viene tu ira? Piensa en ello".

$\mathcal{L}$ os conocimientos no sirven para mucho. Sólo *ser* puede convertirse en el vehículo para la otra orilla.

Puedes seguir pensando, acumulando información; pero eso son barquitos de papel; no servirán para un viaje transoceánico. Si te quedas en la orilla y sigues hablando de ellos, está bien; los barcos de papel son tan buenos como los barcos reales si nunca vas de viaje. Pero si vas de viaje con barcos de papel, te hundirás. Y las palabras no son otra cosa que barcos de papel; y, además, ni siquiera son tan substanciales como ello.

Y cuando acumulamos conocimientos, ¿qué hacemos? Nada cambia dentro. El ser permanece absolutamente ajeno.

Igual que el polvo, la información se acumula a tu alrededor; igual que el polvo que se acumula en un espejo: el espejo sigue siendo el mismo, sólo que pierde su capacidad de reflejar. Lo que sabes con la mente no cambia nada, tu consciencia sigue siendo la misma. De hecho, se hace peor, porque los conocimientos acumulados son como polvo en torno a tu consciencia reflejante; la consciencia refleja menos y menos y menos.

Cuanto más sabes, menos consciente te vuelves. Cuando estás completamente lleno de erudición, de conocimientos prestados, ya estás muerto. Entonces *nada* viene a ti como algo propio. Todo es prestado, como un loro.

La mente *es* un loro. He oído —sucedió en los días de Joseph Stalin— que un hombre fue a la comisaría de policía de Moscú y denunció la desaparición de su loro. Como este hombre era un comunista muy prominente, el jefe de la comisaría se informó acerca del loro, porque era importante y tenía que ser buscado. En su investigación preguntó: "¿Habla el loro?".

El comunista, el camarada, sintió un ligero miedo y luego dijo: "Sí, habla. Pero tome nota: cualquier opinión política que tenga es completamente suya".

¿Pero cómo va a tener un loro opiniones propias? Un loro no puede tener opiniones propias, y tampoco la mente; porque la mente es un mecanismo. Un loro está más vivo que una mente. Incluso *puede* que un loro tenga opiniones propias, pero la mente no puede. La mente es una computadora, una bio-computadora.

33

Acumula. Nunca es original. No puede serlo. Todo lo que tiene es prestado, tomado de otros.

Sólo te vuelves original cuando trasciendes la mente. Cuando se abandona la mente y la consciencia enfrenta la existencia directamente, con inmediatez, en contacto con la existencia momento a momento, entonces te vuelves original. Por primera vez eres auténticamente tú mismo.

De otra forma, *todas* las ideas son prestadas. Puedes citar escrituras, puede que sepas *de memoria* todos los Vedas, el Korán, el Gita, la Biblia, pero eso no cambia nada, no son tus propias ideas. Y los conocimientos que no son originales tuyos son peligrosos, más peligrosos que la ignorancia, porque son ignorancia *escondida*, y no serás capaz de ver que te estás engañando a ti mismo. Llevas monedas falsas y piensas que eres rico, llevas piedras falsas y piensas que son brillantes. Tarde o temprano tu pobreza te será revelada. Entonces te escandalizarás.

Esto sucede cuando mueres, cuando la muerte se acerca. En la conmoción que la muerte te da, de pronto te das cuenta de que no has ganado *nada*, porque sólo se gana lo que se gana en ser.

Has acumulado fragmentos de conocimientos de aquí y de allá, puede que te hayas convertido en una gran enciclopedia; pero ésa no es la cuestión; y particularmente, para los que están buscando la Verdad, eso es una barrera, no una ayuda. Hay que trascender los conocimientos.

Cuando no hay conocimientos, llega el *saber*, porque el *saber* es tu cualidad, la cualidad de la consciencia. Es como un espejo: el espejo refleja cualquier cosa que esté ahí; la consciencia refleja la Verdad que siempre está en frente de ti, en la punta de tu nariz.

Pero la mente está en el medio y continúa charlando, y la verdad permanece justo enfrente de ti mientras la mente continúa charlando. Y te vas con la mente. Desperdicias la oportunidad. *La mente es un gran desperdicio.*

Antes de entrar en esta bella anécdota, unas pocas cosas más. Primera: los conocimientos son prestados, date cuenta de esto. El mero darse cuenta se convierte en su abandono. No tienes que hacer nada, simplemente date cuenta de que todo lo que sabes lo has oído, no lo has *sabido*; lo has leído, no lo has comprendido; no es una revelación para ti, es un condicionamiento de la mente. Se te ha *enseñado*, no lo has *aprendido*. La Verdad se puede aprender, no se puede enseñar.

Aprender significa ser sensible a todo lo que te rodea, a todo lo que *es*, ser sensible a "Ello". Éste es un buen aprendizaje, pero no es un conocimiento.

No hay camino para encontrar la verdad, excepto encontrarla. No hay atajo. No puedes tomarla prestada, no puedes robarla, no puedes engañar para llegar a ella. Simplemente no hay forma mientras haya una mente dentro de ti. Porque la mente es vacilación, la mente es un temblor continuo; la mente nunca está inmóvil, es movimiento. La mente es como una brisa soplando continuamente y la llama sigue vacilando. Cuando no hay mente, la brisa se detiene y la llama queda inmóvil.

Cuando tu consciencia es una llama inmóvil, sabes la Verdad. Tienes que aprender a no seguir a la mente.

Nadie puede darte la Verdad, nadie, ni siquiera un Buda, un Jesús, un Krishna; nadie puede dártela. Y es bello que nadie pueda dártela, si no se convertiría en una mercancía en la plaza. Si puede ser dada, entonces también puede ser vendida. Si puede ser dada, entonces también puede ser robada. Si puede ser dada, entonces puedes tomarla de un amigo, tomarla prestada. Es bello que la Verdad no sea transferible en forma alguna. A no ser que *tú* la alcances, no se puede alcanzar. A no ser que *tú* te conviertas en ella, nunca puedes tenerla.

De hecho, *no* es algo que puedas *tener*. No es una mercancía, una cosa, un pensamiento. Puedes *serla*, pero no puedes tenerla.

En el munto, en *este* mundo, podemos tener de todo, todo puede hacerse parte de nuestras posesiones. Hay dos mercancías que se pueden poseer: los pensamientos y las cosas; las cosas se pueden poseer, los pensamientos se pueden poseer. Pero la Verdad no es *ninguna* de estas dos mercancías. *La Verdad es ser*. Puedes convertirte en ella, pero no puedes poseerla. No puedes tenerla en tu caja fuerte. No puedes tenerla

35

en tu libro. No puedes tenerla en tu mano. Cuando la *tienes, eres* ella. Te conviertes en Verdad. No es un concepto, es un *ser* mismo.

Lo segundo a recordar: una tendencia humana consiste en intentar mostrar que tienes lo que no tienes. Si lo *tienes*, no tratas de mostrarlo, no hay razón para esto. Si no lo tienes, tratas de mostrarlo, como si lo tuvieras. Así que recuerda, todo lo que quieras mostrar a la gente, eso es lo que no tienes.

Si vas a casa de un rico, eres su invitado y nada cambia; si es realmente rico no cambia nada, simplemente te acepta. Pero si vas a casa de un pobre, cambia todo: Puede que tome prestados muebles de su vecino, una alfombra de otra persona, cortinas de otra. Le gustaría dar la impresión de que es rico. Si no eres rico te gustaría dar la impresión a la gente de que lo eres. Y si no sabes, te gustaría que la gente pensara que sabes.

Siempre que quieras impresionar a alguien recuerda esto: impresionar es una tendencia humana, porque nadie quiere parecer pobre; y aún más cuando se trata de cosas del otro mundo.

Puedes ser pobre mientras se trata de cosas de este mundo; ésa no es mucha pobreza; pero cuando se trata de Dios, el alma, la liberación, la Verdad, ser pobre es demasiado para poderlo soportar.

Te gustaría dar la impresión a la gente de que tienes algo, y es difícil impresionarles cuando se trata de cosas de este mundo, porque estas cosas son visibles. Es fácil impresionar a la gente sobre cosas del otro mundo porque son invisibles. Puedes dar la impresión a la gente de que sabes, sin saber.

El problema surge porque cuando impresionas a los demás, existe la posibilidad de que puedas creerte tú mismo, a través de sus ojos y sus convicciones, que tú tienes algo. Si mucha gente está convencida de que sabes, poco a poco tú te convencerás de que sabes; ése es el problema, porque engañar a los demás no es un gran problema. Pero si tú te engañas por tu propio esfuerzo, entonces será casi imposible sacarte de tu sueño, ¡porque crees que no es un sueño en absoluto! Crees que estás completamente despierto. Así será difícil sacarte de tu ignorancia, porque piensas que ya estás Iluminado. ¡Será difícil sacarte de tu enfermedad porque crees que ya estás sano e íntegro!

La mayor barrera que hay entre ti y la Verdad es: que te has convencido a ti mismo a través de los demás de que ya la tienes. De forma que es un círculo vicioso. Primero: intentas convencer a los demás, y puedes convencerlos porque la cosa es invisible. Segundo: los demás tampoco tienen la Verdad, así que no saben. Si vas y empiezas a hablar sobre Dios, y continúas hablando, tarde o temprano la gente empezará a pensar que sabes sobre Dios, porque ellos tampoco saben. Excepto la palabra "Dios", no saben nada sobre ello, y tú puedes ser muy listo y argumentar sobre teorías y filosofías. Y si sigues, por puro aburrimiento dirán: "Sí, creemos que sabes, pero *acaba*".

He oído algo que sucedió una vez: Había un gran místico, Baal-Shem, un judío jasídico, al cual vino a ver en cierta ocasión un erudito, un simulador —y todos los eruditos son simuladores, porque con "erudito" quiero decir alguien que sólo sabe a través de escrituras, palabras, lenguaje, que no ha encontrado la realidad él mismo— que empezó a hablar de antiguos profetas, y del Antiguo Testamento, y a comentarlos; todo prestado, por supuesto, no original: una tontería por su parte, porque estaba hablando con un hombre que *sabía*.

Baal-Shem escuchó, por compasión, y luego al final dijo, "Qué pena, qué pena; si te hubiera conocido el gran Maimónides...".

Maimónides era un filósofo judío, un gran filósofo, así que el simulador estaba muy feliz, repleto de alegría por ese cumplido: que si el gran Maimónides le hubiera conocido... Así que dijo, "Soy tan feliz de que me reconozcas y me hayas dado reconocimiento. Sólo una cosa más: ¿Por qué dices, 'Qué pena, qué pena; si te hubiera conocido el gran Maimónides...'? ¿Qué quieres decir? Por favor, dímelo, ¿qué quieres decir?".

Respondió Baal-Shem, "Que entonces le habrías aburrido a él, y no a mí".

Por puro aburrimiento la gente empieza a creer: "Sí, tú sabes; pero cállate". Y por otra parte, tú no sabes, eres tan ignorante como ellos. Sólo hay una diferencia: eres más articulado, has leído más, has acumulado un poco más de polvo, y como ellos no pueden discutir, puedes ponerles en su sitio y acallarles. *Tienen que creer que sabes, y les* da igual si sabes o no.

Sé *feliz* si piensas que sabes, pero estás creando un muro de piedra que te será difícil romper. Porque si convences a los demás, tú te convences de que sabes. Así que no hay tantos supuestos "Maestros". No saben nada, pero tienen seguidores, y a causa de los seguidores están convencidos de que saben. Retira los seguidores y verás que su confianza se va.

En lo profundo, los psicólogos de profundidad dicen que la gente acumula seguidores sólo para convencerse a sí misma de que sabe. Sin seguidores, ¿cómo te convencerías a ti mismo? No es posible, ¡estás solo! Es *difícil* engañarse a sí mismo directamente, pero es fácil engañarse a través de los demás. Cuando hablas a alguien y ves la luz en sus ojos, te convences de que debes tener algo, si no, ¿por qué vino esta luz a sus ojos, a su rostro? Por eso anhelamos tanto impresionar a la gente. La mente quiere impresionar a la gente para poder ser impresionada a través de ellos y poder creer entonces en sus conocimientos prestados como si fueran una revelación.

Cuidado con ello. Ésta es una de las trampas más astutas. Una vez que caes en ella te será difícil salir.

Un pecador puede alcanzar la Verdad más fácilmente que un erudito, porque un pecador siente en lo profundo que es culpable, puede arrepentirse, y siente que ha hecho algo equivocado. No puedes encontrar un pecador que sea básicamente feliz. Él siente la culpa; ha hecho algo equivocado y se arrepiente; quiere deshacer lo que ha hecho para así hacer surgir el equilibrio en su vida, y un día u otro hará surgir el equilibrio. Pero si eres un erudito, un hombre de palabras, teorías y filosofías, un gran *pundit*, entonces es difícil, porque nunca te sientes culpable de tu erudición, sino que te sientes feliz y lleno de ego.

Recuerda esto: cualquier cosa que te dé la sensación de ego es una barrera; cualquier cosa que te dé la sensación de no-ego es el Camino.

Si eres un pecador y te sientes culpable, eso significa que tu ego está agitado. A través del pecado no puedes acumular ego. Ha sucedido muchas veces que un pecador ha dado el salto en un momento y se ha convertido en un santo. Le sucedió a Valmiki, un santo indio, el primero que contó la historia de Rama. Valmiki era un ladrón y un asesino, y *en un instante* se transformó. Nunca jamás le ha sucedido estó a ningún *pundit* —y la India es un gran país de *pundits:* brahmines, eruditos. No se puede competir con los eruditos indios, tienen una larga herencia de miles de años y han vivido de palabras y palabras y palabras. Pero nunca ha sucedido que en un solo instante un erudito diese el salto, explotase, rompiese con el pasado y se volviese totalmente nuevo. Nunca ha sucedido así. Pero ha sucedido muchas veces con pecadores, en un solo instante, porque en lo profundo nunca pudieron hacer arreglos en su ego con lo que estaban haciendo. Lo fue fuese que estaban haciendo echaba por tierra al ego, y el ego es el muro, el muro de piedra.

Si sientes que eres un moralista, un puritano, crearás un ego sutil. Si piensas que eres un conocedor, crearás un ego sutil. Recuerda: no hay otro pecado que el ago, así que no lo acumules. Y siempre se acumula a través de cosas falsas, porque las cosas reales siempre lo echan por tierra. Si sabes *realmente,* el ego desaparece; si no sabes, se acumula y se hace más y más y más grande y fuerte. Si eres *realmente* un hombre puro, un hombre religioso, el ego desaparece, pero si eres un puritano, un moralista, entonces el ego se fortalece. Éste debería ser siempre el criterio para juzgar si lo que estás haciendo es bueno o malo: júzgalo por el ego. Si el ego es fortalecido, es malo: déjalo en cuanto puedas, ¡déjalo inmediatamente! Si el ego no es fortalecido, es bueno.

Si vas al templo cada día, o a la iglesia todos los domingos, y sientes que el ego se acrecienta, no vayas a la iglesia, déjalo; no vayas al templo, no te está ayudando, es un veneno. Si sientes que por ir a la iglesia eres religioso, que eres algo extraordinario, más grande, más puro que los demás, *más sagrado que otro,* si esta actitud viene a ti: *más sagrado que otro,* entonces déjalo, porque esta actitud es el único pecado que existe en el mundo. Todo lo demás son juegos de niño. Éste es el único pecado, esta actitud de *ser más sagrado que.*

Haz sólo lo que no fortalezca a tu ego, y tarde o temprano te iluminarás, porque cuando no hay ego, si te deja incluso por un solo instante, de pronto los ojos se abren y Lo has visto. Una vez visto, nunca es olvidado. Una vez vislumbrado, se convierte en un imán tan poderoso en tu vida que va atrayéndote más y más cerca, hacia el centro del mundo. Tarde o temprano estarás fundido con ello.

Pero el ego se resiste, el ego se resiste a rendirse. Se resiste al amor, se resiste a la oración, se resiste a la meditación, se resiste a Dios. El ego es una resistencia, una lucha contra el Todo. Por eso es un pecado.

Y el ego siempre está interesado en impresionar a la gente. Cuanto más puedas impresionar a la gente, más comida consigue el ego. Esto es un hecho. Si no puedes impresionar a nadie, los apoyos son retirados y el ego empieza a temblar. *No tiene base en la realidad.* Depende de las opiniones de los demás.

Trata ahora de entrar en esta anécdota: *El Estudiante Insolente.*

Esto es una contradicción, porque un estudiante no puede ser insolente, y si lo es, no puede ser un estudiante. Un estudiante no puede ser descarado, no puede ser rudo, no puede estar lleno de ego. Si lo es, no puede ser un estudiante, porque ser estudiante significa ser receptivo, estar dispuesto a aprender. ¿Y qué es la disposición de aprender? Disposición de aprender significa: sé que soy ignorante. Si "sé" que sé, ¿cómo voy a aprender? Las puertas están cerradas, no estoy dispuesto a aprender; en realidad, estoy dispuesto a enseñar.

Sucedió una vez en un monasterio Zen: vino un hombre que quería ser iniciado. El Maestro le dijo: "Tenemos dos categorías de iniciados aquí. Tengo quinientos residentes en el *ashram,* en el monasterio, y tenemos dos categorías: una es la de discípulo y la otra es la de Maestro. Así que, ¿a qué categoría te gustaría unirte?".

El hombre era absolutamente nuevo; incluso sintió una pequeña duda, y respondió: "Si es posible, me gustaría ser iniciado como Maestro".

El Maestro estaba bromeando. Sólo estaba bromeando, y quería mirar el inconsciente más profundo.

A todo el mundo le gustaría ser un Maestro, e incluso si te haces discípulo lo haces sólo como un medio, sólo como un medio para hacerte Maestro: tienes que pasar por ello, es una obligación, de otra forma, ¿cómo te vas a convertir en un Maestro? Así que tienes que ser un discípulo, pero es la búsqueda del ego para ser un Maestro. Al ego le gustaría enseñar, no aprender, e incluso si aprendes, es aprendizaje con la idea de prepararte para enseñar.

Vosotros me escucháis; con el escuchar yo también tengo dos categorías: puedes escuchar como un discípulo; puedes escuchar como un aspirante a Maestro. Si escuchas como aspirante a Maestro tú te lo pierdes, *porque con esa actitud no puedes escuchar.* Si tan sólo estás esperando, preparándote y preguntándote cómo saltar a ser un Maestro y enseñar a los demás, no puedes ser receptivo. Sólo puedes aprender si eres un discípulo sin ningún pensamiento de convertirte en un Maestro.

Ésta era una de las tradiciones más antiguas en Oriente: que una persona no empezaría a enseñar a no ser que se lo dijese su Maestro.

Había un discípulo de Buda que permaneció muchos años con él: se llamaba Purna. Se iluminó y aún permaneció con Buda. Después de su Iluminación, también iba todas las mañanas a escuchar a Buda.

Él mismo era ahora un Buda. No le faltaba de nada; lo era *por derecho propio,* pero seguía viniendo.

Un día, Buda le preguntó: "Purna, ¿por qué sigues viniendo? Ahora puedes dejarlo".

Y Purna dijo: "A no ser que tú lo digas, ¿cómo voy a dejarlo? Si tú lo dices está bien".

Entonces dejó de acudir a las charlas de Buda, pero permaneció como una sombra yendo con la *Sangha*, con la Orden. Entonces, después de varios años, de nuevo dijo Buda: "Purna, ¿por qué continúas siguiéndome? ¡Ve y enseña a la gente! No necesitas estar aquí conmigo".

Y Purna dijo: "Estaba esperando. Cuando tú digas, iré. Soy un discípulo, así que cualquier cosa que digas la haré. Si tú lo dices, está bien. Así que, ¿a dónde debería ir? ¿En qué dirección debería ir? ¿A quién

debería enseñar? ¡Simplemente dirígeme y yo seguiré!
Soy un seguidor".

Este hombre debió escuchar a Buda totalmente,
porque incluso cuando se iluminó siguió siendo un discípulo.

Y hay personas que son absolutamente ignorantes,
y ya son "Maestros". Incluso si están escuchando, están
escuchando con la actitud de que tarde o temprano
tienen que enseñar. ¡Escuchas sólo para decir a los demás lo que has aprendido! Saca de la mente esa idea
completamente, porque si esa idea está ahí, si el aspirante a Maestro está ahí, el discípulo no puede existir;
nunca co-existen.

Un discípulo es simplemente un discípulo. Un día
sucede que se convierte en Maestro; pero ésa no es *la
meta*, ésa es sólo una consecuencia. Siendo un aprendiz
uno se vuelve sabio; ésa es una consecuencia, no la
meta. Si aprendes simplemente para volverte sabio
nunca aprenderás, porque ser sabio es una meta del
ego, un "ego-trip". Y si estás tan sólo esperando a des-
arrollarte, a madurar para convertirte en Maestro, y el
ser un discípulo es sólo un pasaje que hay que atrave-
sar cuando antes mejor, que hay que concluir y no
eres feliz en él, que te gustaría terminar, entonces no
eres un discípulo y nunca serás un Maestro. Porque
cuando un discípulo madura, se convierte en Maestro
espontáneamente. Ésa no es una meta a seguir, sucede
como un producto derivado.

El estudiante insolente, descarado, rudo, pensando
que ya sabe... ésa es la única insolencia que puede su-
cederle a una mente: que ya "sabe".

*Cuando Yamaoka era un estudiante insolente visitó
al Maestro Dokuon. Queriendo impresionar al
Maestro, dijo...*

Estos "Yamaokas" vienen a mi casa todos los días.
He conocido a muchos "Yamaoka" en un estilo. Vienen
a mí y a veces lo disfruto muchísimo.

Sucedió una vez: vino un hombre; habló durante
una hora, comentó el Vedanta entero. Había estado pidiendo una entrevista durante muchos días, escribién-
dome cartas, había viajado desde lejos y había estado

diciendo que le gustaría hacerme unas cuantas preguntas. Cuando vino se olvidó de las preguntas; empezó a darme respuestas, y yo no había preguntado *nada*. Durante una hora habló y habló y habló, no hubo ni siquiera un espacio para que pudiera interrumpirle. No, ni siquiera escuchaba, así que tuve que decirle sí, sí, sí. Y le escuché y lo disfruté, y después de una hora dijo: "Ahora tendré que irme; se acabó mi tiempo, pero he aprendido tantas cosas de ti. Y siempre recordaré este encuentro. Y amaré esta memoria: has resuelto todos mis problemas".

En realidad, éste era su problema: quería hablar y decir cosas y darme algún conocimiento. Y era muy feliz porque yo escuché. Él siguió siendo el mismo, pero se fue muy feliz.

La gente viene a mí y dice que saben que "Todo es Brahma". La India está demasiado cargada de conocimientos y los tontos se han vuelto aún más tontos a causa de esa carga, porque todos *saben* y hablan como *conocedores*. Dicen que Todo es Brahma, que la Realidad es no-dual, y luego al final preguntan: "¿Puedes sugerir algo?, mi mente está muy tensa".

Si sabes que la existencia es no-dual; si sabes que el dos no existe, ¿cómo vas a estar preocupado y tenso? ¡Si sabes esto, todos los problemas se han ido, todas las preocupaciones se han disuelto, la angustia desaparece! Pero si le dices: "No sabes", no escuchan. Y si tan sólo continúas escuchándoles, al final lo real saldrá automáticamente.

Sucedió en un Juzgado: un hombre fue acusado de robar un reloj de bolsillo. La persona a quien se lo habían robado era un poco corto de vista, sus ojos eran tan débiles que sólo podía ver con gafas y se había olvidado las gafas en alguna parte. Estando en la calle, aquel hombre cortó su bolsillo y cogió el reloj. Cuando el juez preguntó: "¿Puede reconocer a este hombre? ¿Es éste el hombre que cogió su reloj?", el que había sido robado dijo: "Es difícil, porque mis ojos son débiles y sin gafas no puedo ver bien, todo es un poco borroso. Así que no puedo decir exactamente si éste es el hombre o no, pero han robado mi reloj y siento que éste es el hombre".

Pero como no había otro testigo presencial o cualquier otra cosa, y no se podía probar, el magistrado tuvo que poner en libertad al ladrón.

Le dijo: "Puede irse, es usted libre".

Pero el hombre parecía un poco perplejo. El juez le dijo: "¡Puede irse, es usted libre!". El hombre aún parecía perplejo, y el juez le preguntó: "¿Quiere decir algo?".

Él dijo: "Sí. ¿Puedo quedarme con el reloj? ¿Me lo puedo quedar?".

Esto es lo que sucede... La gente sigue hablando, y si continúas escuchándoles, al final encontrarás que todo su Vedanta es inútil, al final piden *algo* que les pone en evidencia. Lo otro es sólo lenguaje, verbalización.

Este Yamaoka visitó al Maestro Dokuon. Dokuon era un hombre Iluminado, uno de los amados en Japón, uno de los más respetados. *Queriendo impresionar al Maestro dijo...*

Si quieres impresionar a un Maestro eres un tonto, un hombre perfectamente estúpido. Puede que quieras impresionar al mundo entero, pero no trates de impresionar a un Maestro; al menos ahí ¡abre tu corazón! No digas tonterías; al menos *ahí*, ¡sé auténtico!

Cuando vas a un doctor, le expones todas tus enfermedades, le permites diagnosticar, examinar, le dices todo, sea lo que sea, no ocultas nada. Si *ocultas* algo a un doctor, ¿entonces para qué acudir a él? ¿Cómo esperas que él te ayude si pretendes engañarle?

A un doctor le dices todo acerca del cuerpo; a un Maestro tienes que decirle todo lo del alma, si no, no hay ayuda posible. Cuando vayas a un Maestro, *¡ve completamente!* No crees una barrera de palabras entre tú y él. Di sólo lo que sepas. Si no sabes nada, di "No sé".

Cuando P.D. Ouspensky fue a Gurdjieff era un gran erudito, era ya mundialmente famoso, *más conocido en el mundo que Gurdjieff mismo.* Gurdjieff era un fakir desconocido en aquellos días; se hizo conocido a través de Ouspensky. Ouspensky había escrito un gran libro antes de conocer a Gurdjieff. El libro era realmente excepcional, porque hablaba como si supiera, y era un hombre tan articulado que podía engañar. El libro es *Tertium Organum,* el tercer canon de pensamiento, y realmente uno de los libros más excepcionales del mundo. Incluso la ignorancia puede a veces hacer cosas; si eres habilidoso puedes hacer cosas, incluso con ignorancia.

Ouspensky afirma en ese libro —y su afirmación es *correcta*— que sólo existen tres libros reales en el mundo: uno es el *Organum* de Aristóteles, el primer canon de pensamiento; el segundo es el *Novum Organum* de Bacon, y el tercero es su *Tertium Organum*, y realmente estos tres libros son excepcionales. Los tres autores son ignorantes, ninguno de ellos sabe nada sobre la Verdad, pero son hombres *muy* articulados. Realmente han hecho milagros: sin saber nada sobre la Verdad han escrito hermosos libros. *Casi* han llegado, han llegado *aproximadamente*.

Ouspensky tenía renombre; cuando fue a ver a Gurdjieff, Gurdjieff no era nadie. Por supuesto, fue con el conocimiento de que Gurdjieff era *un hombre de ser*, un hombre sin conocimientos realmente, pero de un ser muy sustancial. ¿Qué hizo Gurdjieff? Hizo algo hermoso: permaneció en silencio. Ouspensky esperó y esperó y esperó, se puso nervioso, empezó a sudar ante este hombre, porque él simplemente permanecía en silencio, mirándole; y eso era embarazoso. Sus ojos eran muy penetrante, si quería podía *quemarte* con sus ojos; y su rostro era tal que, si quería, podía simplemente sacudirte fuera de tu ser con su rostro. Si miraba dentro de ti, te sentías muy incómodo. Gurdjieff permaneció como una estatua y Ouspensky empezó a temblar, le invadió la fiebre. Entonces preguntó: "¿Pero por qué estás en silencio? ¿Por qué no dices algo?".

Gurdjieff dijo: "Primero hay que decidir una cosa, decidirla absolutamente; hasta entonces no diré ni una sola palabra. Entra en la otra habitación, encontrarás allí una hoja de papel; escribe en ella todo lo que sabes, y también lo que no sabes. Haz dos columnas: una con tus conocimientos, otra con tus ignorancias, porque de lo que sepas no es necesario que yo te hable; lo sabes y no hay necesidad de hablar de ello. De todo lo que no sepas, te hablare".

Cuenta Ouspensky que entró en aquella habitación, se sentó en una silla, cogió el papel y el lápiz, y por primera vez en su vida se dio cuenta de que no sabía nada. Este hombre destrozó todos sus conocimientos, porque, por primera vez, con consciencia, iba a escribir: Conozco a Dios. ¿Cómo escribir eso sin conocerlo? ¿Cómo escribir: "Sé la Verdad"?

Ouspensky fue auténtico. Volvió después de media ho-a, entregó una hoja en blanco a Gurdjieff y dijo: "Ahora tú empiezas a trabajar. Yo no sé nada".

Gurdjieff dijo: "¿Cómo pudiste escribir el *Tertium Organum*? No sabes nada, ¡y has escrito el tercer canon de pensamiento!".

Es como si la gente siguiera escribiendo mientras duerme, en sueños; como si no supieran lo que están haciendo, no supieran lo que está sucediendo a través de ellos.

Queriendo impresionar al Maestro, dijo: "No hay mente, no hay cuerpo, no hay Buda. No hay mejor, no hay peor. No hay Maestro, no hay estudioso. No hay dar, no hay recibir. Lo que pensamos que vemos y sentimos no es real. Ninguna de estas cosas aparentes existe en realidad".

Ésta es la enseñanza más elevada, la Verdad Suprema. Ésta es la esencia de toda la tradición de Buda: que todo está vacío. De eso es de lo que hablábamos: todo está vacío; todo es relativo; nada existe absolutamente. Ésta es la más elevada comprensión. Pero si sólo lo lees en un libro y lo dices, es simplemente estúpido.

No hay mente, no hay cuerpo, no hay Buda. Buda *ha* dicho: "Yo no soy". Pero cuando Buda lo dice significa algo. Cuando Yamaoka lo dice no significa nada. Cuando Buda lo dice, es muy, muy significativo: "Yo no soy". Él dice" "Ni siquiera *yo* soy, así que ponte más alerta: tú no puedes ser".

"Ésta es mi comprensión", dice, "la personalidad es como una ola, o una línea dibujada en el agua. Es una forma, y la forma está continuamente cambiando. La forma no es Verdad. sólo lo sin forma puede ser lo verdadero. Sólo lo que no cambia puede ser lo verdadero". Y Buda dice: "Puede que tu forma tarde setenta años en desaparecer, pero desaparece, y lo que un día no era, y de nuevo un día no será, no puede *ser* en el entretanto. Yo no fui un día; no seré un día. ¿En los dos lados nada, y justo en el medio, soy? Eso no es posible. ¿Cómo puede existir la existencia entre dos no-existencias? ¿Cómo puede haber algo sustancial entre dos vacíos? Debe ser un sueño falso".

¿Por qué dices, al despertar de un sueño, que fue falso? Fue un sueño, ¿pero por qué dices que fue falso? ¿Cuál es el criterio de ser falso o verdadero? ¿Cómo juzgarlo? Y por la mañana todo el mundo dice: "Soñé, y el sueño era falso". Sueño significa "lo falso", pero ¿por qué? Éste es el criterio: al anochecer el sueño no estaba allí, cuando fui a dormir no estaba allí, cuando de nuevo dejé de dormir no estaba allí, así que, ¿cómo va a estar en el medio? La habitación es real, el sueño es falso; porque cuando te fuiste a dormir la habitación estaba allí, y cuando dejaste de dormir la habitación seguía allí. La habitación es real, el sueño es falso, porque al sueño le rodean dos nadas, y entre dos nadas, nada puede existir. Pero la habitación continúa, así que dices que la habitación es real, el mundo es real, y el sueño es falso.

Un Buda ha despertado de este mundo y ve que, al igual que el sueño, tu mundo también es falso. Él ha despertado de este gran sueño que llamamos "mundo", y entonces dice: "El mundo no estaba allí, ahora de nuevo no está, así que, ¿cómo va a estar en el medio?". De aquí que los Budas, los Shankaras, sigan diciendo: "El mundo es ilusorio, es un sueño". Pero tú no puedes decirlo; tú no puedes meramente recoger las palabras y repetirlas.

Este Yamaoka debió haber escuchado, debió haber aprendido, leído, estudiado. Estaba repitiendo como un loro: No hay mente, no hay cuerpo, no hay Buda, no hay mejor, no hay peor; porque todos son relativos. Recuerda, Buda llama "falso" a todo lo relativo y "verdadero" a todo lo absoluto. El ser absoluta es el criterio de la Verdad, la relatividad es el criterio del sueño.

Trata de comprender esto, porque esto es *básico*. Dices que tu amigo es alto. ¿Qué quieres decir? Sólo se puede decir de él que es "más alto", no "alto"; es más alto que alguien. Puede que sea un pigmeo ante otra persona, así que el "ser alto" no está en él. La altura es sólo una relación, un fenómeno relativo. *En compara-*

ción con alguien es más alto, en comparación con otro puede que sea un pigmeo. Así que, ¿qué es?, ¿es alto o un pigmeo? No, las dos cosas son relativas. *En sí mismo* no es ni alto ni un pigmeo. Por eso dice Buda, "No existe mejor, no existe peor".

¿Quién es un pecador y quién es un santo? Si sólo hubiera santos en el mundo, ¿habría algún santo? Si todos fueran pecadores en el mundo, ¿habría algún pecador? El pecador existe a causa del santo, el santo existe a causa del pecador, son relatividades. Así que, si quieres ser santo, crearás al pecador; no puedes ser santo sin que haya pecadores. Así que sé consciente, no te vuelvas santo, porque si lo haces, eso significa que en alguna parte tendrá que existir la otra polaridad.

Los santos son falsos, los pecadores son falsos. *¿Quién eres en ti mismo?* Si estás solo, ¿eres un pecador o un santo? No eres ninguna de las dos cosas. Mira esta realidad que eres, sin relacionarte con ninguna otra cosa; mira dentro de ti mismo sin relación, entonces llegarás a la Verdad absoluta; de otra forma todo es un término relativo.

Las relatividades son sueños; la Realidad no es una relatividad, es un absoluto. ¿Quién *eres* tú?

Si entras en ti y dices, "soy luz", de nuevo estás soñando, porque, ¿qué puede significar la luz sin la oscuridad? ¡La luz necesita a la oscuridad *para existir*! Si dices: "Dentro soy dicha", de nuevo estás soñando, porque la dicha necesita el sufrimiento para existir. Por eso dice Buda que no podemos usar ningún término, porque dentro hay vacío. Pero este "vacío" no está en contra de lo "lleno"; es sólo para decir que *todos* los términos están vacíos. En la Verdad absoluta *ningún* término sirve, no puedes decir nada.

Buda no estaría de acuerdo con los hindúes que dicen que la Realidad es *sat-chit-ananda*, porque él dice que *sat* existe a causa de *asat*, *chit* existe a causa de *achit*, *ananda* existe a causa de *dukkha*. *Sat* es existencia; de Dios no se puede decir que exista, porque entonces sería necesaria la no-existencia, ¿y dónde existiría la no-existencia? De Dios no se puede decir que sea consciencia (*chit*), porque entonces sería necesaria la inconsciencia, ¿y dónde existiría la inconsciencia? De Dios no se puede decir que es dicha (*ananda*), porque entonces el sufrimiento (*dukkha*) sería necesario.

Buda dice que cualquier palabra que utilices es inútil, porque el opuesto será necesario. Si miras dentro de ti no puedes utilizar el lenguaje, sólo el silencio. Sólo a través del silencio se puede indicar la Realidad; y cuando Buda dice que todos los términos están vacíos, todas las palabras están vacías, todas las cosas están vacías, todos los pensamientos están vacíos, quiere decir que son relativos y la relatividad es un sueño.

> *No hay mejor, no hay peor. No hay Maestro, no hay estudioso. No hay dar, no hay recibir. Lo que pensamos que vemos y sentimos no es real. Ninguna de estas cosas aparentes existe en realidad".*

Ésta es la enseñanza más profunda de Buda, así que hay que recordar una cosa: puedes repetir las palabras más profundas que alguna vez hayan sido pronunciadas, y aún puedes ser un estúpido.

Este Yamaoka *es* estúpido. Está repitiendo exactamente las mismas palabras de Buda.

Las palabras transmiten tu ser. Cuando Buda dice algo, las palabras tienen un significado diferente, una fragancia diferente. Las palabras llevan algo de Buda, algo de su ser: el aroma, el sabor de su ser interno. Estas palabras llevan la música de su armonía interna. Cuando Yamaoka las repite están muertas, rancias, no transmiten ninguna fragancia. Si transmiten algo es a Yamaoka y su mal olor.

Recuerda, sólo con repetir el Gita no sucede nada, aunque Krishna dijese las mismas palabras que estás repitiendo. Por todo el mundo, miles de misioneros cristianos siguen repitiendo las mismas palabras que dijo Jesús. Estas palabras están muertas. Es mejor no repetirlas, porque cuanto más las repites, más rancias se vuelven. Es mejor no tocarlas, porque su mero tacto es venenoso. Es mejor esperar: cuando *tú* alcances una consciencia Crística, o una consciencia Kríshnica, o una consciencia Búdica, entonces empezarás a florecer, entonces empezarán a salir cosas de ti, nunca antes.

¡No seas un disco de gramófono! Porque entonces sólo repites y eso no significa nada.

Dokuon había estado sentado tranquilamente fumando su pipa...

Un hombre muy hermoso. Ni siquiera se molestó. No interrumpió, simplemente siguió fumando su pipa.

Sólo los Maestros Zen pueden fumar, porque ellos no son simuladores. No les importa lo que piensen de ellos —¡les da igual! Son personas en paz consigo mismas. No puedes pensar en un *muni* jaina fumando una pipa, o un *sannyasin* hindú fumando una pipa, es imposible. Son hombres de normas, regulaciones, que se autodisciplinan a la fuerza. No es necesario que fumes si no quieres, pero si quieres, entonces no te esfuerces en lo contrario, porque ese deseo permanecerá escondido en alguna parte y te molestará. ¿Y por qué? Si quieres fumar una pipa, ¿por qué no fumarla? ¿Qué hay de malo en ello? *Tú eres tan falso como la pipa y el humo. Y el humo y la pipa son tan verdaderos como tú.*

Pero, ¿*por qué* no? En lo profundo de ti quieres ser extraordinario, no ordinario. Fumar una pipa te hará muy ordinario, eso es lo que hacen las personas corrientes: fumar en pipa, beber té y café, reír y bromear, eso es lo que hacen las personas corrientes. Tú eres un gran santo, ¿cómo vas a hacer cosas corrientes de forma corriente? Tú eres muy extraordinario.

Para aparentar de extraordinario dejas muchas cosas. No hay nada de malo en dejarlas si no te gustan; está bien. No es necesario que te obligues a fumar sólo para decir que eres ordinario, ¡así es cómo funciona la mente! No hay necesidad de hacer nada si no quieres hacerlo, pero si lo quieres, entonces no aparentes, no intentes tener una máscara de seriedad, sé sencillo. Nada es malo si eres sencillo; *todo* es malo si no eres sencillo.

Este hombre, Dokuon, debió haber sido un hombre sencillo:

Dokuon había estado sentado tranquilamente fumando su pipa...

... muy meditativo, relajándose, escuchando a este simulador:

... y sin decir nada. De repente, cogió su bastón y dio a Yamoka un golpe terrible.

Los Maestros Zen llevaban un bastón para la gente así. Son personas muy suaves, pero muy auténticas, y hay personas que no escuchan las palabras, que sólo pueden escuchar a un golpe. Si les hablan, no escuchan, hablarán todavía más. Necesitan tratamiento de *shock*.

De repente, cogió su bastón y dio a Yamaoka un golpe terrible. Yamaoka saltó de ira. Dokuon dijo: "Ya que ninguna de estas cosas existe realmente, y todo es vacío, ¿de dónde viene tu ira? Piensa en ello".

Dokuon ha creado una situación, y sólo las situaciones son reveladoras. Él podía haber dicho: "Todo lo que has dicho es sólo información prestada". Eso no habría cambiado mucho las cosas, porque el hombre sentado ante él estaba profundamente dormido. Con sólo hablar no le habría sacado de ello; quizá le habría ayudado a seguir más dormido, puede que hubiese empezado a discutir. En vez de hacer eso, Dokuon hizo lo correcto: le pegó fuerte con el bastón. Fue tan repetino que no pudo arreglar su carácter como corresponde, no pudo arreglar una pose falsa. Por un momento —el golpe fue tan repentino— la máscara se deslizó y apareció el rostro real. Con sólo hablar, esto no habría sido posible.

Dokuon debió haber sido muy compasivo.

Durante un solo momento asomó la ira, apareció lo real, porque si todo está vacío, ¿cómo puedes estar enfadado? ¿De dónde puede venir la ira? ¿*Quién* está enfadado, si ni siquiera Buda existe, tú no existes, nada existe, sólo existe el vacío? ¿Cómo, en el vacío, es posible la ira?

Lo que está haciendo Dokuon es llevar a Yamaoka al conocimiento del ser; eso es lo que está haciendo al pegarle. Es necesaria una situación, porque en una situación de pronto te vuelves real, vuelves a ser. Si se permiten las palabras, si Dokuon habla y dice: "Esto está mal y esto está bien", ayudará a la continuidad de la mente. Entonces habrá un diálogo, pero inútil. Un *shock* te lleva de vuelta a tu realidad; de repente desaparece todo el pensar: Yamaoka es Yamaoka, no un Buda. Estaba hablando como un Buda, y con sólo un golpe Buda desaparece y entra Yamaoka enfadado.

Dokuon dijo: "Ya que ninguna de estas cosas existe realmente, y todo es vacío, ¿de dónde viene tu ira? Piensa en ello".

No hables de Buda; y no hables de la Realidad; y no hables de la Verdad: *piensa en esta ira y de dónde viene.*

Si realmente piensas en la ira, de dónde viene, alcanzarás el Vacío.

La próxima vez, cuando te sientas enfadado... entonces ven a mí, yo te daré un golpe. Sigo dándolos, pero mis golpes son más sutiles que los de Dokuon. Yo no uso un bastón real, no es necesario; eres tan irreal que no es necesario un bastón real. No necesito darte un golpe físicamente, pero voy dándolos espiritualmente. Voy creando situaciones en las que trato de llevarte de regreso a tu "estado de Yamaoka" desde tu estado de Buda, porque ese Yamaoka es real en ti, Buda es sólo una máscara. Y recuerda, Yamaoka tiene que vivir, no la máscara; Yamaoka tiene que respirar, no la máscara; Yamaoka tiene que digerir la comida, no la máscara; Yamaoka se enamorará, Yamaoka se enfadará, Yamaoka tendrá que morir, no la máscara, así que es mejor que seas liberado de la máscara y llevado de vuelta a tu estado de Yamaoka.

Recuerda, Buda no puede ser una máscara. Si Yamaoka sigue profundizando en sí mismo, encontrará a Buda. ¿Y cómo profundizar más en uno mismo? Sigue todo lo que venga de tu interior; síguelo de regreso, vuelve con ello. ¿Ha venido la ira?, cierra tus ojos; es un bello momento, porque la ira ha venido de dentro, viene del centro mismo de tu ser; así que mira hacia atrás, *entra*, ve de dónde viene, *de dónde*.

Lo que harías ordinariamente, y lo que este Yamaoka podría haber hecho, sería pensar que la ira ha sido suscitada a causa de este Dokuon; porque te golpeó. Mirarías a Dokuon como la causa. Dokuon no es la causa; puede que te haya golpeado, pero él no es la causa. Si hubiera golpeado a Buda, la ira no habría venido; la causa está en Yamaoka.

Regresa, no busques la causa fuera; si no, perderás este bello momento de ira y tu vida será *tan* falsa que *en un segundo* te pondrás de nuevo la máscara, y sonreirás, y dirás: "Sí, Maestro, hiciste algo muy bueno".

Lo falso vendrá pronto, ¡así que no pierdas el momento! Cuando ha venido la ira, *sólo hay una fracción de segundo* antes de que venga lo falso. Y la ira es verdadera; es más verdadera que lo que estás diciendo; las palabras de Buda son falsas en vuestras bocas. Vuestra ira es más verdadera porque os pertenece, todo lo que te pertenece es *verdadero*. ¡Así que encuentra la fuente de esta ira, de dónde está viniendo? Cierra los ojos, *entra* en ti; vuelve a la fuente antes de que se haya perdido y alcanzarás el vacío. Ve aún más hacia atrás, ve aún más hacia adentro, profundiza más, y llega un momento en el que no hay ira. Dentro, en el centro, no hay ira. Ahora Buda no será una cara, una máscara. Ahora has penetrado en algo real.

¿De dónde viene la ira? *Nunca viene de tu centro*; viene del ego y el ego es una entidad falsa. Si profundizas más, encontrarás que viene de la periferia, no del centro. *No puede* venir del centro; en el centro hay vacío; *absoluto* vacío. Sólo viene del ego, y el ego es una entidad falsa creada por la sociedad, es una relatividad, una identidad. De repente eres golpeado, y el ego se siente herido y hay ira. Si ayudas a alguien, sonríes a alguien, te inclinas ante alguien, y él sonríe, esa sonrisa viene del ego. Si aprecias, das un cumplido a alguien, si le dices a una mujer, "¡Qué hermosa eres!", y ella sonríe, esa sonrisa viene del ego. Porque en el centro no hay ni belleza ni fealdad, en el centro existe vacío absoluto, *anatta*, no-yo. Hay que alcanzar ese centro.

Una vez que lo conoces, actúas como un no-ser. *Nadie* puede enfadarte, *nadie* puede hacer feliz, infeliz, desdichado. ¡No! En ese vacío se disuelven todas las dualidades: feliz, infeliz, desdichado, dichoso; todas se disuelven. Esto es el estado de Buda. Esto es lo que le sucedió bajo el Árbol Bodhi a Gautama Siddhartha: alcanzó el Vacío. Entonces todo es silencioso. Has ido más allá de los opuestos.

Un Maestro existe para ayudarte a ir a tu vacío interno, el silencio interno, el templo interno; y el Maestro tiene que idear métodos. Sólo los Maestros Zen golpean; a veces tiran a una persona por la ventana, o saltan sobre ella. Como te has vuelto tan falso son necesarios métodos tan drásticos, y particularmente en Japón, porque Japón es *muy falso*.

En Japón una sonrisa es una sonrisa pintada. Todo el mundo sonríe, pero es sólo un hábito, un hábito hermoso en lo que concierne a la sociedad, porque en Japón si estás conduciendo y atropellas a una persona en una calle de Tokio, sucederá algo que no puede suceder en ningún otro lugar: esa persona sonreirá y se inclinará y te dará las gracias. Sólo en Japón puede suceder esto, en ningún otro lugar. Y dirá: "Ha sido culpa mía", y tú diras: "Ha sido culpa mía", y ambos os inclinaréis y sonreiréis y seguiréis vuestro camino. En cierta forma es bueno, porque, ¿de qué sirve enfadarse y gritarse mutuamente y atraer una multitud? ¿De qué sirve?

Desde la infancia los japoneses son condicionados para sonreír siempre, por eso en Occidente se piensa que son gente muy astuta: no puedes confiar en ellos, porque no sabes lo que están sintiendo. No puedes saber lo que piensa un japonés, porque nunca permite que salga nada.

Esto es un extremo: todo falso, pintado. Así que los Maestros Zen tuvieron que idear estos métodos drásticos, porque sólo con ellos cae la máscara de los japoneses; de otra forma, permanece fija; casi convertida en su piel, como si les hubiera sido injertada.

Esto está sucediéndole ahora al mundo entero, no sólo a Japón. Los grados pueden varian, pero ahora ocurre en el mundo entero. Todo el mundo ríe, sonríe: ni la risa ni la sonrisa son verdaderas. Todo el mundo se dice cosas buenas mutuamente: nadie se las cree, nadie siente de esa forma; se ha convertido en etiqueta social.

Tu personalidad es un fenómeno social. Tu ser está enterrado bajo esta personalidad. Necesitas un *shock* para que la personalidad se resquebraje, o para que durante algunos instantes ya no estés identificado con ella y alcances el centro, ahí donde todo está vacío.

Todo el arte de la meditación es: cómo dejar la personalidad fácilmente, ir al centro y *no* ser *una persona. Ser* y no *ser una persona* es todo el arte de la meditación, todo el arte del éxtasis interno.

III.
EL MAL GENIO

*Un estudiante Zen acudió a Bankei y dijo: "Maestro,
tengo un mal genio ingobernable,
¿cómo puedo curarlo?".
"Muéstrame este mal genio", dijo Bankei,
"suena fascinante".
"No lo tengo ahora mismo",
dijo el estudiante, "así que no puedo mostrártelo".
"Bueno; entonces", dijo Bankei, "tráemelo
cuando lo tengas".
"Pero no puedo traerlo
justo cuando sucede que lo tengo", protestó el
estudiante. "Surge inesperadamente, y
es seguro que lo perderé antes de traértelo".
"En ese caso", dijo Bankei, "no puede ser
parte de tu verdadera naturaleza. Si
lo fuese, podrías mostrármelo en cualquier momento.
Cuando naciste no lo tenías, y tus padres
no te lo dieron, así que debe de entrar
en ti desde el exterior. Sugiero
que siempre que entre en ti te golpees
a ti mismo con un palo hasta que el mal
genio no pueda soportarlo y huya".*

Good point
but I'm not stupid

a verdadera naturaleza es tu naturaleza eterna. No puedes tenerla y no tenerla, no es algo que viene y va, es *tú*.

¿Cómo va a ir y venir? Es tu *ser*. Es tu base misma. No puede ser unas veces y no ser otras; siempre es.

Así que éste debería ser el criterio para un buscador de la verdad, la naturaleza o el Tao: llegar en nuestro ser al punto que permanece siempre, ése que estuvo antes de que nacieses y estará después de que hayas muerto. Es el *centro*.

La circunferencia cambia; el centro permanece *absolutamente* eterno: está más allá del tiempo, nada puede afectarle, nada puede modificarlo, nade le toca nunca realmente; permanece más allá del alcance del mundo externo.

Ve al mar y obsérvalo. Hay millones de olas, pero en sus profundidades el mar permanece calmado y tranquilo, en profunda meditación; el alboroto está sólo en la superficie, sólo en la superficie, donde el mar se encuentra con el mundo externo, los vientos. Por lo demás, en sí, siempre permanece él mismo; ni siquiera una ola; *nada* cambia.

Contigo sucede lo mismo. Justo en la superficie, *donde te encuentras con los demás*, hay agitación, ansiedad, ira, apegos, avaricia, deseo: justo en la superficie, donde llegan los vientos y te tocan. Y si permaneces en la superficie, no puedes cambiar este fenómeno cambiante; seguirá ahí.

Mucha gente intenta cambiarlo *ahí*, en la circunferencia. Luchan con ello, tratan de no dejar que surja una ola. Y a través de su lucha surgen incluso más olas, porque cuando el mar lucha con el viento, hay más agitación: ahora no sólo contribuirá el viento, el mar también contribuirá y habrá un caos tremendo en la superficie.

Todos los moralistas intentan cambiar al hombre en la periferia. Tu carácter es la periferia: tú no traes ningún carácter al mundo, vienes absolutamente *sin* carácter, como una hoja en blanco, y todo eso que llamas tu carácter es inscrito en ella por otros. Tus padres, la sociedad, los profesores, las enseñanzas, todo son condicionamientos. Tú vienes como una hoja en blanco, y todo lo que hay escrito en ti viene de otros; así que, a no ser que te vuelvas una hoja en blanco de nuevo, no sabrás lo que es la naturaleza, no sabrás lo que es Brahma, no sabrás lo que es Tao.

De modo que el problema no es cómo tener un ca-rácter fuerte; el problema es cómo alcanzar un estado sin ira, cómo no ser alterado; no, ése no es el problema. El problema es *cómo llevar tu consciencia de la periferia al centro.*

Entonces, de pronto, ves que siempre has estado en calma. Entonces puedes mirar la periferia a distancia, y la distancia es tan enorme, infinita, que puedes mirar como si no te estuviera sucediendo a ti. De hecho, nunca te sucede a ti; incluso cuando estás totalmente perdido en ello, nunca te sucede a ti: algo en ti permanece inalterado, algo en ti permanece más allá, algo en ti permanece como un testigo.

Así que todo el problema para el bsucador es cómo llevar su atención de la periferia al centro; cómo fundirse con eso que no cambia y estar identificado con lo que sólo es una frontera.

En la frontera *los demás tienen mucha influencia,* porque en la frontera el cambio es natural. La periferia continuará cambiando, incluso la periferia de un Buda cambia.

La diferencia entre un Buda y tú no es una diferencia de carácter, recuerda esto; no es una diferencia de moralidad, no es una diferencia de virtud o no virtud, la diferencia está en el lugar en que te asientas.

Tú te asientas en la periferia, un Buda se asienta en el centro. Él puede mirar su propia periferia desde cierta distancia: cuando le golpeas, puede verlo como si hubieras golpeado a otra persona, porque el centro está distante: es como si él fuese un observador en las montañas y algo estuviera sucediendo en los valles; y puede verlo. Esto es lo primero que hay que comprender.

Lo segundo: es muy fácil controlar, pero es muy difícil transformar.

Puedes controlar tu ira, pero, ¿qué harás? La reprimirás. ¿Y qué sucede cuando reprimes algo? La dirección de su movimiento cambia: iba hacia afuera y si la reprimes empieza a ir hacia adentro; sólo cambia su dirección.

Y para la ira era *bueno* salir, porque el veneno *necesita* ser arrojado fuera. Es *malo* que la ira vaya adentro, porque eso significa que envenenará todo tu cuerpo, tu mente, tu estructura. Si continúas haciendo esto durante mucho tiempo, como suele hacer todo el mundo. Porque la sociedad enseña el control, no la transformación; la sociedad dice "contrólate a ti mismo", y con el control todas las cosas negativas se sumergen más y más profundamente en el inconsciente, y se convierten en algo constante dentro de ti. Entonces no es una cuestión de que estés enfadado a veces y a veces no; *simplemente estás enfadado*. A veces explotas, a veces no explotas porque no hay excusa o te tienes que buscar una; y recuerda, ¡puedes encontrar una excusa en cualquier parte!

Un hombre, uno de mis amigos, quería divorciarse de su esposa, así que fue a ver a un abogado, un experto en asuntos matrimoniales, y le preguntó: "¿Bajo qué motivos puedo divorciarme de mi esposa?".

El abogado le miró y dijo, "¿Está usted casado?".

El hombre dijo, "Por supuesto que sí".

El abogado le dijo: "El matrimonio es motivo suficiente. No hay necesidad de buscar ningún otro motivo. Si se quiere divorciar, entonces el matrimonio es lo único necesario, porque es imposible divorciarse de una mujer si no se está casado. Si usted está casado, ¡con eso es suficiente!".

Ésta es la situación: *estás* enfadado; como has suprimido tanta ira, ahora no hay momento en los que no estés enfadado; como mucho, a veces estás enfadado, a veces más.

Todo tu ser está envenenado por la represión. *Comes* con ira. Cuando una persona come sin ira tiene una cualidad diferente: es bello mirarle, porque come no-violentamente. Puede que esté comiendo carne, pero come no-violentamente; puede que tú estés comiendo tan sólo vegetales y fruta, pero si hay ira reprimida, comes violentamente.

Comiendo, tus dientes, tu boca, liberan ira. Aplastas la comida como si fuese el enemigo. Y recuerda, siempre que los animales están enfadados,

¿qué hacen? Sólo son posibles dos cosas: no tienen armas y no tienen bombas atómicas, ¿qué pueden hacer? Te harán violencia o con las uñas o con los dientes.

Éstas son las armas naturales del cuerpo; uñas y dientes. Es muy difícil que hagas algo con las uñas, porque la gente dirá: "¡Eres un animal!". Así que lo *único* que te queda, con lo que puedes expresar tu ira o violencia fácilmente, es la boca, y tampoco la puedes usar para moderder a alguien. Por eso decimos, "un mordisco de pan", "un mordisco de comida", "unos cuantos mordiscos".

Comes la comida violentamente, como si la comida fuera el enemigo. Y recuerda, cuando la comida es el enemigo, no te nutre *realmente,* nutre todo lo que está enfermo en ti.

La gente con ira reprimida profundamente come más; siguen acumulando grasa innecesaria en el cuerpo. ¿Has observado que la gente gorda está casi siempre sonriendo? Innecesariamente, incluso sin motivo, la gente gorda sigue sonriendo. ¿Por qué? Ésta es su cara, ésta es su máscara: tienen tanto miedo de su ira y de su violencia que tienen que mantener una cara sonriente constantemente. Y siguen comiendo más.

Comer más *es* violencia, ira. Y entonces esto entrará de cualquier forma en todas las esferas de tu vida: harás el amor, pero será más como violencia que como amor, habrá mucha agresividad en ello. Como nunca os observáis el uno al otro haciendo el amor, no sabéis lo que está sucediendo, y no puedes saber lo que te está sucediendo porque casi siempre estás muy concentrado en la agresión.

Por eso el orgasmo *profundo* a través del amor se vuelve imposible, porque en el fondo de ti tienes miedo de que si te mueves totalmente sin control, puedes matar a tu esposa o matar a tu amada, o la esposa puede matar al marido o el amante. ¡Te vuelves tan temeroso de tu propia ira!

La próxima vez que hagas el amor, observa: estarás haciendo los mismos movientos que haces cuando estás agresivo. ¡Observa el rostro, ten un espejo alrededor para que puedas ver lo que le está sucediendo a tu rostro!: todas las distorsiones de la ira y la agresivad estarán allí.

Comiendo, estás enfadado. Mira a una persona haciendo el amor: la ira ha ido tan profundo que incluso el amor, una actividad totalmente opuesta a la ira, incluso eso está envenenado; comer, una actividad completamente neutral, incluso eso está envenenado.

Entonces, simplemente abres la puerta y hay ira; pones un libro sobre la mesa, y *hay* ira; te quitas los zapatos, y *hay* ira; das la mano, y *hay* ira; porque ahora eres la ira personificada.

A través de la represión, la mente se divide. La parte que aceptas se convierte en el consciente y la parte que niegas se convierte en el inconsciente. Esta división no es natural, la división sucede a causa de la represión. Y continúas arrojando al inconsciente toda la basura que la sociedad rechaza; pero recuerda, todo lo que tiras ahí se hace más y más parte de ti: entra en tus manos, en tus huesos, en tu sangre, en el latido de tu corazón. Los psicólogos dicen ahora que casi el ochenta por ciento de las enfermedades están causadas por las emociones reprimidas: tantos fallos cardíacos significan que ha sido reprimida tanta ira en el corazón, tanto odio, que el corazón está envenenado.

¿Por qué? ¿Por qué el hombre reprime tanto y se vuelve insano? Porque la sociedad os enseña a controlar, no a transformar, y el camino de la transformación es totalmente diferente. Por un motivo: no es en absoluto el camino del control, es justo lo opuesto.

Primero de todo: controlando reprimes, en la transformación expresas. Pero no hay necesidad de expresar sobre otra persona, porque esa "otra persona" es irrelevante.

La próxima vez que te sientas enfadado, ve y corre alrededor de la casa siete veces y después siéntate bajo un árbol y observa a dónde se ha ido la ira. No la has reprimido, no la has controlado, no se la has arrojado a otro. Porque si se la arrojas a otro se crea una cadena, porque el otro es tan tonto como tú, tan inconsciente como tú. Si se la arrojas a otro, y el otro es una persona Iluminada, no habrá problema; èl te ayudará a arrojarla y liberarla y pasar por una catarsis. Pero el otro es tan ignorante como tú, ¡si le arrojas la ira, reaccionará! ¡Te arroja más ira, está tan reprimido como tú! Entonces viene una cadena: tú le arrojas a él, él te arroja a ti, y os hacéis enemigos.

No se la arrojes a nadie. Es igual que cuando tienes ganas de vomitar: no vas y vomitas sobre alguien. La ira necesita del vómito. ¡Vete al cuarto de baño y vomita! Si reprimes el vómito, será peligroso; y cuando hayas vomitado te sentirás fresco, te sentirás descargado, desahogado, bien, sano. Algo estaba malo en la comida que tomaste y el cuerpo lo rechaza, no sigas forzándolo en tu interior.

La ira es sólo un vómito mental. Has tomado algo que está malo y todo tu ser psíquico quiere echarlo fuera; pero no hay necesidad de arrojárselo a alguien. Sin embargo, como la gente lo arroja sobre los demás, la sociedad les dice que lo controlen.

No hay necesidad de arrojar ira sobre nadie. Puedes ir al baño, puedes dar un largo paseo. Hay algo dentro que necesita una actividad rápida para ser liberado, así que corre un poco y sentirás que se libera; o coge una almohada y golpéala, lucha con la almohada y muerde la almohada hasta que tus manos y dientes estén relajados. En cinco minutos de catarsis te sentirás descargado, y una vez que sepas esto nunca arrojarás la ira a nadie, porque es *absolutamente* innecesario.

Lo primero en la transformación es, entonces, expresar la ira, pero no sobre nadie, porque si la expresas sobre alguien no puedes expresarla totalmente. Puede que quieras matar, pero eso no es posible; puede que quieras morder, pero no es posible. Pero todo eso lo puedes hacer con una almohada; almohada significa "ya iluminada"; la almohada está iluminada, es un Buda. La almohada no reaccionará, no irá a ningún juzgado, no llevará ninguna enemistad contra ti, no *hará* nada; la almohada será feliz. Y la almohada se reirá de ti.

Lo segundo a recordar: sé consciente. Controlando no es necesaria ninguna consciencia; simplemente lo haces mecánicamente, como un robot: la ira llega y hay un mecanismo que hace que de pronto todo tu ser se vuelva estrecho y se cierre, porque si estás alerta puede que el control no sea tan fácil.

La sociedad nunca te enseña a estar alerta, porque cuando alguien está alerta está totalmente abierto. Eso es parte de la consciencia: si uno está abierto y quiere reprimir algo —lo cual está en contradicción con estar abierto— puede que salga. Pero la sociedad te enseña a cerrarte, a hundirte en ti mismo. ¡No te permite siquiera una ventanita para que salga algo!

Pero recuerda, cuando no sale nada, tampoco entra nada. Cuando la ira no puede salir, estás cerrado; si tocas una roca hermosa, nada entra; miras una flor, pero nada entra: tus ojos están muertos y cerrados. Besas a una persona: no entra nada, porque estás cerrado. Vives una vida insensible.

La sensibilidad crece con la consciencia. Con el control te vuelves lerdo y muerto, y eso es parte del mecanismo de control; si estás aletargado y muerto, entonces nada te afectará, como si el cuerpo se hubiera convertido en una fortificación, una defensa. Nada te afectará, ni el insulto ni el amor.

Pero el precio de este control es muy alto e innecesario. Cuando se convierte en el esfuerzo entero de la vida equivale a morir. Ese esfuerzo por controlar absorbe todas las energías, y la vida se convierte en una cosa pesada y muerta que de alguna forma vas sobrellevando.

La sociedad te enseña a controlar y a condenar, porque un niño sólo controlará cuando sienta que algo es condenable. La ira es mala; el sexo es malo; hay que hacer que todo lo que tiene que ser controlado al niño le parezca pecado, le parezca el mal.

El hijo de Mulla Nasrudín iba creciendo. Tenía diez años, y Mulla pensó: "Ahora es el momento. Es lo suficientemente mayor y hay que revelarle los secretos de la vida". Así que le llamó a su estudio y confidencialmente le dijo la verdad sobre el sexo de los pájaros y las abejas. Y luego, al final, le dijo: "Cuando sientas que tu hermano pequeño es lo suficientemente mayor, cuéntaselo todo a él tambien".

Unos pocos minutos después, cuando pasaba por las habitaciones de los niños, oyó al mayor, el de diez años, ya en pleno trabajo: le estaba diciendo al pequeño: "Mira, ¿sabes lo que hace la gente, el rollo que hace la gente cuando quieren tener un niño, un bebé? Bueno, papá dice que los pájaros y las abejas hacen la misma maldita cosa".

Se suele condenar todo lo que está vivo. Y el sexo es *lo más vivo*, tiene que serlo! ¡Es la fuente! La ira también es algo muy vivo, porque es una *fuerza protectora*. Un niño que *no pueda* enfadarse en absoluto no podrá sobrevivir. Tienes que enfadarte en ciertos momentos; el niño tiene que *mostrar* su propio ser, el niño tiene que mantenerse en sus trece, ¡si no, no tendrá fuerza!

La ira es bella, el sexo también es bello, pero las cosas bellas pueden volverse feas. Eso depende de ti. Si las condenas, se vuelven feas; si las transformas, se vuelven Divinas.

La ira transformada se convierte en compasión, porque la energía es la misma. Un Buda es compasivo, ¿de dónde viene esa compasión? Es la misma energía que se movía en la ira, pero que ahora ya no es ira porque ha sido transformada en compasión.

¿De dónde viene el amor? Un Buda es amoroso; un Jesús es *amor*. La misma energía que se mueve en el sexo se convierte en amor.

Así que recuerda: si condenas un fenómeno natural se vuelve venenoso, te destruye, se vuelve destructivo. Si lo transformas, se vuelve Divino, se convierte en una fuerza de Dios, en un elixir: con él alcanzas la inmortalidad, ser sin muerte. Pero es necesaria la transformación.

En la transformación nunca controlas, simplemente te vuelves más consciente. Está sucediendo la ira: tienes que darte cuenta de que está sucediendo la ira, ¡obsérvala! Es un bello fenómeno: la energía moviéndose en tu interior, ¡calentándose!

Es como la electricidad en las nubes. La gente siempre tuvo miedo de la electricidad. Antiguamente, cuando eran ignorantes, pensaban que esta electricidad era Dios que se enfadaba, que amenazaba, que intentaba castigar, que creaba miedo para que la gente se convirtiera en adoradores suyos.

Pero ahora hemos domesticado a *ese* dios. Ahora ese dios corre por tu ventilador, por tu aire acondicionado, por el frigorífico; todo lo que necesitas, ese dios lo sirve. Ese dios se ha convertido en una fuerza doméstica, ya no está enfadado y ya no amenaza. A través de la ciencia, una fuerza externa ha sido transformada en un amigo. Lo mismo sucede con las fuerzas internas a través de la religión.

La ira es como la electricidad en tu cuerpo. No sabes qué hacer con ella. O matas a alguien o te matas a ti mismo. La sociedad dice que si te matas a ti mismo, está bien, es tu problema, pero no mates a nadie más; y en lo que respecta a la sociedad, eso está bien. De forma que, o te vuelves agresivo, o te vuelves represivo.

La religión dice que *ambas opciones son equivocadas.*

Lo básico que se necesita es volverse consciente y conocer el secreto de esta energía, la ira, esta energía interna que te "calienta". Cuando estás enfadado tu temperatura sube y no puedes entender la calma, el frescor de un Buda, porque cuando la ira ha sido transformada en compasión, *todo es fresco.* Aparece un *profundo* frescor. Buda nunca está *caliente.* Siempre está en calma, centrado, porque ahora sabe cómo utilizar la energía interna.

La energía es caliente, pero se convierte en la fuente del frescor. La ira es caliente, pero se convierte en la fuerza de la compasión.

La compasión es como un acondicionador de aire interno. Con ella de pronto todo es fresco y bello, y nada puede perturbarte, *y toda la existencia se convierte en un amigo.* Ahora ya no hay enemigos, porque cuando miras por los ojos de la ira alguien se convierte en el enemigo; cuando miras por los ojos de la compasión, todo el mundo es un amigo, un prójimo. Cuando amas, Dios está en todas partes; cuando odias, por todas partes está el Diablo. Es tu punto de vista el que se proyecta sobre la realidad.

Se necesita consciencia, no condena, y con la consciencia, la transformación llega espontáneamente.

Si te das cuenta de tu ira, la comprensión penetra; tan sólo observando, sin ningún juicio, sin decir bueno, sin decir malo, sólo observando en tu cielo interno; hay un relámpago, ira, te sientes caliente, todo el sistema nervioso tiembla y se estremece, y sientes una sacudida por todo el cuerpo: un bello momento, porque cuando la energía funciona puedes observarla fácilmente, cuando no está funcionando no puedes observar.

Cierra los ojos y medita sobre ello. No luches, tan sólo mira lo que está sucediendo, el cielo entero lleno de electricidad; ¡tanto relámpago y rayos, tanta belleza! Túmbate en el suelo, mira el cielo y observa; luego haz lo mismo en tu interior.

Hay nubes, porque sin nubes no puede haber relámpagos; hay nubes *oscuras, pensamientos*. Alguien te ha insultado, alguien se ha reído de ti, alguien ha dicho esto o lo otro. Hay *muchas* nubes, nubes oscuras en el cielo interno, muchos relámpagos y rayos. ¡Observa! ¡Es una bella escena!

Terrible también, porque no comprendes. Es misteriosa, y si no se comprende el misterio se vuelve terrible, le tienes miedo. Y siempre que se comprende un misterio, se convierte en gracia, en un don, porque entonces tienes las llaves, y con las llaves eres el maestro.

NO LA CONTROLAS, sino que sencillamente te conviertes en un Maestro a través de la consciencia. Y cuanto más consciente te vuelves, más penetras hacia el interior, porque la consciencia es un "ir-hacia-dentro", siempre va hacia dentro. Cuanto más consciente, más adentro; cuanto menos consciente, más fuera. Si eres inconsciente estarás completamente fuera, fuera de tu casa, vagabundeando por ahí.

La inconsciencia es un vagabundeo externo; la consciencia es un profundizar en el interior.

¡Así que mira! Es cuando no hay que es difícil mirar: ¿qué se puede mirar? El cielo está *vacío*, y aún no eres capaz de mirar el vacío. Cuando la ira está ahí, mira, observa, y pronto verás un cambio. *En el momento* en que entra el observador, la ira ya ha empezado a refrescarse, se pierde el calor, entonces puedes comprender que el calor lo pones *tú*; tu identificación con ella la hace caliente, y en el momento en que sientes que no es caliente, que el miedo se ha ido, ya no te sientes identificado con ella, te sientes diferente, a distancia. Está ahí, relampagueando a tu alrededor, pero *tú no eres ella*. Una colina comienza a surgir hacia arriba. Te conviertes en un observador: abajo en el valle hay muchos rayos y relámpagos... la distancia crece más y más... y llega un momento en que, de pronto, *no estás unido a ella en absoluto.* Se ha roto la identificación, y en el momento en que se rompe la identificación, *inmediatamente* todo el proceso caliente se convierte en un proceso freco: la ira se convierte en compasión.

El sexo es un proceso caliente, el amor no; pero por todo el mundo la gente habla siempre del cálido amor. El amor no es cálido; el amor es absolutamente fresco, pero no frío; no es frío porque no está muerto. Es *fresco*, ¡como una brisa fresca! Pero no es caliente, no es cálido. A causa de la identificación con el sexo, la mente ha llegado a la concepción de que el amor debería ser cálido.

exactly!!

El sexo *es* caliente. Es energía y tú estás identificado con él. Cuanto más amor, más frescor —puede que incluso sientas el fresco amor como frío; ésa es tu malinterpretación, porque crees que el amor tiene que ser caliente. ¡Pero no puede serlo!

La energía *misma,* cuando no te identificas con ella, se vuelve fresca; y si tu compasión es aún caliente, no es compasión.

Hay personas que son *demasiado calientes* y piensas que tienen mucha compasión. Quieren transformar la sociedad, quieren cambiar la estructura, quieren hacer esto y lo otro, quieren traer una utopía al mundo: los revolucionarios, los comunistas, los utópicos, y son muy calientes.

Piensas que tienen compasión. No, sólo tienen ira; el objeto ha cambiado, ahora su ira tiene un nuevo objeto, un objeto muy impersonal: la sociedad, la estructura de la sociedad, el estado, la situación. Son gente muy caliente. Lenin, Stalin o Trostky son gente caliente; pero no están en contra de nadie en particular, están en contra de una estructura. Gandhi es una persona caliente al estar contra el Imperio Británico. El objeto es impersonal, por eso no puedes sentir que está enfadado, pero está *enfadado.* Quiere cambiar algo en el mundo externo, y quiere cambiarlo tan inmediatamente que está impaciente, luchando. ¡LA LUCHA EN SÍ ES VIOLENCIA! Puedes elegir medios no-violentos para luchar, las mujeres siempre los han elegido; Gandhi no hizo sino utilizar un truco femenino.

Good point!

69

Si un marido quiere luchar, pegará a su esposa; y si la esposa quiere luchar, se pegará a sí misma. Esto es tan viejo como la mujer, ¡y la mujer es más vieja que el hombre! Ella empezará a golpearse a sí misma, ésa es su forma de luchar. Ella es *violenta*, pero ¡violenta contra sí misma! Y recuerda, pegando a una mujer te sentirás culpable, y tarde o temprano tendrás que calmarte y hacer un arreglo. Pero pegándose a sí misma, ella nunca se siente culpable. Así que, o pegas a una mujer y te sientes culpable, o ella se pega a sí misma y también entonces te sientes culpable de haber creado la situación en la que ella se pega a sí misma. En ambos casos, ella gana.

El Imperio Británico fue derrotado porque era una fuerza masculina agresiva, y el Imperio Británico no pudo comprender esta lucha femenina de Gandhi: al ayunar hasta la muerte, toda la mente británica se sentía culpable. Y no se puede matar a este hombre, porque no está luchando contigo en forma alguna, simplemente está purificando su propia alma: el viejo truco femenino; pero funcionó. Sólo había una forma de derrotar a Gandhi, y era imposible: era que Churchill ayunara hasta la muerte, y eso era imposible.

O estás caliente contra alguien en particular, o estás caliente contra alguna estructura en general, pero el calor permanece.

Un Lenin no es compasivo, no puede serlo. Buda es compasivo: no lucha con nada en absoluto; simplemente es, y permite que las cosas sean como son. Las cosas se mueven por sí mismas. Las sociedades cambian por sí solas, no hay necesidad de cambiarlas. Cambian como los árboles, cambian con la estación. Las sociedades cambian por sí mismas.

Las sociedades viejas mueren por sí solas, ¡no es necesario destruirlas! Y las sociedades nuevas nacen igual que niños nuevos, nuevos bebés, espontáneamente. No es *necesario* provocar un aborto.

Todo sigue automáticamente por sí mismo. Las cosas se mueven y cambian. Y ésta es la paradoja: que siguen moviéndose y cambiando, y sin embargo, en cierto sentido siguen siendo las mismas, porque habrá gente pobre y habrá gente rica; habrá gente desamparada, sin poder, y habrá gente que tenga poder sobre ellos. Las clases no pueden desaparecer, eso no está en la naturaleza de las cosas. La sociedad humana nunca puede convertirse en una sociedad sin clases.

Las clases pueden cambiar. Ahora, en Rusia, no hay pobres y ricos, sino gobernados y gobernantes, eso hay ahora. Ahora ha surgido una nueva división de clases: los burócratas y las personas ordinarias; los dirigentes y los dirigidos. ¡Es lo mismo! ¡No cambia nada! Si Taimurlang naciese ahora en la Unión Soviética, se convertiría en Primer Ministro. Si Ford naciese en la Unión Soviética, se convertiría en Secretario General del Partido Comunista y dirigiría desde ahí.

Las situaciones siguen cambiando, pero, de forma sutil, permanecen igual. Los dirigentes, los dirigidos; los gobernantes, los gobernados; los ricos, los pobres, todo permanece. No puedes cambiarlo, porque la sociedad existe a través de la contradicción. Un hombre realmente compasivo será calmoso; no puede ser realmente un revolucionario, porque la revolución necesita una mente, un corazón y un cuerpo muy *calientes*.

Cuando no hay ningún control, sin ninguna expresión sobre los demás, y estando más alerta, la consciencia se traslada desde la periferia al centro.

Intentad ahora comprender esta bella anécdota.

Un estudiante Zen acudió a Bankei y dijo: "Maestro, tengo un mal genio ingobernable, ¿cómo puedo curarlo?".

Ha aceptado una cosa: que tiene un mal genio ingobernable; ahora quiere curarlo. Siempre que haya una enfermedad trata primero de descubrir si es una realmente una enfermedad o un malentendido, porque si hay una enfermedad real, entonces puede ser curada, pero si no es una enfermedad real, sino sólo un malentendido, entonces ninguna medicina servirá. Más bien, por el contrario, toda medicina te será dañina. Así que primero has de saber si la enfermedad existe o no, o si simplemente la estás imaginando, o si simplemente piensas que está ahí. Puede que no esté en absoluto, puede que simplemente sea un malentendido. Y con lo confuso que está el hombre, muchas de sus enfermedades no existen en absoluto, simplemente cree que existen.

Tú también estás en el mismo caso. Así que trata de comprender esta historia muy profundamente. Puede que te ayude.

El estudiante dijo: "Maestro, tengo un mal genio ingobernable, ¿cómo puedo curarlo?". El no duda de la enfermedad y pide el remedio. *Nunca pidas el remedio*: primero trata de descubrir si la enfermedad existe o no.

Primero entra en la enfermedad y diagnostícala, descífrala, examínala a fondo. *Entra en la enfermedad antes de pedir un remedio.* No aceptes ninguna enfermedad justo en la superficie, porque en la superficie es donde te encuentran los demás, es donde los demás se *reflejan* en ti, es donde los demás te *colorean*. ¡Puede que no sea una enfermedad en absoluto! Puede ser tan sólo el reflejo de los demás.

Es como cuando estás a la orilla de un lago silencioso con tu túnica naranja, y el agua que está cerca de ti parece naranja porque te refleja. El lago puede pensar que se ha vuelto naranja: ¿cómo deshacerse de ello? ¿Dónde encontrar el remedio? ¿A quién preguntar?

No acudas a los expertos inmediatamente, primero trata de descubrir si es realmente una enfermedad o sólo un reflejo. Estar simplemente alerta servirá de mucho: muchas de tus enfermedades puede que sencillamente desaparezcan sin ningún tipo de remedio.

"Muéstrame ese mal genio", dijo Bankei, "suena fascinante".

Un hombre como Bankei comienza inmediatamente a trabajar en la enfermedad, no en el remedio. No es un psicoanalista: un psicoanalista empieza a trabajar por el remedio, y ésa es la diferencia. Están surgiendo ahora nuevas tendencias en psiquiatría que comienzan a trabajar por la enfermedad, no por el remedio. Se están desarrollando nuevas tendencias: están más cerca de la realidad, y más cerca del Zen, y más cerca de la religión. En este mismo siglo, la psiquiatría adquirirá un matiz más religioso, y entonces no sólo será una terapia: se convertirá *realmente* en una fuerza curativa, porque la terapia piensa en el remedio, y una fuerza curativa lleva tu consciencia a la enfermedad.

De cada cien enfermedades, noventa y nueve desaparecerán simplemente al llevar a ella tu consciencia: son enfermedades falsas que existen porque les estás dando la espalda. *Enfréntalas* y se van, desaparecen.

Ése es el significado del *encounter*. Los grupos de *encuentro* pueden ser beneficiosos, porque su mensaje entero es: cómo enfrentar las cosas tal como son. No pienses en el remedio, no pienses en la medicina, no pienses en qué hacer; lo auténtico es saber primero qué *hay ahí*.

La mente te ha engañado una vez más y aparece una enfermedad en la superficie, pero no hay enfermedad en lo profundo; o aparece una enfermedad en la superficie, pero entras en ti y encuentras que hay otras enfermedades, y ésa era sólo un truco para engañarte, ésa no era la enfermedad real.

Un hombre vino a mí y me dijo: "Mi mente está muy alterada. Estoy tenso continuamente, tengo ansiedad, no puedo dormir. Así que dame alguna técnica de meditación: cómo estar en silencio y en paz".

Yo le pregunté: "¿Cuál es realmente el problema? ¿Realmente quieres estar en paz contigo mismo?".

Él dijo: "Sí. Soy un buscador; he estado en el ashram de Sri Aurobindo, y he estado en todas partes, pero no me ha ayudado".

Así que le pregunté: "¿Has pensado alguna vez en que cuando nada ayuda quizá la enfermedad es falsa? ¿O que le hayas puesto una etiqueta errónea? ¿O que el recipiente contenga otra cosa en vez de lo que está escrito en él? Tú aceptas con facilidad que Sri Aurobindo fracasó, que Sri Raman fracasó, y has estado en todas partes..." Se sentía muy victorioso de que todos hubieran fracasado y de que nada hubiera sido capaz de ayudarle, de que todo el mundo fuese falso. Y entonces le dije: "Tarde o temprano te irás, y también dirás lo mismo sobre mí, porque yo no veo que seas un buscador espiritual, no veo que estés realmente interesado en estar en paz contigo mismo. Tan sólo dime, ¿cuál es tu ansiedad? ¿Cuál es tu tensión? Tan sólo ve diciéndome qué pensamientos vienen continuamente a ti y por qué continúas pensando en ellos".

Él dijo: "No muchos, sólo un pensamiento: tuve un hijo, todavía vive pero ya no es un hijo para mí. Le he repudiado. Soy rico, y él se había enamorado de una chica que no era de nuestra casta y que económicamente estaba también por debajo de nuestro status. Yo le dije al muchacho: 'Si te quieres casar con esa chica, no vuelvas nunca más a esta casa'. Y él nunca volvió.

"Ahora me estoy haciendo viejo. El muchacho vive en la pobreza con la chica y yo pienso continuamente en él, y *éste* es mi problema. Dame alguna técnica de meditación".

Le respondí: "¿Cómo te va a ayudar una técnica de meditación? ¡La técnica de meditación no traerá al muchacho a casa! Y la solución es sencilla, no hay necesidad de acudir a Aurobindo, no hay necesidad de acudir a Sri Raman o de venir a mí. No es necesaria ninguna espada para tu problema, ¡una aguja servirá! Estás buscando espadas, ¡y las espadas fracasan porque sólo necesitas una aguja! No es un problema espiritual, sino del ego. ¿Por qué no debería uno enamorarse de una chica que esté económicamente por debajo del status propio? ¿Es el amor algo económico? ¿Algo en lo que pensar en términos de finanzas, economía, dinero, riqueza, status?".

Le conté una historia: Un agente matrimonial se acercó a un joven y le dijo: "Tengo una chica muy hermosa que encaja exactamente contigo".

El joven dijo: "No me moleste. No me interesa".

El agente matrimonial insistió: "Ya lo sé, pero no te preocupes, tengo otra chica que te aportará cinco mil rupias de dote".

El joven le respondió: "Deja de decir tonterías. ¡Tampoco me interesa el dinero. ¡Déjame en paz!".

El hombre dijo: "Ya lo sé. ¡No estés molesto! Si cinco mil no son suficientes, tengo otra chica que te aportará veinticinco mil rupias de dote".

"Sal de esta habitación —le contestó el joven—. El que yo me case es algo que yo tengo que pensar, no es una cuestión a decidir por un agente. ¡Sencillamente olvídate de ello! ¡No me enfades!".

"Muy bien —le respondió—. Ahora lo comprendo. No te interesa la belleza, no te interesa el dinero. Tengo una muchacha que procede de una larga tradición, una familia muy famosa, todo el mundo la conoce, y cuatro primeros ministros procedieron de esa familia en el pasado. Te interesa la familia, ¿verdad?".

Para entonces, el joven estaba muy enfadado y quería echar a trompicones a este hombre; y cuando, forzándole físicamente, casi le había sacado por la puerta, dijo: "Si alguna vez me caso, será sólo por amor y nada más".

Entonces el agente le dijo: "¿Por qué no me lo dijiste desde un principio? También tengo ese tipo de chicas".

Le conté al hombre la historia.

El amor no es manejable, es sencillamente algo que sucede, y cuando tratas de manejarlo todo falla. De forma que le dije a este hombre: "¡Ve y pide perdón a tu hijo! Eso es lo que necesitas. Ninguna técnica de meditación, ningún Aurobindo, ningún Ramán, ningún Rajneesh, nadie puede ayudarte. ¡Sencillamente ve a tu hijo y pídele perdón!, eso es lo que necesitas. ¡Acéptale y dale la bienvenida de nuevo! Es sólo el ego el que está molestando. Y si el *ego* está perturbándote, entonces la enfermedad es diferente. Tú buscas meditación, ¿y piensas que con la meditación será posible el silencio? No".

La meditación sólo puede ayudar a la persona que ha llegado a una compresión correcta de sus enfermedades internas, cuando ha llegado a comprender qué enfermedad es falsa, qué enfermedad está identificada erróneamente y qué enfermedad no existe en absoluto: el recipiente está vacío.

Cuando uno ha alcanzado una comprensión, una profunda comprensión de las propias enfermedades, entonces el noventa y nueve por ciento de ellas desaparecen: ¡porque puedes hacer algo, desaparecen!

Entonces sólo queda una cosa, y esa cosa es la búsqueda espiritual.

Una angustia profunda, sin relación con este mundo, sin relación con nada de este mundo: hijo, padre, dinero, prestigio, poder, nada, es sencillamente una angustia existencial; en el fondo, si puedes localizarla con toda precisión, lleva a *conocerse a uno mismo*. ¿Quién soy yo? Entonces esta angustia se convierte en la búsqueda. Entonces es cuando puede ayudar la meditación, nunca antes.

Antes de eso, son necesarias otras cosas: servirán las agujas, ¿por qué llevar una espada innecesariamente? Y donde las agujas sirven, las espadas fracasan. Esto es lo que les está sucediendo a millones de personas por todo el mundo.

Bankei es un Maestro. Inmediatamente va al grano, al asunto. "Muéstrame este mal genio", dijo, "suena fascinante". Suena fascinante, de verdad. ¿Por qué dice Bankei que suena fascinante? Porque todo el asunto es falso. Este joven, este estudiante, nunca ha mirado hacia dentro. Está buscando una cura sin haber diagnosticado la enfermedad.

"No lo tengo ahora mismo", dijo el estudiante", así que no puedo mostrártelo".

No puedes arreglártelas para hacer aparecer la ira, ¿verdad? Si yo te digo: "Enfádate ahora mismo", ¿qué harás? Incluso si actúas, incluso si te las arreglas de alguna forma para simular, no será ira, porque en el fondo permaneces en calma y actuando.

¡Ello sucede! ¿Qué significa que ello "sucede"? Significa que ocurre sólo cuando estás inconsciente. Si *intentas* que venga, estás consciente. *No puede suceder cuando estás consciente*, sólo puede suceder cuando no eres consciente. La inconsciencia es *imprescindible*: sin ella no puede haber ira. Pero sin embargo, el joven dijo: "No lo tengo ahora mismo, así que no puedo mostrártelo".

"Bueno, entonces", dijo Bankei, "traémelo cuando lo tengas". "Pero no puedo traerlo justo cuando sucede que lo tengo", protestó el estudiante. "Sucede inesperadamente, y es seguro que lo perderé antes de traértelo".

Bankei le ha puesto ahora en el sendero correcto. Ya ha avanzado, ya está acercándose a la meta, porque ahora se está dando cuenta de cosas de las que nunca antes se había dado cuenta. La primera cosa de la que se da cuenta es que no puede producirlo ahora mismo: no puede ser producido; sucède cuando sucede, y es una fuerza inconsciente, no puedes provocarla conscientemente. Eso significa que, si sigue adelante, el paso siguiente será que permanezca consciente —*y si permanece consciente, no puede suceder.*

Incluso cuando la ira está sucediendo, si de pronto te vuelves consciente, se va. ¡Pruébalo! Justo en el medio, cuanto te sientes muy caliente y te gustaría asesinar, de pronto vuélvete consciente y sentirás que algo ha cambiado: una marcha interna —puedes sentir el chasquido. Algo ha cambiado, ahora ya no es lo mismo: tu ser interno se ha relajado. Puede que a tu capa externa le lleve un tiempo relajarse, pero el ser interno ya se ha relajado. La cooperación se ha roto; ya no estás identificado.

Gurdjieff solía hacer un bello truco con sus discípulos. Tú estabas ahí sentado, y él creaba una situación: te decía, "Alguien, 'A', viene, y cuando venga me comportaré rudamente con él, muy rudamente, y todos vosotros tenéis que ayudarme".

Entonces llega "A" y Gurdjieff se ríe y le dice: "¡Pareces un perfecto idiota!", y todo el mundo mira al hombre y le muestran que todos están de acuerdo. Entonces Gurdjieff sigue diciendo cosas desagradables sobre este hombre, y todo el mundo asiente y se muestra de acuerdo. El hombre se enfada más y más, y Gurdjieff sigue más y más, y todo el mundo asiente, como si hubiera un completo acuerdo, y el hombre se calienta más y más hasta que explota. Y cuando explota, de pronto Gurdjieff dice: "¡Para y mira!".

Algo se relaja por dentro. Inmediatamente el hombre comprende que le han metido en una situación; se ha enfadado, y en el momento que se da cuenta de que es una situación provocada, que Gurdjieff le ha jugado un truco, la marcha cambia: se vuelve alerta, consciente. Al cuerpo le costará un poco más calmarse, pero en el centro, en lo profundo, todo está fresco. Y ahora puede mirarse a sí mismo.

El estudiante está ya en el sendero, Bankei le ha puesto inmediatamente en el sendero. La primera cosa de la que se ha dado cuenta es: "No puedo mostrártelo ahora mismo, porque no está ahí".

"Bueno, entonces, tráemelo cuando lo tengas".

Se ha dado un segundo paso.

"Pero no puedo traerlo justo cuando sucede que lo tengo", protestó el estudiante, "surge inesperadamente.

No sé cuándo surgirá. Puede que esté muy lejos, puede que tú no estés disponible y, además, incluso si te lo traigo, para cuando llegue a ti ya no lo tendré".
Ya ha llegado a una profunda comprensión.

No puedes traerme ira, ¿verdad? Porque en el mero esfuerzo de traerla te volverás consciente. *Si eres consciente,* la sujección se pierde, empieza a desplomarse; para cuando hayas llegado a mí, ya no existirá.

Y era más fácil llegar a Bankei que llegar a mí: tienes que pasar por Mutka. Para cuando se dé una cita, y para cuando llegues a mí, la ira no estará ya allí.
¡Por eso la cita! Porque si no traerás problemas innecesariamente. Gracias a la cita se van automáticamente por sí mismos, y si persisten, entonces *merece* la pena traerlos a mí.

Para cuando llegues a mí, ya lo habrás dejado de lado; y si comprendes, eso significa que a las cosas que vienen y van no merece la pena prestarles atención: ¡vienen y van! *Tú* eres a lo que tienes que prestar más atención, no a las cosas que vienen y van; son como las estaciones y el clima: cambian. Por la mañana era diferente, por la noche es diferente de nuevo, ¡cambia!
¡DESCUBRE LO QUE NO CAMBIA!

El estudiante ha alcanzado ya una bella comprensión. Dice: "Surge inesperadamente, y es seguro que lo perderé antes de traértelo".

"En ese caso", dijo Bankei, "no puede ser parte de tu verdadera naturaleza".

Porque la verdadera naturaleza siempre está ahí, nunca surge y nunca se retira, ¡siempre está ahí! La *ira* surge y se va; el *odio* surge y se va; vuestro mal llamado *amor* también surge y se va. Tu naturaleza siempre está ahí.

Así que no estés demasiado interesado e implicado con todo lo que viene y va, de otra forma puedes estar implicado con ello durante años y años, y vidas y vidas, y nunca llegarás al fondo.

Por eso el psicoanálisis freudiano nunca es útil. El paciente se tumba en el diván durante años seguidos: tres, cuatro, cinco años; habla y habla de cosas que vienen y van. Recuerda, todo el psicoanálisis freudiano está preocupado por cosas que vienen y van: lo que sucedió en la infancia, lo que sucedió en tu juventud, lo que sucedió en tu vida sexual, lo que sucedió en tu relación con los demás, ¡sigue y sigue! Está interesado en *lo que sucedió*, no en *A QUIÉN LE SUCEDIÓ*; y ésa es la diferencia entre Bankei y Freud.

Si estás interesado en *lo que* sucedió, entonces ¡han sucedido tantas cosas! Incluso en veinticuatro horas suceden tantas cosas que tardarías años en narrarlas. ¡Y seguirás contando! Es como hablar del clima toda tu vida: a veces muy caliente, a veces muy nublado, a veces lluvioso, a veces esto y a veces aquello; pero, ¡para qué sirve todo ello?

¿Y qué sucede? ¿Cómo ayuda el psicoanálisis a un paciente? Ayuda un poco. Sencillamente te da tiempo, eso es todo. Durante dos años hablas continuamente de cosas que sucedieron. Esos dos años, o un año, o incluso más, te dan tiempo y la herida se cura automáticamente, te reajustas de nuevo. Por supuesto, surge también una cierta comprensión: la comprensión surge cuando retrocedes y avanzas, como paseando en un autobús por tu memoria; surge una cierta comprensión porque tienes que mirar tus recuerdos, porque los observas, pero eso no es lo principal.

A Freud no le preocupa tu observación. Él piensa que con sólo relatar, contar tu pasado, sacarlo con palabras, verbalizarlo, algo profundo cambia. Pero no cambia nada profundo. Se arroja un poco de basura. Nadie hasta ahora te ha escuchado y Freud y sus psicoanalistas te escuchan tan atentamente... Por supuesto, tienes que pagar por ello. Son escuchadores profesionales. Ayudan en un aspecto, porque tú quieres hablar con alguien íntimamente; incluso eso ayuda. Por eso la gente habla de sus sufrimientos: se sienten relajados cuando alguien escucha pacientemente, con compasión. Pero en la actualidad nadie escucha, nadie tiene tiempo.

Bertrand Russell escribió una pequeña historia. En el siglo que viene, el siglo veintiuno, existirá una gran profesión de escuchadores profesionales. En todos los barrios, entre cada cuatro o cinco casas, habrá una con un cartel: "Escuchador Profesional". Eso es el psicoanálisis. Porque nadie tendrá tiempo, ¡todo el mundo tendrá tanta prisa!: la esposa no podrá hablar con el marido, el marido no podrá hablar con la esposa, la gente hará el amor a través de llamadas telefónicas, o se verán en las pantallas de televisión. Eso *va* a suceder, porque, ¿para qué sirve ir a ver a un amigo cuando os podéis ver en la pantalla de televisión? Los teléfonos tendrán también pantallas para que puedas ver a tu amigo hablándote, y él a ti, así que, ¿para qué ir? Porque, ¿qué haréis sentándoos uno en frente del otro en una habitación? Está sucediendo ya: la distancia se cubre con el teléfono y la televisión. *Se perderá el contacto*, de forma que serán necesarios escuchadores profesionales.

Acudes a los psicoanalistas y te escuchan como un amigo; por supuesto, tienes que pagar, y el psicoanálisis es ahora lo más caro del mundo; sólo los muy ricos se lo pueden permitir. La gente se jacta de ello: "He estado psicoanalizándome cinco años. ¿Cuántos años llevas tú?". Los pobres no pueden permitírselo.

Pero los métodos *orientales* de meditación tienen una actitud diferente: no están interesado en *lo que* te sucedió, les interesa *a quién* le sucedió. *Descubre: ¿A quién?*

Tumbado en un diván freudiano estás interesado en los objetos de la mente. Sentado en un monasterio Zen, estás interesando no en los objetos, sino en el sujeto.

"En ese caso", dijo Bankei, "no puede ser parte de tu verdadera naturaleza. Si lo fuese, podrías mostrármelo en cualquier momento. Cuando naciste no lo tenías, y tus padres no te lo dieron, así que debe de entrar en ti desde el exterior. Sugiero que

siempre que entre en ti te golpees a ti mismo con
un palo hasta que el mal genio no pueda soportarlo
más, y huya".

Está simplemente bromeando: no tomes el palo literalmente.

En Zen se llama a la consciencia *el palo con el*
que te pegas a ti mismo. No hay otra forma de pegarte
a ti mismo, porque si coges un palo ordinario, pegarás
al cuerpo, pero no a ti. Puedes *matar* al cuerpo, pero
no a ti. Pegar con un palo significa: cuando te sientas
enfadado, sé consciente continuamente; lleva *consciencia*
a ello, ponte alerta, consciente, y golpea continuamente con el palo de la consciencia en tu interior hasta
que el mal genio no pueda soportarlo y huya. Y lo
único que el mal genio *no puede* soportar es la consciencia.

Golpear tu cuerpo no servirá. Eso es lo que está
haciendo la gente: ¡golpear los cuerpos de otros o los
suyos propios! Eso no es lo que quiere decir Bankei:
está bromeando y está indicando un término simbólico
que la gente Zen utiliza para la consciencia: *el palo*
con el que uno se golpea a sí mismo.

En la tradición Zen, cuando muere un Maestro,
entrega su palo, el bastón, a su discípulo principal, al
que elige como sucesor, el que va a reemplazarle. Le
entrega el palo, el bastón, que ha llevado toda su vida.
El significado es que el que ha recibido el palo ha alcanzado su palo *interno*: la consciencia. El Palo del
Maestro es el mayor regalo, porque al entregarlo lo
acepta, acuerda, reconoce, que ahora ha nacido *tu* palo
interno; te has vuelto consciente de lo que te sucede,
de *a quién* le sucede. La distinción está ahí, ha entrado
la grieta, hay un espacio; ahora la periferia y tu centro
no están identificados. (o quizás todo)

Dijo Bankei: "Sugiero que esta ira debe venir del
exterior. No la tenías cuando naciste, nadie, ni tus padres ni nadie, te la dio como un regalo, así que, ¿de
dónde viene? Debe venir del exterior, la periferia debe
estar tocando otras periferias; desde allí debes estar re-
cibiendo las ondas y las olas. Así que *sé consciente,*
porque *en el momento* que eres consciente, de pronto
eres lanzado al centro".

Sé inconsciente: y vivirás en la periferia. Sé consciente: y serás lanzado al centro.

Y desde el centro puedes ver lo que está sucediendo en la periferia. Entonces, si dos personas se tocan en la periferia, crearán problemas en la periferia, pero no te crearán problemas a ti. Tú puedes reírte; puedes disfrutarlo; puedes decir, "Suena fascinante".

Sucedió: Buda pasaba al lado de un pueblo; vino alguna gente y abusaron malamente de él, dijeron cosas desagradable, utilizaron palabras vulgares; y él simplemente estuvo allí quieto. Ellos se quedaron un poco confusos, porque él no reaccionaba. Entonces alguien gritó desde la multitud: "¿Por qué estás en silencio? *Responde* a lo que te estamos diciendo".

Buda les dijo: "Habéis venido un poco tarde. Deberíais haber venido hace diez años, porque entonces yo habría reaccionado. Pero ahora no estoy donde me estáis haciendo estas cosas; ha surgido una distancia. Ahora he entrado en el centro donde no podéis tocarme. Habéis venido un poco tarde. Lo siento por vosotros, pero yo lo disfruto. Ahora tengo prisa, porque en otro pueblo al que voy la gente me estará esperando. Si no habéis acabado, pasaré por el mismo camino cuando vuelva, suena fascinante".

Estaban confusos. ¿Qué hacer con un hombre así? Otro entre la multitud preguntó, "¿De verdad que no vas a decir nada?".

Buda les respondió: "En el pueblo del que vengo ahora mismo, la gente vino con muchos dulces para ofrecérmelos, pero yo sólo tomo cosas cuando tengo hambre, y no tenía hambre, así que les devolví sus dulces. *Yo os pregunto, ¿qué harán con ellos?*".

Y el hombre dijo: "Por supuesto, irán al pueblo y darán esos dulces a la gente como *prasad**".

Y Buda empezó a reír y dijo: "Estáis realmente en problemas, estáis en un lío: ¿qué haréis? Me habéis traído estas palabras vulgares, y yo os digo que no tengo hambre, ¡así que lleváoslas de vuelta! Y lo siento mucho por vuestro pueblo, porque la gente tendra cosas vulgares, palabras vulgares como *prasad*".

(*) Prasad: regalo, ofrenda de dulces, comida (N. del T.).

Cuando estás en el centro, *suena fascinante,* puedes disfrutarlo. Cuando estás en calma, fresco, puedes disfrutar de todo el mundo. Cuando estás caliente no puedes disfrutar, porque te metes demasiado en las cosas; estás perdido, te identificas. Te embarullas tanto con el mundo que ¿cómo vas a disfrutarlo?

Esto puede sonar paradójico, pero yo os digo: Sólo un Buda disfruta de este mundo: entonces todo suena fascinante.

IV.

¿CUAL ES EL CAMINO?

*A un Maestro que vivía como ermitaño en
una montaña, le preguntó un monje: "¿Cuál
es el Camino?"
"¡Qué hermosa montaña es ésta!", dijo el
Maestro como respuesta.
"No le estoy preguntando sobre la
montaña", dijo el monje, "sino sobre el Camino".
El Maestro replicó: "Mientras no puedas
ir más allá de la montaña, hijo mío, no podrás
alcanzar el Camino".*

El Camino es fácil, pero tú eres la montaña; y detrás de ella está el Camino. Cruzarte a ti mismo es muy difícil. Una vez que estás en el Camino, no hay problema, pero el Camino está muy lejos de ti.

¡Y eres tal masa de contradicciones! Un fragmento de ti va hacia el Este, el otro va al Oeste: no te mueves en una dirección. No puedes, tal como eres, porque para moverte en una dirección necesitas una unidad interna, un ser cristalizado. Tal como eres, eres una multitud, con muchos yoes, sin ninguna unidad.

A lo sumo, si haces algún arreglo —como tiene que hacer todo el mundo—, si te controlas a ti mismo, a lo sumo te puedes convertir en una asamblea, no en una multitud; y también entonces serás una asamblea india, no la británica; a lo sumo, la mayoría de tus fragmentos pueden moverse en una dirección, pero la minoría siempre estará allí, yendo a algún otro sitio.

De forma que, incluso un hombre muy controlado, disciplinado, un hombre con carácter, de pensamiento, ese hombre tampoco alcanza nunca el Camino. Puede que sea capaz de ajustarse a la sociedad, pero tampoco es capaz de alcanzar el Camino desde el que se abre la puerta hacia lo Divino.

Eres realmente una montaña.

Lo primero que hay que comprender es que la multitud debe irse. La existencia polisíquica tiene que convertirse en unisíquica; tienes que ser uno. Eso significa que tienes que existir sin pensamientos, porque los pensamientos son una multitud, te dividen, cada pensamiento te separa en pedazos. Crean un caos dentro de ti y siempre son contradictorios. Incluso cuando decides, la decisión siempre va en contra de alguna parte dentro de ti: nunca es total.

Se cuenta que Mulla Nasrudín estaba muy enfermo, tenso, psíquicamente enfermo. Y la enfermedad era tal que poco a poco se volvió absolutamente incapaz de tomar ninguna decisión; no sólo grandes decisiones, sino tampoco las pequeñas: si tomar un baño o no, si ponerse esta corbata o ésa, si coger un taxi para ir a la oficina o ir en coche. No eran grandes decisiones, pero se volvió incapaz de tomarlas, así que le llevaron a un hospital psiquiátrico. Tras seis meses de tratamiento los doctores sintieron que ahora estaba bien. Un día le dijeron: "Ahora, Nasrudín, estás absolutamente bien. Puedes volver al mundo, retomar tu trabajo, empezar a trabajar y a funcionar. Estamos completamente satisfechos de que ahora nada vaya mal". Pero viendo una ligera indecisión por parte de Nasrudín, el doctor dijo: "¿No sientes que ahora estás preparado para entrar en el mundo y empezar a trabajar y funcionar?".

Nasrudín dijo: "Sí y no".

Pero ésta es la situación. Si estás enfermo o sano no es la cuestión; la diferencia es sólo de grado, pero éste sigue siendo el problema en lo profundo de ti: sí y no, ambos.

¿Amas a una persona?: sí, y en el fondo está escondido el no. Tarde o temprano, cuando te aburras y te hartes del sí, el no emergerá y odiarás a esa persona, la misma persona que amabas. Te gusta algo, pero el desagrado está escondido; tarde o temprado, esa misma cosa no te gustará.

Estabas loco cuando amabas, cuando te gustaba; y estarás loco cuando odies y no te guste. Tal como eres —sí y no, ambos—, ¿cómo vas a avanzar hacia lo Divino?

Lo Divino necesita un compromiso total, menos no sirve, pero, ¿cómo puedes comprometerte totalmente? ¡No eres un ser total! Esto es la montaña.

El Sendero es fácil, pero tú no estás en el Sendero; y ninguna técnica, ni todos los métodos del mundo y ningún Maestro, para ser exactos, te dan el Sendero; el Sendero existe ya. Sus métodos y técnicas simplemente te conducen hacia el Sendero; no son Senderos. Crean pequeñas sendas en la montaña para que puedas ir más allá, porque el Sendero está *ahí*; no hay necesidad de crear un Sendero, ya existe. Pero tú estás perdido en un bosque. Hay que llevarte al Sendero.

Así que lo primero es: cuanto más dividido estés, más lejos del Camino estarás; cuanto menos dividido estés, más cerca del Camino.

Los pensamientos dividen porque siempre llevan al opuesto dentro de ellos: el amor lleva al odio, la amistad lleva a la enemistad, el agrado lleva al desagrado. Sosan tiene razón cuando dice: "Una ligera distinción entre el agrado y el desagrado, un ligero movimiento de agrado o desagrado en tu ser, y el cielo y la tierra quedan separados!. Ninguna distinción: y has llegado, porque sin ninguna distinción eres uno.

Así que lo primero que hay que recordar es cómo abandonar los pensamientos y volverse un ser sin pensamientos; sin pensamientos pero alerta, porque en el sueño profundo también estás sin pensamientos, y eso no sirve. Es bueno para el cuerpo, por eso después del sueño profundo tu cuerpo se siente rejuvenecido, pero la mente permanece cansada incluso por la mañana, porque la mente continúa su actividad. El cuerpo se relaja, aunque tampoco puede relajarse totalmente a causa de la mente; pero así y todo, se relaja; así que por la mañana el cuerpo está bien, por lo menos bien para trabajar, pero la mente se siente cansada incluso por la mañana.

Te vas a la cama cansado y por la mañana te levantas más cansado, porque tu mente ha estado trabajando continuamente, soñando, pensando, planeando, deseando; la mente estuvo trabajando continuamente.

En el sueño profundo, durante unos instantes en los que estás totalmente inconsciente, te haces uno. Se necesita esta misma unidad con una mente consciente y alerta. Igual que estás en el sueño profundo: ningún pensamiento, ninguna distinción de bueno y malo, cielo e infierno, Dios y el Diablo, ninguna distinción de ningún tipo, simplemente *eres*, pero inconsciente. Hay que lograr esto estando alerta y consciente. El samadhi, lo final, lo supremo, la meditación absoluta, no es otra cosa que sueño profundo con total consciencia.

El sueño profundo lo consigues, así que lo único que hay que lograr es más y más consciencia. Si puedes añadir más consciencia a tu sueño profundo, te iluminarás. Se trasciende la montaña y el Sendero se abre. Esto es lo primero.

Lo segundo es que llevas el pasado dentro de ti. Y eso crea multiplicidad. Fuiste un niño y el niño aún está escondido en ti, y a veces aún puedes sentir al niño dando puntapiés; en ciertos momentos retrocedes y te vuelves niño de nuevo. Fuiste joven una vez; ahora eres viejo; ese joven está escondido ahí, y a veces incluso un anciano empieza a hacer tonterías como un joven.

Llevas contigo todo tu pasado, cada momento de él, ¡y has sido muchas cosas! Desde el útero hasta ahora has sido millones de personas, y las llevas todas dentro de ti, capa a capa. Has crecido, pero el pasado no ha desaparecido; puede que esté oculto, pero está ahí; y no está sólo en la mente, está incluso en el cuerpo. Si cuando eras un niño pequeño y estabas enfadado alguien dijo: "¡Para! ¡No estés enfadado!", y tú te contuviste, esa ira la llevarás aún en la mano. Tiene que ser así, porque la energía es indestructible, y a no ser que relajes esa mano, persistirá; a no ser que hagas algo conscientemente para completar el círculo de esa energía que se convirtió en ira en cierto momento, hace cincuenta o sesenta años, la llevarás dentro de ti, coloreando todos tus actos.

Puedes tocar a alguien, pero el contacto no será puro: la mano lleva todo su pasado; toda la ira reprimida, todo el odio reprimido está allí. Incluso si tocas a una persona estando enamorado, tu contacto no es puro, el amor no será puro, porque, ¿dónde irá esa ira que llevas en la mano?

Wilheim Reich trabajó mucho sobre esta represión somática. El pasado está en el cuerpo, el pasado está en la mente; a causa de este estado cargado, no puedes estar aquí y ahora. Tienes que vértelas con tu pasado.

De forma que la meditación no es sólo una cuestión de hacer algo aquí y ahora; antes de que eso sea posible, tienes que vértelas con tu pasado: tienes que disolver todos los residuos, y hay millones de ellos.

Incluso cuando uno se hace viejo es también un niño, un joven, y todo lo que alguna vez has sido está ahí, porque no sabes cómo morir a cada momento.

Ése es todo el arte de la vida: morir momento a momento para que no haya residuos.

Si se ha terminado una relación: ¡no cargues con ella, simplemente ya no está! ¿Qué puedes hacer? Algo estaba sucediendo y ahora ya no sucede. Acéptalo y muere a ello: sencillamente *abándonalo* con absoluta consciencia, y entonces renaces a un nuevo momento donde no tendrás que cargar con el pasado.

Ya no eres un niño, pero obsérvate a ti mismo y sentirás que el niño está ahí, ¡y ese niño crea problemas!

Si fueses realmente un niño no habría problema, pero eres joven, o viejo.

Una vez Mulla Nasrudín fue hospitalizado. Era el día de su cumpleaños —cumplía ochenta años— y esperaba que sus tres hijos le llevaran algún regalo. Vinieron, por supuesto, pero no habían traído nada, ¡porque tenía ochenta años! Un niño se siente feliz con un regalo, ¿pero un anciano? ¡Ochenta años! Su hijo mayor tenía sesenta. Así que no pensaron en ello en absoluto, pero cuando llegaron, y Mulla vio que tenían las manos vacías, se sintió enfadado, frustrado, y les dijo: "¿Qué? ¿Habéis olvidado a vuestro anciano, el cupleaños de vuestro pobre y anciano padre? ¡Es mi cumpleaños!".

El niño. En ese momento podrías haber visto en sus ojos que ese hombre de ochenta años no estaba allí, sólo un niño esperando unos juguetes.

Uno de los hijos dijo: "Perdónamos, lo olvidamos completamente".

Mulla Nusradín les dijo: "Creo que os perdonaré, porque parece que estos olvidos vienen de familia. En realidad, a mí se me olvidó casarme con vuestra madre".

Estaba realmente enfadado.

Así que los tres gritaron a la vez: "¡¿Qué?! ¿Quieres decir que...?".

Él dijo: "¡Sí!", en un tono maliciosamente bajo.

El niño continúa en alguna parte de ti: cuando gimes puedes encontrarle, cuando te ríes puede encontrarle, cuando alguien te da un regalo puedes encontrarle, cuando alguien se olvida de hacerlo puedes encontrarle, cuando alguien te condena puedes encontrarle, es muy difícil ser realmente maduro. Uno nunca puede ser maduro a no ser que el niño sencillamente se muera dentro de ti: de otra forma seguirá influenciando tus actos, tus relaciones.

Y esto no sólo es cierto respecto al niño: *cada momento del pasado está ahí*, influenciando tu presente. Tu presente está muy *cargado*. Y millones de voces del cuerpo y de la mente continúan manipulándote; ¿cómo vas a alcanzar el Sendero?

Eres una montaña. Hay que disolver esa montaña. ¿Qué hacer? Puede ser disuelta conscientemente, y una forma de hacerlo es vivir tu pasado de nuevo, conscientemente.

Éste es el mecanismo de la consciencia: cuando vives algo conscientemente nunca se convierte en una carga para ti; intenta comprender esto. Nunca se convierte en un lastre para ti si lo vives conscientemente.

Si vas al mercado a comprar algo y te mueves conscientemente, caminas conscientemente, compras algo conscientemente, con absoluta rememoración, vuelves a casa con toda tu atención: esto nunca será una parte de tu memoria. No es que te olvides de ello, sino que no será una *carga*. Si quieres recordarlo, puedes recordarlo, pero no estará forzando tu atención hacia ello constantemente, no será un peso que llevas encima.

Todo lo que haces conscientemente, lo vives, y ya no es un residuo. Todo lo que vives inconscientemente se convierte en un residuo, porque nunca lo vives totalmente y algo permanece incompleto. Cuando algo está incompleto *hay que cargar con ello*: estás esperando a que lo completen.

Eras un niño, alguien rompió tu juguete y lloraste; y tu madre te consoló, distrajo tu mente, te dio unas golosinas; te habló de otra cosa; te contó un cuento; te distrajo; y tú ibas a llorar y a gemir y te olvidaste. Eso ha permanecido incompleto; está ahí. Y un día, cuando alguien te arrebate un juguete —puede ser cualquier juguete, puede que sea una novia, y alguien te la arrebata— te pones a gemir y a llorar. Y puedes encontrar ahí al niño: *incompleto*. Puede que sea un cargo: eres el alcalde de la ciudad y alguien te arrebata el puesto, y lloras y gimes otra vez.

Encuéntralo... retrocede al pasado, atraviésalo de nuevo, porque ahora no hay otra forma; el pasado ya no existe, así que si algo ha quedado pendiente, el único camino es revivirlo en la mente, retroceder.

Decide retroceder durante una hora cada noche, completamente alerta, como si estuvieses viviendo todo el asunto de nuevo. Aparecerán muchas cosas; muchas cosas te llamarán la atención, así que no tengas prisa y prestes atención parcial a algo y luego sigas otra vez, porque eso creará de nuevo algo incompleto. Venga lo que venga, dale tu atención total. Vívelo de nuevo. Y cuando digo "vívelo de nuevo", quiero decir *vívelo de nuevo*; no sólo recuerdes, porque cuando recuerdas algo eres un observador separado; eso no sirve. *¡Revívelo!*

Eres un niño de nuevo. No mires como si estuvieras aparte mirando a un niño cuando le arrebatan su juguete. ¡No! *Sé* el niño. No fuera del niño, sino dentro del niño: sé el niño de nuevo. Revive el momento: alguien te arrebata el juguete, lo rompe, y te pones a llorar, ¡llora! Tu madre trata de consolarte, atraviésalo todo de nuevo, pero ahora no te distraigas con nada. Deja que todo el proceso se complete. Cuando esté completo, de pronto sentirás que tu corazón está menos pesado; se ha soltado algo.

Quisiste decir algo a tu padre; ahora está muerto, ahora no hay forma de decírselo. O quisiste pedirle perdón por algo que hiciste que a él no le gustó, pero entró tu ego y no pudiste pedirle perdón: ahora está muerto, ahora no se puede hacer nada. ¿Qué hacer?, ¡¡y está *ahí*! Seguirá y seguirá y destruirá todas tus relaciones.

Soy muy consciente de esto porque ser un Maestro es ser un padre en cierto sentido, es ser muchas cosas, pero es muy importante ser un padre en cierto sentido. Cuando la gente viene a mí, si están cargados con la relación con su padre, entonces les resulta muy difícil relacionarse conmigo, porque siempre aparece su padre. Si han odiado a su padre, me odiarán a mí, si querían luchar con su padre, lucharán; si amaban a su padre, me amarán; si respetaban a su padre, me respetarán; si le respetaban sólo superficialmente y en el fondo no le respetaban, será lo msimo conmigo; y todo el asunto se pone en funcionamiento.

Si eres consciente, puedes observar. Retrocede; ahora tu padre ya no existe, pero para los ojos de la memoria aún está ahí: cierra los ojos; sé otra vez el niño que ha cometido algo, que ha hecho algo en contra del padre, que quiere ser perdonado pero no puede armarse de valor. ¡Ahora puedes armarte de valor! Puedes decir todo lo que querías decir, puedes tocar sus pies de nuevo, o puedes enfadarte y pegarle, ¡pero acaba con ello! Deja que todo el proceso se complete.

Recuerda una ley básica: cualquier cosa que está completa *cae*, porque ya no tiene sentido cargar con ella; todo lo que está incompleto *se engancha*: espera ser completado.

Y realmente, esta Existencia siempre está encaminada hacia la finalización. Toda la Existencia tiene una tendencia básica a completarlo todo. No le gustan las cosas que están incompletas, que están pendientes y esperan. La Existencia no tiene prisa, puede esperar durante millones de años.

Retrocede. Cada noche, durante una hora antes de irte a dormir, entra en el pasado, revive. Poco a poco, muchos recuerdos serán desenterrados. Con muchos te sorprenderás de que no eras consciente de ellos, de que esas cosas estén ahí, ¡y con tanta vitalidad y frescor! ¡Como si acabasen de suceder! Serás de nuevo un niño, de nuevo un joven, un amante, muchas cosas vendrán. Ve despacio, para que todo se complete. Tu montaña se hará más y más pequeña —la *carga* es la montaña. Y cuanto más pequeña se haga, más libre te sentirás. Una cierta cualidad de libertad llegará a ti, y un frescor, y por dentro sentirás que has tocado una fuente de vida.

Así siempre serás vital: incluso los demás sentirán que ha cambiado tu forma de andar, que ahora tiene la cualidad de una danza; cuando tocas, tu contacto ha cambiado: no es una mano muerta, esta viva de nuevo; la vida fluye ahora porque han desaparecido los bloqueos; ahora no hay ira en la mano, el amor puede fluir fácilmente, sin venenos, puro. Te volverás más sensible, vulnerable, abierto.

Si te has reconciliado con tu pasado, de pronto estarás aquí y ahora, en el presente, porque ya no es necesario retroceder una y otra vez.

¡Continúa retrocediendo cada noche! Poco a poco las memorias surgirán ante tus ojos y se completarán. Revívelas; una vez completas, de pronto sentirás que caen. Ahora no hay nada que hacer; se acabó. Menos y menos y menos recuerdos llegarán según pase el tiempo. Habrá intervalos —te gustaría vivir, no llega nada, y esos intervalos son hermosos. Luego llegará un día en el que no podrás retroceder porque todo está completo. *Sólo cuando no puedes retroceder puedes avanzar.*

No hay otra forma. Y AVANZAR ES ALCAN-

ZAR EL SENDERO: toda la consciencia avanzando a cada momento en lo Desconocido.

Pero ahora tus piernas se ven continuamente retraídas por el pasado; el pasado es pesado en ti: ¿cómo vas a entrar en el futuro y cómo vas a estar en el presente? La montaña es realmente grande, es un Himalaya inexplorado y sin ningún mapa: nadie sabe cómo atravesarlo, y todo el mundo es un Himalaya tan diferente que nunca se puede hacer un mapa, porque es diferente en cada persona. Tú tienes que llevar tu Himalaya, los demás tienen que llevar el suyo, y entre estas montañas —cuando te encuentres con la gente— sólo hay choque y conflicto.

La vida entera se convierte en una lucha, una lucha violenta, y por todas partes puedes ver y sentir y oír el choque. Siempre que alguien se acerca, estás tenso, y el otro también está tenso: los dos lleváis vuestros Himalayas de tensión, y tarde o temprano chocarán. Podéis llamarlo amor, pero los que saben dicen que es un choque.

Acaba con el pasado. Según vas liberándote del pasado la montaña empieza a desaparecer. Y entonces alcanzarás una unidad, poco a poco te volverás uno.

Ahora trata de comprender esta parábola. ¿Cuál es el Camino?

A un Maestro que vivía como ermitaño en una montaña, le preguntó un monje: "¿Cuál es el Camino?"

Hay que comprender cada palabra, porque cada palabra tiene significado: *A un Maaestro que vivía como ermitaño en una montaña...*

Siempre sucede lo mismo: tanto Buda como Jesús o Mahavir se van a las montañas. ¿Pero por qué buscaron la soledad? ¿Por qué se vuelven solitarios? Para enfrentar sus montañas internas inmediata y directamente. En la sociedad es difícil, porque toda la energía se gasta en el trabajo diario y la rutina y la relación; no tienes suficiente tiempo, no tienes suficiente energía para encontrarte *contigo mismo, ¡te agotas* encontrándote con los demás! Estás muy ocupado; y para ponerse cara a cara con uno mismo se necesita una vida muy desocupada. Porque enfrentarse a uno mismo es un fenómeno tan tremendo, que precisa de toda tu energía. Es una ocupación tan absorbente que no se puede hacer a medias.

Los buscadores siempre han entrado en una existencia solitaria para enfrentarse consigo mismos, evitándose complicaciones; la relación complica las cosas, porque el otro trae sus sufrimientos y montañas; tú ya estás cargado: ¡y entonces llega el otro y chocáis! Entonces las cosas se vuelven más complejas. Entonces son dos enfermedades que se encuentran, y de todo ello surge una enfermedad más complicada todavía.

Todo se entrelaza, se convierte en un enigma. Tú ya eres un enigma: es mejor resolverlo primero y *luego* entrar en relación, porque sólo cuando no eres una montaña puedes ayudar a alguien.

Y recuerda, se necesitan dos manos para aplaudir, y se necesitan dos montañas para un choque. Cuando ya no seas una montaña, serás capaz de relacionarte. Si entonces el otro intenta crear un choque, éste ya no puede producirse porque no hay posibilidad de aplaudir con una sola mano. El otro empezará a sentirse tonto: y ése es el amanecer de la sabiduría.

Puedes ayudar si no llevas cargas; no puedes ayudar si llevas cargas. Te puedes convertir en un marido, te puedes convertir en un padre o en una madre, y estarás también cargando a otros con tus cargas. Incluso los niños pequeños llevan sus montañas; son aplastados por ti: no puede ser de otra forma, porque nunca te preocupas por tener claridad acerca de tu ser *antes* de relacionarte.

Ésa debe ser la responsabilidad básica de todo ser que está alerta: "Antes de entrar en relación debo estar descargado. No debo llevar ningún residuo; sólo entonces puedo ayudar al otro a crecer. ¡De otra forma explotaré y el otro me explotará! De otra forma trataré de dominar y el otro tratará de dominarme". Y no será una verdadera relación, no puede ser amor, será una política sutil. Vuestros matrimonios son una sutil política de dominación. Vuestra paternidad o maternidad, es una política sutil.

Mira a las madres, ¡simplemente obsérvalas!, y sentirás que están tratando de dominar a sus hijos pequeños. Su agresividad, su ira, se vuelve sobre ellos: los niños se han convertido en objetos de catarsis; y con esto ya están cargados. Entrarán en la vida llevando montañas desde el *mismo* comienzo, y nunca sabrán que es posible la vida sin llevar la cabeza tan cargada; y nunca conocerán la libertad que llega con un ser *no cargado*. Nunca sabrán que cuando no estás cargado tienes alas y puedes volar al cielo y en lo Desconocido.

Y Dios sólo es asequible cuando no estás cargado. Pero ellos nunca lo sabrán. Llamarán a las puertas de los templos, pero nunca sabrán dónde existe el templo real. El templo real es la libertad, morir al pasado momento a momento y vivir el presente. Y libertad para moverse, para moverse en la oscuridad, en lo Desconocido: ¡ésa es la puerta de lo Divino!

A un Maaestro que vivía como ermitaño en una montaña... solo. Debes hacer una distinción entre dos palabras: "solitario" y "solo". En el diccionario tienen el mismo significado, pero los que han estado meditando conocen la diferencia. Más bien son completamente diferentes. Estar solitario, aislado, es algo feo, es algo depresivo: es tristeza, es la ausencia del otro. Estar solitario es la ausencia del otro: te gustaría que el otro estuviese aquí, pero no está, y lo sientes, y le echas de menos. *TÚ no estás ahí solitario, sino que es la ausencia del otro lo que está ahí.*

Estar solo es totalmente diferente. *Tú estás ahí*, es tu presencia, es un fenómeno positivo. No echas de menos al otro, TE ENCUENTRAS A TI MISMO. Entonces estás solo, solo como una cumbre, ¡tremendamente hermosa! A veces incluso sientes terror, pero tiene belleza.

Pero la presencia es lo básico: estás presente para ti mismo. *No estás solitario, estás contigo mismo.* Cuando estás solo, no estás solitario, estás contigo mismo.

Cuando estás solitario, estás simplemente solitario: no hay nadie. No estás contigo mismo y estás echando de menos al otro. Estar solitario es negativo, supone una ausencia: estar solo es positivo, supone una presencia.

Si estás solo, creces, porque hay espacio para crecer, no hay otro que ponga trabas, nadie que obstruya, nadie que cree problemas más complejos. Solo, creces, y tanto como quieras crecer; puedes crecer porque *no hay límite*, y eres feliz estando contigo mismo, y surge la dicha. No hay comparación: como no está el otro, no eres ni guapo ni feo, ni rico ni pobre, ni esto ni lo otro, ni blanco ni negro, ni hombre ni mujer. *Solo,* ¿cómo puedes ser una mujer o un hombre? *Solitario*: eres una mujer o un hombre, porque falta el otro. Solo: no eres nadie, vacío, *vacío del otro completamente.*

Y recuerda, cuando el otro no existe, el ego no puede existir: existe con el otro. *Presente o ausente*, el otro es necesario para el ego. Para sentir el "Yo" es necesario el otro, el límite del otro. Cercado por el prójimo siento el "Yo". Cuando no hay prójimo, ningún vallado, ¿cómo vas a sentir el "Yo"?

Tú estarás ahí, pero sin ningún ego. El ego es una relación, sólo existe en relación.

Solo, el Maestro vivía —ermitaño significa solo— en una montaña, enfrentándose a sí mismo, encontrándose a sí mismo en cada esquina. Dondequiera que va se está encontrando a sí mismo, no cargado con el otro, conociendo bien, de esa forma, lo que es él, quién es él.

Las cosas empiezan a resolverse por sí mismas si puedes estar solo, incluso cosas como la locura. Precisamente la otra noche comentaba con unos amigos, que en Occidente, si un hombre se vuelve loco, demente, enajenado, neurótico, se le da mucho tratamiento médico; demasiado, en realidad, ¡dura años! Y el resultado es fútil. El hombre sigue igual.

Oí que una vez un psiquiatra estaba tratando a una mujer que tenía una obsesión: la obsesión se llamaba cleptomanía, robar cosas. Era muy rica y no necesitaba robar, sólo era una obsesión. Le resultaba imposible no robar; siempre que encontraba la oportunidad, robaba, incluso cosas sin valor: una aguja, un botón. La trataron durante años. Después de un tratamiento de cinco años —miles de dólares tirados por la ventana— el psiquiatra que la trataba, un sicoanalista freudiano, le dijo: "Ahora parece normal, y no es necesario continuar el tratamiento. Puede dejarlo. ¿Cómo se siente?".

Ella dijo: "Me siento perfectamente. Me siento

bien. Todo está bien. Antes de que usted empezase a tratarme, solía sentirme culpable de robar. Ahora robo, pero nunca me siento culpable. ¡Bien! Todo va bien. Lo consiguió usted. Me ayudó mucho".

Esto es todo lo que ocurre. Simplemente te acostumbras, *te adaptas a tu enfermedad,* eso es todo.

En Oriente, particularmente en Japón —a causa del Zen— ha existido un tratamiento totalmente diferente durante al menos mil años. Los monasterios Zen —no son hospitales, no están hechos para gente enferma... pero en un pueblo donde haya un monasterio Zen, éste es el único luar a donde ir si alguien se vuelve loco o neurótico. Llevan a los neuróticos al Maestro, porque si él puede tratar a gente normal, ¿por qué no con neuróticos? La diferencia es sólo de grado. Así que llevan a los neuróticos al monasterio Zen, al Maestro, y le dicen: ¿"Qué hacer? Hágase cargo de él". Y él se hace cargo.

¡Y el tratamiento es realmente increíble! El tratamiento es: ningún tratamiento en absoluto. Al hombre hay que darle una celda solitaria en algún lugar de la parte trasera del monasterio, en una esquina; el neurótico tiene que vivir allí. Le darán comida, todas las facilidades; eso es todo. Y tiene que vivir consigo mismo. En tres semanas; sólo tres semanas, sin ningún tratamiento, la neurosis desaparece.

Ahora muchos psiquiatras occidentales están estudiando esto como un milagro, ¡esto no es un milagro! Es simplemente darle al hombre un poco de espacio para *ponerse en orden,* ¡eso es todo! Como la persona era normal hace unos días, puede ser normal de nuevo. Algo se ha vuelto demasiado pesado para él y necesita espacio, eso es todo. Y no le prestarán mucha atención, porque si prestas mucha atención a una persona neurótica —como se ha venido haciendo en Occidente— nunca volverá a ser normal, porque nunca antes le había prestado nadie tanta atención; nunca volverá a ser el que era, porque entonces nadie se preocupaba por él. Y ahora grandes psicoanalistas se están preocupando, grandes doctores de renombre, con apellidos mundialmente famosos, y le hablan: el paciente tumbado en un diván descansando, y un gran "nombre" sentado detrás, y cualquier cosa que él o ella dice es escuchado atentamente, cada palabra, ¡tanta atención! La neurosis se convierte en una inversión, porque la gente *necesita* atención.

Algunas personas se empiezan a comportar de forma estúpida porque entonces la sociedad les presta atención. En todos los países viejos, en cada pueblo, encontrarás un "tonto del pueblo"; y no es un hombre mediocre, es muy inteligente. Los tontos son casi siempre inteligentes, pero han aprendido un truco: la gente les presta atención; les alimentan, todo el mundo les conoce, son ya famosos sin ostentar ningún puesto, todo el pueblo les cuida. Siempre que pasan, son como grandes líderes, les sigue una multitud: niños saltando y tirándoles cosas, ¡y ellos lo disfrutan! Son grandes en el pueblo, y saben que esto de ser un tonto es una inversión, ¡y muy buena! Y el pueblo les cuida: están bien alimentados, bien vestidos; han aprendido el truco. No es necesario trabajar, no es necesario hacer nada, ¡sé un tonto y es suficiente!

Si conoces a una persona neurótica —y recuerda que el ego es neurosis y el ego necesita atención— préstale atención y acomprenderás que el ego se siente bien. Mucha gente ha asesinado simplemente para llamar la atención en los periódicos, porque sólo cuando asesinan pueden ocupar los titulares. De pronto se vuelven muy importantes; se muestran sus fotografías, sus nombres, se publican sus biografías: de pronto ya no son don nadies, se han convertido en personajes.

La neurosis es un profundo anhelo de atención, y si prestas atención, la alimentas: por eso los psicoanalistas han sido un completo fracaso.

En los monasterios Zen remedian un caso en tres semanas; en el psicoanálisis freudiano no pueden remediarlo en treinta años, porque no comprenden la cuestión misma. Pero en los monasterio Zen no se presta ninguna atención a la persona neurótica, nadie piensa que sea importante, simplemente la dejan sola, ése es el único tratamiento. Tiene que poner en orden sus propios asuntos; a nadie le preocupa. En tres semanas sale absolutamente normal.

El estar solo tiene un efecto curativo, es una fuerza curativa. Siempre que sientas que te estás haciendo un lío, no intentes resolverlo ahí, sal de la sociedad durante unos días, por lo menos tres semanas, y permanece en silencio, observándote a ti mismo, sintiéndote a ti mismo, tan sólo estando contigo mismo: y tendrás disponible una tremenda fuerza que cura.

De ahí que, en Oriente, muchas personas se han ido a las montañas, a los bosques, solos a algún sitio, a algún sitio en el que nadie se preocupe por ellos, sólo uno mismo; para poder sentirse a sí mismo directamente y poder ver lo que está sucediendo dentro de sí.

Nadie es responsable de ti excepto tú mismo, recuerda. Si estás loco, estás loco: tú tienes que arreglarlo: ¡es tu acto! Esto es lo que dicen los hindúes: tu karma. El significado es muy profundo. No es una teoría. Dicen que lo que eres es *tu propia* obra, ¡así que arréglala! Nadie más es responsable de ti, sólo tú eres responsable.

¡Así que entra en confinamiento, en soledad!, *para poner las cosas en orden,* para meditar sobre tu propio ser y tus problemas. Y esa es su belleza: si puedes estar en silencio, viviendo contigo mismo durante unos días, las cosas se asientan automáticamente, porque un estado de desequilibrio no es natural. Un estado de desequilibrio es antinatural, no puedes prolongarlo por mucho tiempo. Se necesita esfuerzo para prolongarlo. Simplemente relájate y deja que las cosas sean, y observa, y no hagas ningún esfuerzo por cambiar nada. Recuerda: si intentas hacer algún cambio continuarás igual, porque el mero esfuerzo continuará perturbando las cosas.

Es igual que sentarse a la orilla de un río: el río fluye, el barro se aposenta; las hojas muertas van al mar; poco a poco el río se vuelve absolutamente limpio y puro. No necesitas entrar en él para limpiarlo: si lo haces, lo embarrarás más. *Simplemente observa,* y las cosas suceden. Ésta es la teoría del karma: que tú te has embarullado a ti mismo; ahora muévete solo.

De forma que no necesitas arrojar tus problemas a los demás; no necesitas arrojar tus enfermedades a los demás, simplemente te mueves solo; las sufres en silencio; las observas. Siéntate a la orilla del río de tu mente, ¡las cosas se aposentan! Cuando las cosas se aposentan tienes una claridad, una percepción. Entonces vuelve al mundo —¡si así lo quieres! Eso tampoco es una necesidad, eso tampoco debería ser una obsesión, *nada* debería ser una obsesión, ni el mundo ni la montaña.

Lo que sientas que es natural, lo que sientas que es bueno para ti y te cura, lo que sientas que es íntegro, no dividido, eso es el Sendero. Has cruzado la montaña. Has alcanzado el Sendero; ahora síguelo, ¡ahora fluye en él!

La montaña es el problema. El Sendero es asequible cuando has cruzado la montaña; y has acumulado esta montaña en muchas vidas: tus karmas, todo lo que has hecho. Ahora te pesa.

A un Maestro que vivía como ermitaño en una montaña le preguntó un monje —un buscador—, "¿Cuál es el Camino?".
"¡Qué hermosa montaña es ésta!", dijo el Maestro como respuesta.

Parece absurdo, porque el hombre pregunta por el Camino y el Maestro dice algo sobre la montaña. Parece absolutamente irracional, extravagante, porque el hombre no ha preguntado nada acerca de la montaña.

Recuerda, ésta es mi situación. Tu preguntas sobre A, yo hablo sobre B; tú preguntas por el Camino y yo hablo de la montaña. Si me amas, sólo entonces puedes sentir, si simplemente me escuchas, soy absurdo, porque no estoy hablando congruentemente. Si hablo congruentemente no puede ayudarte; ése es el problema. Si digo algo que te parece oportuno, no servirá de mucho, porque *tú* eres el problema; y si hablo pertinentemente, eso significa que *me adapto a ti*. Incluso si te parezco congruente, ello significa que algo ha ido mal. Tengo que ser incongruente por la naturaleza del fenómeno mismo.

¡Parece absurdo, irracional! Y este espacio entre la pregunta y la respuesta sólo puede ser franqueado si tienes confianza. De otra forma no puede ser franqueado; ¿cómo franquearlo? El espacio entre el buscador y el Maestro, el discípulo y el Maestro, el espacio entre la pregunta y la respuesta —porque tú preguntas sobre el Camino y la respuesta que se da es acerca de la montaña—, ¿cómo franquearlo?

De ahí que la confianza se vuelva muy significativa; no el conocimiento, no la lógica, no la capacidad de argumentar, no, sino una profunda confiaza que pueda franquear la respuesta improcedente, que pueda ver a través de la incongruencia, *profundamente,* y pueda tener un vislumbre de la congruencia.

¡Qué hermosa montaña es ésta!", dijo el Maestro como respuesta. "No le estoy preguntando sobre la montaña", dijo el monje, "sino sobre el Camino".

Él se atiene a su pregunta. Si te aferras, errarás: como *tú estás equivocado,* tu pregunta no puede ser correcta; ¡es imposible!

¿Cómo vas a hacer tú una pregunta correcta? Si haces una pregunta correcta, la respuesta correcta no está muy lejos, ¡está escondida ahí! ¡Si puedes hacer una pregunta correcta, *ya tienes razón!* Y con una mente que ya es correcta, ¿cómo va a permanecer oculta la respuesta? No, preguntes lo que preguntes, digas lo que digas, lleva *tu* sabor.

Sucedió que una vez Mulla Nasrudín estaba engordando más y más, volviéndose más y más corpulento; el doctor le aconsejó una dieta. Después de dos meses, Mulla fue a ver al doctor. El doctor le dijo, "¡Dios mío! Es un milagro! Estás incluso más gordo que antes, ¡no puedo dar crédito a mis ojos! ¿Estás siguiendo estrictamente la dieta que te di? ¿Estás comiendo sólo lo que te prescribí, y nada *más?*

Nasrudín le dijo: "¡Absolutamente! Por supuesto que estoy siguiendo su dieta".

El doctor no podía creerlo. Dijo: "Dime, Nasrudín, ¿nada màs en absoluto?".

Nasrudín dijo, "¡Por supuesto! Excepto mis comidas habituales.

Las comidas habituales más la dieta prescrita por el doctor. ¡Pero así es como tiene que ser!

Tu mente entra en todo lo que haces, preguntas y piensas: lo colorea todo. No puedes hacer una pregunta correcta. Si puedes hacer una pregunta correcta, no es necesario preguntar, porque "correcto" es lo que importa, no la pregunta o la respuesta. Si TÚ eres correcto, haces la pregunta correcta y de pronto la respuesta correcta está ahí. Si puedes hacer una pregunta correcta, sencillamente no necesitas ir a ninguna parte; tan sólo cierra los ojos y haz la pregunta correcta, y encontrarás *allí* la respuesta correcta.

El problema no está en la respuesta correcta, el problema no está en el Camino; el problema es la mente, el problema eres TÚ.

¡Qué hermosa montaña es ésta!", dijo el Maestro como respuesta. "No le estoy preguntando sobre la montaña", dijo el monje, "sino sobre el Camino". El Maestro replicó: "Mientras no puedas ir más allá de la montaña, hijo mío, no podrás alcanzar el Camino.

Hay que comprender muchas cosas —hay que *sentir*, más bien. El Maestro replicó: "Mientras no puedas ir más allá de la montaña, *hijo mío*, no podrás alcanzar el Camino". ¿Por qué de pronto "hijo mío"? Porque ahora es necesaria la confianza, y no puedes crear confianza en una persona con tan sólo decir algo, incluso si es la verdad absoluta. Sólo se puede crear una confianza si el Maestro es amoroso, porque sólo el amor crea confianza. Por parte del discípulo es necesaria una confianza, *shraddha*, es necesaria una fe profunda. Pero la fe sólo surge cuando el Maestro dice, "hijo mío".

Ahora el asunto se está moviendo de forma diferente. No es una relación intelectual, se está convirtiendo en una relación del *corazón*. Ahora el Maestro se está volviendo más un padre que un Maestro; ahora el Maestro está moviéndose hacia el corazón. Ahora está entablando una relación de corazón.

Si haces preguntas orientadas a la cabeza y el Maestro las responde, puede que sea un diálogo en apariencia, pero no puede ser un diálogo. Os podéis entrecruzar, pero no os podéis *encontrar* de esa forma. Cuando la gente habla, escúchales: se entrecruzan mutuamente, pero nunca se encuentran. ¡No hay diálogo! Ambos permanecen enraizados en sí mismos; nunca hacen ningún esfuerzo para llegar al otro. "Hijo mío" es un esfuerzo por parte del Maestro para llegar al monje. Está preparando el camino para que el discípulo confíe.

Pero entonces surgen de nuevo problemas, porque el discípulo *puede* pensar: "¡Esto es demasiado! No he venido aquí en busca de amor, he venido aquí en busca de conocimientos". Pero un Maestro no puede darte conocimientos, puede darte sabiduría, y la sabiduría sólo llega en el vehículo del amor. De ahí que el Maestro diga de pronto, "*Hijo mío*, mientras no puedas ir más allá de la montaña, no podrás alcanzar el Camino".

Aún más. Él dijo: "¡Qué hermosa montaña es ésta!".

Para una persona Iluminada incluso la locura es hermosa. Para una persona no iluminada ni siquiera la Iluminación es hermosa. Con la iluminación cambia toda la actitud. El Maestro dice: "¡Qué hermosa montaña!". Para una persona Iluminada incluso tu neurosis es algo hermoso: él la acepta también; tiene que ser trascendida, pero no destruida. Hay que ir más allá, pero también es hermosa mientras dura. Hay que llegar a otra parte, pero la meta no es lo importante, lo importante es: cada momento, vivir la meta aquí y ahora.

Para una persona Iluminada todo es hermoso, y para una persona no iluminada todo es feo. Para una persona no iluminada hay dos categorías: menos feo, más feo. No existe ninguna belleza. Siempre que dices a alguien: "Eres muy guapo", en realidad estás diciendo, "eres menos feo". Observa cuando lo digas otra vez y descubrirás lo que quieres decir realmente. ¿Quieres realmente decir "bello"?, porque eso es imposible para tu mente; tu mente no puede ver belleza, no eres tan perceptivo. *A lo sumo* te las puedes arreglar para decir que esta persona es menos fea que otras, y lo que es menos feo se puede volver más feo en cualquier momento, ¡con tan sólo un cambio de humor!

Tu amigo no es sino la persona menos hostil hacia ti. *Tienes* que ser de esa forma, porque tu mente está embarullada, es un caos; todo está tan embrollado, tan lóbrego, que no puedes ver directamente: tus ojos están cubiertos por millones de capas. Es realmente un milagro cómo te las arreglas para ver algo estando completamente *ciego*.

No puedes *oír*, ni puedes *ver*, no puedes *tocar*, no puedes *oler*, todo lo que haces es impuro; entran muchas cosas en ello. Amas, y hay millones de cosas ahí: inmediatamente empiezas a ser posesivo, y no te das cuenta de que ser posesivo es parte del odio, no del amor. El amor nunca puede poseer. El amor es dar libertad al otro. El amor es un regalo incondicional, no es un regateo. Pero para tu mente el amor no es sino menos odio, eso es todo. A lo sumo piensas: "Puedo tolerar a esta persona; no puedo tolerar a aquella persona, así que no puedo amarla. A esta persona puedo tolerarla". Pero la estimación sigue siendo negativa.

Cuando estás Iluminado, la estimación se vuelve positiva. Todo es hermoso; incluso tu montaña, tu neurosis es hermosa, incluso un loco es algo hermoso. Puede que la belleza se haya descarriado un poco, ¡pero aún es bello! Puede que Dios haya ido un poco por el mal camino y pecado, ¡pero es Dios!

De forma que nada puede ser malo para una persona Iluminada. Todo está bien, menos bien, más bien. La diferencia entre el Diablo y Dios no es nada: la diferencia es sólo de menos o más. Dios y el Diablo no son dos polos enemigos.

Los hindúes tienen bellas palabras. Ningún otro país ha comprendido tanto las palabras: el sánscrito es realmente una lengua como ninguna otra. ¡Una lengua para gente muy perceptiva! La palabra inglesa *devil* (diablo) proviene de la misma raíz que *deva*; *deva* significa dios. *Devil* y *deva* provienen de la misma raíz: *dev*. *Dev* significa luz; del mismo *dev* proviene Diablo (*Devil*) y del mismo *dev* proviene *deva*, *devata*, lo Divino. Las palabras *divine* (divino) y *devil* (diablo) provienen de la misma raíz sánscrita *dev*. Es un solo fenómeno. Tu visión puede ser diferente, tu punto de vista puede ser diferente, pero es un solo fenómeno. Una persona Iluminada dirá incluso al Diablo: "¡Qué hermoso! ¡Qué divino! ¡Qué maravilloso!".

Cierta mística mahometana, Rabiya al Adabia, cambió muchas líneas en su Korán. Siempre que se decía, *odia al Diablo*, ella lo tachaba. En cierta ocasión, otro místico, Hussan, estaba de paso en casa de Rabiya y en el viaje se había olvidado su ejemplar del Korán, y como lo necesitaba para las oraciones matutinas, pidió el de Rabiya; Rabiya se lo dio. Al principio estaba un poco sorprendido, porque el Korán había almacenado mucho polvo, lo que significaba que no era usado todos los días. Parecía que no era usado en absoluto; no había sido usado en muchos meses; pero pensó que no sería educado decir algo, así que abrió el Korán y comenzó su oración matutina.

Entonces se sorprendió todavía más, incluso quedó aturdido, porque *nadie* puede corregir el Korán, y había muchas correciones. Siempre que decía *odia al Diablo*, Rabiya sencillamente lo había tachado completamente y rechazado.

No pudo orar, estaba tan alterado: esta Rabiya se había vuelto herética, se había vuelto atea. Porque para un mahometano es imposible concebir que se pueda corregir el Korán: ¡es la palabra de Dios! Nadie puede corregirlo. Por eso dicen que no vendrán más profetas, porque si viene de nuevo un profeta y dice algo que no está en el Korán, creará problemas. Así que las puertas se han cerrado después de Mahoma, ¡él es el último profeta!

Y son muy listos. Dicen que ha habido muchos profetas en el pasado: él no es el primero, pero es el *último*. Y ahora *ningún otro* mensaje vendrá de Dios, pues se ha dado el último con Mahoma.

"¿Cómo se atreve esta mujer, Rabiya? ¿Está corrigiendo el Korán?". No pudo orar, estaba tan alterado. Terminó como pudo y fue a reunirse con Rabiya.

Rabiya era una mujer Iluminada. Pocas mujeres se han iluminado en todo el mundo; Rabiya es una de ellas. Mirando a Hussan le dijo: "Parece que no pudiste rezar tu oración. Parece que el polvo del Korán te ha molestado. ¿Así que aún estás apegado a cosas como el polvo? Y parece que mis correcciones del Korán deben haberte escandalizado muchísimo".

Hussan dijo: "¿Cómo... cómo puedes saberlo?".

Rabiya dijo: "Pasé por ahí cuando estabas orando y sentí mucha alteración a tu alrededor; ¡no era una oración piadosa en absoluto! Era tan neurótica, las vibraciones... así que, ¿qué pasa? ¡Dímelo y acabemos con ello!".

Hussan dijo: "Ahora que has empezado tú misma,

no pienses que soy maleducado, ¡pero no podía creer que una mujer como tú podría corregir el Korán".

Rabiya le respondió: "Pero primero mira mi dificultad: desde el momento en que me Realicé, desde el momento en que estuve cara a cara con lo Divino, después de eso, en cada rostro he visto el mismo rostro. Ningún otro rostro es posible. Incluso si el Diablo se pone delante de mí, veo el mismo rostro. Así que, ¿cómo voy a odiar al Diablo *ahora* que he Realizado el rostro de lo Divino, que he llegado a ver? Ahora todos los rostros son el *Suyo*. Tuve que corregirlo, e incluso si me encuentro con Mahoma tengo que decirle francamente que esas palabras no están bien. Puede que sean buenas para los ignorantes, porque dividen; pero no son buenas para los que saben, ¡porque ellos no pueden dividir!".

De ahí que el Maestro diga: "¡Qué hermosa montaña es ésta!". Todo es bello y divino para un hombre que sabe. *"No le estoy preguntando sobre la montaña", dijo el monje, "sino sobre el Camino".*

¿Has observado que nunca haces ninguna pregunta sobre ti mismo, sobre la montaña? Siempre preguntas por el Camino. La gente viene a mí y pregunta: "¿Qué hacer? ¿Cómo llegar a Dios? ¿Cómo Iluminarse?". Nunca preguntan: "¿Qué ser?". Nunca preguntan *nada* sobre sí mismos, como si ellos estuviesen perfectamente bien y sólo les faltara el Sendero. ¿Qué piensas? ¿Tú estás perfectamente bien y sólo falta el Camino? ¿De forma que alguien puede decir "Ve a la derecha y luego gira a la izquierda", y estás en el Camino?

No es tan sencillo. El Camino está justo delante de ti. No te falta el Camino en absoluto. Nunca te ha faltado, no puede faltarle a nadie, pero no puedes verlo porque eres una montaña.

No es cuestión de encontrar el Camino, es cuestión de encontrarte a ti mismo: ¿quién eres tú? Cuando te conoces a ti mismo, el Camino está ahí; cuando no te conoces a ti mismo, el Camino no está.

La gente sigue preguntando por el Camino, y hay millones de Caminos propuestos, pero no pueden serlo. Sólo hay un Camino. El mismo Camino pasa ante los ojos de Buda, y el mismo Camino pasó ante Lao Tzu, y el mismo Camino ante Jesús. Los viajeros son millones, pero el Camino es Uno, el mismo. Es el Tao, el *Dhamma*, el *Logos* de Heráclito: ¡ES UNO!

Millones son los viajeros, pero el Camino es Uno. No hay millones de Caminos, y a ti no te falta; pero siempre preguntas por el Camino, y siempre te enredas en los caminos, porque cuando tú preguntas, cuando preguntan los tontos, hay más tontos para responderles. Si preguntas e insistes en que te den una respuesta, alguien tiene que proveértela, ésta es la ley de la economía. Tú pides, y habrá una oferta. Tú haces una pregunta tonta y obtienes una respuesta tonta, porque no pienses que tú eres el único tonto, hay diversidad. Los más pequeños se hacen discípulos y los mejores se hacen "maestros". Tú preguntas y ellos proveen la respuesta.

Entonces hay millones de Caminos, y siempre en conflicto: un mahometano dice: "No puedes llegar por ese camino porque nunca conduce a ningún sitio, va a un callejón sin salida. ¡Ven a nuestro camino!, y si no escuchas, te mataremos". Los cristianos persuaden: "¡Ven a nuestro camino", ellos son más listos que los Mahometanos; ellos no matan realmente, ellos sobornan, seducen, te dan pan, te dan hospitales, te dan medicinas, y dicen, "¡Ven por nuestro camino! ¿A dónde vas?". Son comerciantes y saben cómo sobornar a la gente: han convertido a *millones* simplemente dándoles cosas. Están los hindúes, ellos siguen diciendo: "Nosotros poseemos toda la Verdad", y son tan arrogantes que ni siquiera se molestan en convertir a nadie. Recuerda: "Sois tontos, no necesitáis ser convertidos". Son tan arrogantes que piensan: "Nosotros conocemos el Camino. Si quieres puedes venir. Nosotros no vamos a sobornarte o a matarte, no eres tan importante. Puedes venir si quieres, pero nosotros no vamos a hacer ningún esfuerzo".

Y así hay trescientas religiones en el mundo, y cada religión piensa: "Éste es el único camino, *el* Camino. Todos los demás son falsos".

Pero la cuestión no es el Camino, la cuestión no es: ¿Qué Camino es el verdadero? La cuestión es: ¿Has cruzado la montaña? La cuestión es: ¿Has ido más allá de *ti*? La cuestión es: ¿Puedes mirarte a ti mismo desde una distancia, ser un observador?

Entonces, el Camino es Único.

Mahoma y Mahavir y Krishna y Cristo, todos anduvieron el mismo Camino. Mahoma es diferente a Mahavir, Krishna es diferente a Cristo, pero anduvieron por el mismo Camino, porque el Camino no puede ser muchos: ¿cómo pueden muchos conducir a Uno? Sólo el Uno puede conducirte al Uno.

Así que no preguntes por el Camino y no preguntes por el método. No pidas la medicina, primero pregunta por la enfermedad que eres. Primero es necesaria una diagnosis profunda, y nadie puede diagnosticarla por ti. Tú has creado la enfermedad, y sólo el creador conoce todos los rincones y esquinas. Tú la has creado, así que sólo tú sabes cómo surgen estas complejidades, y sólo *tú* puedes resolverlas.

Un Maestro auténtico simplemente te ayuda a ir a ti mismo. Una vez que estás ahí, el Camino se abre. El Camino no puede ser dado, pero a ti se te puede arrojar sobre ti mismo. Y entonces sucede la conversión auténtica: no que un hindú se haga cristiano o un cristiano se haga hindú, sino que una energía que se movía hacia fuera se convierta en una energía que se mueve hacia dentro: eso es conversión. Te conviertes en un "mirar hacia dentro". Toda la atención se mueve hacia dentro, y entonces ves toda la complejidad, *la montaña*. Y si simplemente *la observas*, comienza a disolverse.

Al principio parece una montaña; al final sentirás que era sólo una topera. Pero nunca la miraste porque estaba a tu espalda, y se hizo muy grande. Cuando la enfrentas, decrece inmediatamente, se convierte en una topera, te puedes reír de ella. Entonces ya no es una carga. Incluso puedes disfrutarla, y a veces puedes ir a dar un paseo matutino por ella.

V.
¿ESTA MUERTO?

*A la muerte de un parroquiano, el Maestro
Dogo, acompañado de su discípulo Zengen,
visitó a la desconsolada familia.
Sin tomarse el tiempo para expresar
una palabra de condolencia, Zengen se acercó
al ataúd, lo golpeó y preguntó a Dogo: "¿Está
realmente muerto?"
"No lo diré", dijo Dogo.
"¿Y bien?", insistió Zengen.
"No lo digo, y se acabó", dijo Dogo.
Cuando iban de regreso al templo, el furioso
Zengen se volvió a Dogo y le amenazó: "Por Dios,
si no respondes a mi pregunta, te pego".
"Muy bien", dijo Dogo, "pega".
Hombre de palabra, Zengen dio una buena
bofetada a su Maestro.
Algún tiempo después, Dogo murió, y Zengen,
todavía ansioso de que se respondiese a su
pregunta, acudió al Maestro Sekiso y, después de
contarle lo que había pasado, le hizo la misma
pregunta. Sekiso, como si conspirase con el muerto
Dogo, no respondía.
"¡Por Dios!", gritó Zengen. "¿Tú también?".
"No lo digo", dijo Sekiso", "y se acabó".
En ese mismo instante, Zengen experimentó un
despertar.*

Se puede conocer la vida. La muerte también; pero no se puede decir nada sobre ella. Ninguna respuesta será verdadera; no puede serlo por la naturaleza misma de las cosas.

La vida y la muerte son los misterios más profundos.

Sería mejor decir que no son dos misterios, sino dos aspectos de un mismo misterio, dos puertas de un mismo secreto. Pero no se puede decir nada sobre ellas. Digas lo que digas, errarás.

La vida puede ser vivida. La muerte también puede ser vivida. Son experiencias: hay que pasar por ellas y conocerlas. Nadie puede responder tus preguntas. ¿Cómo puede responder la vida? ¿O la muerte? A no ser que vivas, a no ser que mueras, ¿quién va a responder?

Pero se han dado muchas respuestas, y recuerda, todas las respuestas son falsas. No hay nada que elegir. No es que una respuesta sea correcta y otras respuestas sean incorrectas; todas las respuestas son incorrectas. No hay nada que elegir. Sólo la experiencia, no las respuestas, puede responder.

Así que esto es lo primero que hay que recordar cuando estás junto a un misterio real, no un acertijo creado por el hombre.

Si es un acertijo creado por el hombre, puede ser respondido, porque entonces es un juego, un juego mental: tú creas la pregunta y también la respuesta. Pero si estás frente a algo que tú no has creado, ¿cómo vas a responderlo, cómo puede responderlo la mente humana? Es incomprensible para la mente humana. La parte no puede abarcar al todo. El todo sólo lo puedes abarcar convirtiéndote en el todo. Puedes lanzarte a ello y perderte: y ahí estará la respuesta.

Os contaré una anécdota que a Ramakrishna le encantaba contar. Solía decir: Sucedió que una vez hubo un gran festival junto al mar, en la playa. Había reunidas allí miles de personas y de pronto todos ellos quedaron absorbidos en una pregunta: si el mar es inconmensurable o mensurable; si tiene fondo o no; ¿es sondable o insondable? Por casualidad, había también allí un hombre completamente hecho de sal. Él dijo: "Esperad y discutid, y yo entraré en el océano y lo descubriré, porque, ¿cómo puede uno saberlo sin entrar en ello?".

De forma que el hombre de sal se tiró al océano. Pasaron las horas, días, meses, y la gente empezó a volver a sus casas. Habían esperado lo suficiente y el hombre de sal no regresaba.

El hombre de sal, en el momento en que entró en el océano, empezó a disolverse, y para cuando llegó al fondo ya no era. Llegó a saber, pero no pudo regresar. Y los que no sabían lo discutieron durante mucho tiempo. Puede que llegasen a alguna conclusión, porque a la mente le encanta llegar a conclusiones.

Cuando se alcanza una conclusión, la mente se siente a gusto: de ahí que existan tantas filosofías. Todas las filosofías existen para satisfacer una necesidad: la mente pregunta y la mente no puede permanecer con la pregunta, es incómodo; permanecer con la pregunta no parece conveniente. Es necesaria una respuesta, e incluso cuando ésta es falsa servirá; la mente se queda en paz.

Ir y tirarse al agua es peligroso. Y recuerda, Ramakrishna dice la verdad: todos somos hombres de sal en lo que respecta al océano, el océano de la vida y la muerte. Somos hombres de sal, nos disolveremos en él porque procedemos de él. Estamos hechos de él, de él. ¡Nos disolveremos!

Así que la mente siempre tiene miedo de entrar en el océano: está hecha de sal, seguro que se disolverá. Tiene miedo, así que se queda en la orilla, discutiendo cosas, debatiendo, argumentando, creando teorías: ¡todas falsas!, porque se basan en el miedo. Un hombre valiente se tirará y se resistirá a aceptar ninguna respuesta que no sea *conocida* por él mismo.

Somos cobardes, por eso aceptamos la respuesta de cualquiera: de Mahavir, Buda o Cristo.

Sus respuestas no pueden ser nuestras respuestas. Ningún conocimiento de nadie puede ser tuyo. Puede que ellos hayan sabido, pero su conocimiento es sólo información para ti. *Tú* tendrás que saber. Sólo cuando es tuyo propio, es conocimiento, de otra forma no te dará alas; por el contrario, colgará de tu cuello como una piedra, te convertirás en su esclavo. No conseguirás la liberación, no te liberarás de ello.

Dice Jesús: "La Verdad libera". ¿Has visto que alguien se libere con teorías? La experiencia libera, sí, ¿pero las teorías acerca de toda experiencia? ¡No!, ¡nunca! Pero la mente tiene miedo de dar el salto, porque la mente está hecha del mismo elemento que el universo; si das el salto te perderás. Llegarás a saber, pero sólo sabrás cuando no seas.

El hombre de sal llegó a saber. Él tocó la profundidad misma. Él llegó al mismísimo centro, pero no pudo regresar. Incluso si hubiese podido, ¿cómo lo relataría...? Incluso si regresara su lenguaje pertenecería al centro, a la profundidad; y tu lenguaje pertenece a la orilla, a la periferia.

No hay ninguna posibilidad de comunicación. No puede decir nada de forma significativa, sólo puede permanecer en silencio de forma significativa, con significado. Si dice algo, él mismo se sentirá culpable, porque sabrá inmediatamente que todo lo que sabe no ha sido transferido a través de las palabras; su experiencia queda detrás. Sólo han llegado a ti las palabras, muertas, rancias, vacías. Las palabras pueden ser comunicadas, pero no la Verdad. La Verdad sólo puede ser indicada.

El hombre de sal puede decirte: "Ven tú también". Él puede invitarte: "Salta conmigo al océano".

Pero eres muy listo y le dirás: "Primero responde a mi pregunta. Si no, ¿cómo sé que tienes razón? Primero déjame considerar y pensar y darle vueltas y sopesarlo, luego te seguiré. Cuando mi mente esté convencida, entonces saltaré".

Pero la mente nunca está convencida, no puede estar convencida. La mente no es otra cosa que un proceso de duda; nunca puede estar convencida, puede seguir discutiendo infinitamente, porque en torno a cualquier cosa que digas puede crear una discusión.

Estuve viajando una vez con Mulla Nasrudín. En una estación, en una parada, alguien nuevo entró en el compartimento. Parecía conocer a Nasrudín. Se saludaron y luego dijo: "¿Cómo estás, Nasrudín?".

Nasrudín dijo: "¡Bien! ¡Perfectamente!".

Entonces el hombre dijo, "¿Y cómo está tu mujer?".

Nasrudín respondió, "También está bien, gracias".

"¿Y cómo están los niños?".

Nasrudín dijo, "Todos están bien, gracias".

Yo estaba sorprendido. Cuando el hombre bajó en otra parada, le pregunté a Nasrudín: "¿De qué se trata? Porque sé muy bien que no tienes esposa. No tienes ningún niño".

Nasrudín dijo: "Yo también lo sé, pero, ¿para qué crear una discusión?".

Muchas veces los Budas han asentido con vosotros tan sólo para no crear una discusión. Han permanecido en silencio, para no crear ninguna discusión.

No han dicho mucho, pero lo que han dicho ha creado *suficiente* discusión en torno a ello. Tejeréis teorías, fabricaréis filosofías y quedaréis tan absorbidos en ellas que olvidaréis completamente que el océano está ahí al lado. Os olvidaréis completamente de que existe el océano.

Los filósofos se olvidan completamente de lo que es la vida. Siguen pensando y pensando y pensando y saliéndose del camino, porque la mente es la distancia de la Verdad. Cuanto más estás en la mente, más lejos estás de la verdad: cuando menos en la mente, más cerca. Si no hay mente, *incluso por un solo instante,* has dado el salto, pero entonces te haces uno con el océano.

Así que lo primero que hay que recordar es: si es una pregunta creada por ti, sin relación con el misterio existencial del unvierso, entonces puede ser respondida.

En realidad, sólo las preguntas matemáticas se pueden responder. Por eso las matemáticas son una ciencia tan claramente delimitada, porque todo el asunto está creado por el hombre. Las matemáticas no existen en el universo, por eso las matemáticas son la ciencia más pura, puedes estar seguro sobre ellas: tú has creado todo el juego.

Hay árboles, pero no un árbol, dos, tres árboles, cuatro árboles; los números no existen ahí. Tú creas los números, tú creas la base misma, y luego preguntas: "¿Cuántos?. Si se añaden dos a dos, ¿cuál es la conclusión, cuál es el resultado?". Puedes responder "cuatro", y esa respuesta será verdadera, porque tú has creado todo el juego, todas las reglas: dos y dos son cuatro.

Pero en la existencia eso no es verdad, porque en la existencia no existe ninguna artimética, que es un asunto totalmente inventado por el hombre. De forma que puedes seguir y seguir, y crear tantas matemáticas, tantas aritméticas como quieras.

Antes se pensaba que sólo había una Matemática; ahora se sabe que puede haber muchas, porque el hombre puede crearlas.

Antes se creía que sólo había una Geometría: la de Euclides; ahora se sabe que se pueden crear tantas geometrías como se quiera, porque están creadas por el hombre. Así que ahora hay geometría euclidiana y geometría no euclidiana.

Muchos matemáticos han jugado con los números. Leibnitz trabajó con tres dígitos: uno, dos, tres. En las Matemáticas de Leibnitz, dos y dos no puede ser cuatro, porque el cuatro no existe: uno, dos, tres: sólo hay tres dígitos; de forma que en las Matemáticas de Leibnitz dos y dos serás diez, porque después del tres viene el diez. El cuatro no existe.

Einstein trabajó con dos dígitos: uno y dos, así que dos y dos en las Matemáticas de Einstein serán once.

Y tiene razón, porque todo el juego está hecho por el hombre. Depende de ti.

No hay necesidad interna de creer en nueve o diez dígitos, excepto que el hombre tiene diez dedos, de forma que la gente empezó a contar con los dedos. Por eso el diez se convirtió en la unidad básica por todo el mundo, si no, no hay necesidad.

Las Matemáticas son un producto del pensamiento: puedes hacer una pregunta y se te dará una respuesta *correcta* —pero a excepción de las matemáticas, todo entra en lo misterioso. Si pertenece a la vida, no se puede dar ninguna respuesta. Y todo lo que digas será destructivo, porque el todo no puede ser dicho. Las palabras son tan estrechas como un túnel; no puedes meter el cielo en ellas a la fuerza, es imposible.

Lo segundo a recordar: cuando preguntes algo a un Maestro —un Maestro no es un filósofo, no es un pensador; sabe, ve— cuando preguntes algo a un Maestro, no busques y no esperes su respuesta... porque *él* es la respuesta. Cuando preguntes algo, no estés atento a la respuesta, estáte atento al Maestro, porque *él* es la respuesta. Él no te va a dar ninguna respuesta; su presencia es la respuesta, pero erráis.

Vas y haces una pregunta; toda tu mente está atenta a la pregunta y esperas una respuestas; pero el Maestro, todo su ser, su *presencia*, es la respuesta. Si le miras, si le observas, recibirás una indicación. Su silencio, la forma en que te mira en ese momento, la forma en que camina, la forma en que se comporta, la forma en que permanece silencioso o habla; el Maestro es la respuesta, porque la respuesta radica en su indicación. El Maestro puede mostrarte la Verdad, pero no puede decirla. Y tu mente siempre está obsesionada con la respuesta: "¿Qué va a decir?".

Si vas a un Maestro, aprende a estar atento a su presencia; no estés demasiado orientado a la cabeza, y no insistas, porque sólo se puede dar cada respuesta cuando ha llegado el momento; no insistas, porque no es cuestión de tu insistencia; algo correcto sólo se te puede dar cuando *tú* estás preparado, cuando estás a punto. Así que cuando estés cerca de un Maestro puedes preguntarle, pero luego espera. Has preguntado y él sabe. Incluso si no has preguntado, él sabe lo que te está preocupando por dentro. Pero no te puede dar nada ahora mismo; puede que no estés preparado. Y si no estás preparado y se te da algo, no te llegará, porque sólo en una cierta disposición pueden penetrar en ti ciertas cosas.

Cuando estás dispuesto puedes entender. Cuando estás dispuesto, estás abierto, receptivo. Se te dará la respuesta, pero no necesariamente con palabras; el Maestro la revelará de muchas formas. Él puede hacerlo. Puede idear muchos métodos para indicarla, pero tú tendrás que estar dispuesto.

El mero hecho de hacer una pregunta no significa que estés dispuesto. Puedes preguntar: incluso los niños pueden formular preguntas tan misteriosas que ni siquiera un Buda sea capaz de responderlas. Pero sólo por haber preguntado, el mero hecho de ser lo suficientemente articulado como para formular una pregunta, no significa que estés dispuesto, porque las preguntas proceden de muchas, muchas fuentes. A veces es simplemente curiosidad. Un Maestro no está ahí para satisfacer tu curiosidad, porque tu curiosidad es infantil. Preguntaste incidentalmente y así mostraste que no estabas interesado y no que vas a utilizar la respuesta en forma alguna.

Alguien ha muerto y tú simplemente haces la pregunta: "¿Qué es la muerte?", y al momento te has olvidado de ello. La curiosidad es infantil, y ningún Maestro gastará su aliento en tu curiosidad. Cuando preguntas algo, puede que sea sólo una inquietud intelectual, filosófica; te interesa, pero intelectualmente. Quisieras una respuesta para tener más conocimiento, pero tu ser seguirá sin ser afectado. Entonces un Maestro no se interesa, porque él sólo está interesado en tu ser. Cuando haces una pregunta como si tu vida y tu muerte dependiesen de ella, entonces, si no recibes una respuesta, la echarás en falta: todo su ser permanecerá hambriento de ella. Tienes sed, todo tu ser está listo para recibirla, y si recibes la respuesta, la digerirás: se convertirá en tu sangre y tus huesos, y entrará en el mismísimo latido de tu corazón; sólo entonces estará un Maestro dispuesto a responderte.

Entonces preguntas y el Maestro tratará de ayudarte a estar dispuesto para recibir la respuesta. Entre tu pregunta y la respuesta del Maestro puede que haya un *gran* espacio: tú preguntas hoy, y puede que él te responda después de doce años, porque tienes que estar dispuesto; tienes que estar abierto, no cerrado, y tienes que estar dispuesto para absorber la respuesta hasta la mismísima médula de tu ser.

Ahora intenta comprender esta parábola:

A la muerte de un parroquiano, el Maestro Dogo, acompañado de su discípulo Zengen, visitó a la desconsolada familia. Sin tomarse el tiempo para expresar una palabra de condelencia, Zengen se acercó al ataúd, lo golpeó, y preguntó a Dogo: "¿Está realmente muerto?".

Lo primero: cuando la muerte está ahí tienes que ser respetuoso, porque la muerte no es un fenómeno ordinario, es el fenómeno más extraordinario del mundo. Nada es más misterioso que la muerte. La muerte alcanza el centro mismo de la existencia, y cuando ha muerto un hombre estás en terreno sagrado: es *el momento más sagrado*. No, la curiosidad ordinaria no está permitida. Es irrespetuosa.

Particularmente en Oriente, se respeta más la muerte que la vida, y Oriente ha vivido mucho tiempo para llegar a esta conclusión. En Occidente se respeta más la vida que la muerte; por eso hay tanta tensión, tanta preocupación y tanta angustia, tanta locura.

¿Por qué? Si respetas más a la vida tendrás miedo a la muerte, y entonces considerarás la muerte como un enemigo. Y si la muerte es un enemigo, permanecerás tenso toda tu vida, porque la muerte puede llegar en cualquier momento. Tú no la aceptas, la rechazas, pero no puedes destruirla.

¡La muerte no puede ser destruida! Puedes rechazarla, puedes negarla, puedes estar temeroso, asustado; pero está ahí, a la vuelta de la esquina, siempre contigo, como una sombra. Estarás temblando toda tu vida: y *estás* temblando; y detrás del miedo, de todos los miedos, si buscas profundamente, encontrarás el miedo a la muerte.

Siempre que tienes miedo es que algo te ha dado una indicación de la muerte. Si tu banco se declara en bancarrota y tú te llenas de miedo y temblor o ansiedad, es también una ansiedad respecto a la muerte, porque tu balance bancario no es otra cosa que una seguridad contra la muerte. Ahora estás más abierto, vulnerable. ¿Quién te protegerá ahora si la muerte llama a tu puerta? Si te pones enfermo, si envejeces, ¿quién te cuidará? La garantía estaba allí, en el banco, y el banco se ha declarado en bancarrota.

Te aferras al prestigio, al poder, a la posición, porque cuando tienes una posición eres tan importante que estás más protegido por la gente. Cuando no estás en el poder, te vuelves tan impotente que nadie se preocupa en forma alguna por quién eres tú. Cuando estás en el poder tienes amigos, familia, seguidores; cuando no estás en el poder, todo el mundo se va. Había una protección, había alguien que se preocupaba; ahora no le importas a nadie. En cualquier cosa que te asuste, si buscas profundamente, encontrarás la sombra de la muerte por alguna parte.

Te aferras a un marido, tienes miedo de que pueda irse; o te aferras a una esposa, temeroso de que pueda dejarte. ¿Cuál es el miedo? ¿Es realmente miedo a un divorcio, o es miedo a la muerte? Es miedo a la muerte, porque en el divorcio te quedas solo. El otro te da una protección, la sensación de que no estás solo, que alguien está contigo. En los momentos en los que necesites a alguien, tendrás a alguien a quien recurrir. Pero la esposa se ha ido, o el marido se ha ido, y ahora te han dejado solo. ¿Quién te protegerá? ¿Quién te cuidará cuando estés enfermo?

Cuando la gente es joven no necesita tanto una esposa o un marido, pero cuando son viejos, su necesidad es mayor. Cuando eres joven es una relación sexual. Cuanto más mayor te haces, más se vuelve una relación de vida, porque ahora, si el otro te deja, inmediatamente está ahí la muerte. Siempre que tengas miedo, trata de explorar, y encontrarás que la muerte está detrás, escondida por alguna parte. Todo miedo es a la muerte. La muerte es la única fuente de miedo.

En Occidente, la gente está muy asustada, preocupada, ansiosa, porque tiene que luchar continuamente contra la muerte. Amas la vida, respetas la vida. Por eso en Occidente no se respeta a los ancianos. Los jóvenes son respetados, porque los ancianos se han acercado más a la muerte; ya están en su poder. La juventud es respetada en Occidente, pero la juventud es un fenómeno transitorio. Ya se te está yendo de las manos.

En Oriente se respeta a los ancianos porque se respeta a la muerte; y como en Oriente la muerte es respetada, no hay miedo a la muerte. La vida es sólo una parte; la muerte es la culminación. La vida es sólo el proceso; la muerte es el crescendo. La vida es sólo avanzar; la muerte es llegar. ¡Y ambas son una! Así que, ¿qué respetarás más, el camino o la meta? ¿El proceso o el florecimiento?

La muerte es la flor. La vida no es más que el árbol. Y el árbol existe para la flor; la flor no existe para el árbol. El árbol debería sentirse feliz, el árbol debería bailar cuando llega la flor.

Así que en Oriente la muerte es respetada; no sólo se la acepta, se le da la bienvenida. Es un huésped Divino. Cuando llama a la puerta, significa que el universo está listo para recibirte de regreso.

En Oriente respetamos a la muerte. Y este joven, Zengen, entró sin ni siquiera expresar una palabra de condolencia o respeto. Simplemente se puso curioso. No sólo eso, fue muy irrespetuoso, golpeó el ataúd y preguntó a Dogo: "¿Está realmente muerto?". Su pregunta es hermosa, pero no es el momento adecuado. La pregunta es adecuada, pero el momento que ha elegido, no. Estar curioso ante la muerte es infantil; hay que ser respetuoso, guardar silencio; ésa es la única forma de tener una relación con el fenómeno.

Cuando muere alguien, algo realmente profundo está sucediendo. Si puedes sencillamente sentarte allí y meditar, se te revelarán muchas cosas. Hacer preguntas es tonto. Cuando la muerte está ahí, ¿por qué no meditar? Preguntar puede ser sólo un truco para evitar la situación, puede ser tan sólo una medida de seguridad para no mirar la muerte directamente.

He observado a la gente cuando va a incinerar o cremar a alguien: empiezan a hablar demasiado. En el campo de la cremación discuten muchos asuntos filosóficos. Durante mi infancia me encantaba seguir a todo el mundo. No importaba quien muriese, yo iba allí. Incluso mis padres se asustaron muchísimo; me decían: "¿Por qué vas? Ni siquiera conocemos a ese hombre. No hay necesidad de ir".

"Ésa no es la cuestión", respondía yo. "No es el hombre lo que me interesa. La muerte es un fenómeno tan hermoso, y uno de los más misterioso. No deberíamos perdérnoslo". Así que en el momento que oía que alguien había muerto, iba allí, siempre observando, esperando, siendo testigo de lo que sucedía.

Y observé a la gente discutir de muchas cosas, problemas filosóficos tales como: ¿Qué es la muerte? Y alguien decía: "Nadie muere. El ser interno es inmortal". Discutían los Upanishads, el Gita, y citaban autoridades en la materia. Yo empecé a sentir: "Están evitando. Enzarzándose en una discusión están evitando el fenómeno que está sucediendo. No están mirando al muerto. ¡Y está ahí! ¡La muerte está ahí y estáis discutiendo acerca de ella! ¡Qué tontos!".

Tienes que guardar silencio. Si puedes permanecer en silencio cuando está ahí la muerte, de pronto verás muchas cosas, porque la muerte no es sólo una persona que deja de respirar. Están sucediendo muchas cosas. Cuando muere una persona, su aura comienza a descender. Si estás en silencio, puedes sentirlo: una fuerza de energía, un campo de energía vital, replegándose, regresando al centro.

Cuando nace un niño sucede justo lo contrario. Cuando nace un niño un aura comienza a extenderse; empieza cerca del ombligo. Igual que cuando arrojas un guijarro a un lago tranquilo, las ondas empiezan y van expandiéndose y expandiéndose; así la respiración, cuando nace un niño, es igual a un guijarro en el lago. Cuando el niño respira, el centro del ombligo es golpeado. El primer guijarro ha sido arrojado en el lago tranquilo y las ondas van expandiéndose.

Continúas expandiéndote toda tu vida. Hacia la edad de treinta y cinco tu aura está completa, en su cima. Luego comienza a descender. Cuando una persona muere, el aura regresa al ombligo. Cuando llega al ombligo, se convierte en energía concentrada, luz concentrada. Si estás en silencio puedes sentirlo, sentirás una atracción. Si te sientas cerca de un muerto sentirás como si una brisa sutil soplase hacia el muerto, y tú estás siendo arrastrado. El muerto está contrayendo toda su vida, todo el campo que era él.

Muchas cosas comienzan a suceder en torno a un muerto. Si amaba muy profundamente a una persona, eso significa que ha dado una parte de su energía de vida a esa persona; y cuando una persona muere, inmediatamente ese parte que había dado a otra persona deja a esa persona y va al muerto. Si mueres aquí y tu amante vive en Hong Kong, algo abandonará a tu amante inmediatamente, porque le has dado una parte de tu vida y esa parte regresará a ti. Por eso, cuando muere un ser amado sientes que algo en *ti* se ha ido también, algo ha muerto también en ti.

Una profunda herida, un profundo espacio existirá ahora.

Siempre que muere un amante, algo muere también en la persona amada, porque estaban profundamente involucrados. Y si has amado a muchísimas personas, por ejemplo, si muere una persona como Dogo, un Buda, desde todo el universo la energía se mueve de vuelta al centro. Es un fenómeno universal, porque él estaba involucrado en muchísimas vidas, millones de vidas, y su energía regresará de todas partes. Las vibraciones que había dado a tantos seres les dejarán, se moverán hacia la fuente original, se convertirán de nuevo en una concentración junto al ombligo.

Si observas, sentirás ondas regresando en orden inverso, y cuando están totalmente concentradas en el ombligo puedes ver una tremenda energía, una tremenda fuerza de luz. Y entonces ese centro abandona el cuerpo.

Se dice que hombre "muere" cuando se ha producido la detención de la respiración, y tú piensas que está muerto. No está muerto: eso lleva tiempo. A veces, si la persona ha estado involucrada en millones de vidas, le tomará muchos días morir; por eso con los sabios, los santos, en particular en Oriente, nunca incineramos sus cuerpos. Sólo los santos no son incinerados, todos los demás son incinerados, porque su implicación no es tanta; en unos minutos se acumula la energía, y ya no son parte de esta existencia; pero con los santos la energía lleva mucho tiempo. A veces muchísimo tiempo, por eso, si vas a Shirdi, el pueblo de Sai Baba, aún sentirás que algo está sucediendo; la energía aún sigue llegando; está tan involucrado que para mucha gente aún está vivo. La tumba de Sai Baba no está muerta. Aún está viva. Pero no sentirás lo mismo junto a muchas tumbas; por regla general están muertas. Con "muertas" quiero decir que han recogido toda su implicación. Han desaparecido.

Cuando muera, no enterréis mi cuerpo, no lo incineréis. Porque estaré involucrado en vosotros, en muchos de vosotros. Y si puedes sentir, un sabio permanece vivo durante muchos años, a veces miles de años, porque la vida no es sólo del cuerpo. La vida es un fenómeno de energía. Depende de la implicación, de con cuántas personas te hayas involucrado. Y una persona como Buda no sólo está involucrada con personas, está involucrada incluso con árboles, pájaros, animales; su implicación es tan profunda que, si muere, su muerte durará al menos quinientos años.

Se cuenta que Buda dijo: "Mi religión será una fuerza *viva* durante sólo quinientos años". Y aquí está el significado, porque *él* fue una fuerza viva durante quinientos años. Tardó quinientos años en salir totalmente de la implicación.

Cuando sucede la muerte, guarda silencio. ¡Observa!

En todo el mundo, siempre se presentan respetos a un muerto, se guarda silencio, se permanece en silencio durante unos minutos, sin saber por qué. Se ha continuado con esta tradición por todo el mundo. ¿Por qué silencio?

La tradición es significativa. Puede que no sepas por qué, puede que no te des cuenta, y puede que tu silencio esté lleno de charla interna, o puede que lo hagas sólo como un ritual, eso depende de ti. Pero el secreto está ahí.

Sin tomarse el tiempo para expresar una palabra de condelencia, Zengen se acercó al ataúd, lo golpeó, y preguntó a Dogo: "¿Está realmente muerto?".

Su pregunta es correcta, pero no es el momento adecuado. Ha elegido una mala oportunidad. Éste no es el momento de hablar de ello, éste es el momento de estar *con ello*. Y el hombre que había muerto debió haber sido alguien muy profundo, de otra forma Dogo no habría ido a presentar sus respetos. Dogo era un hombre Iluminado. El discípulo que había muerto debió haber sido algo.

Y Dogo estaba allí para hacer algo más por él. Un Maestro puede ayudarte cuando estás vivo; un Maestro puede ayudarte aún más cuando estás muerto, porque en la muerte se produce una profunda entrega.

En vida siempre te estás resistiendo, luchando, incluso con tu Maestro; sin entregarte o entregándote a medias, lo que significa nada.

Pero cuando te estás muriendo, la entrega es más fácil, porque la muerte y la entrega son un mismo fenómeno. Cuando todo el cuerpo está muriendo puedes entregarte fácilmente. Es difícil luchar, es difícil resistirse. Tu resistencia está ya siendo rota; tu cuerpo está entrando en un estado de dejarse ir, eso es la muerte.

Dogo estaba allí para algo especial, y este discípulo hizo una pregunta. La pregunta era adecuada, pero el momento no.

"No lo diré", dijo Dogo. "¿Y bien", insistió Zengen. "No lo digo; y se acabó", dijo Dogo.

Lo primero: ¿qué se puede decir acerca de la muerte? ¿Cómo vas a decir algo sobre la muerte? No es posible que ninguna palabra lleve el significado de la muerte. ¿Qué significa esta palabra "muerte"? Es simplemente una puerta más allá de la cual no sabemos lo que sucede. Vemos a un hombre desaparecer tras la puerta. Podemos ver hasta la puerta, y luego el hombre simplemente desaparece. Vuestra palabra "muerte" sólo puede dar el significado de una puerta. Pero, ¿qué sucede realmente más allá de la puerta?, porque la puerta no es la cuestión.

La puerta es para pasar por ella. Y luego, ¿qué le sucede al que desaparece tras la puerta, más allá de la cual no podemos ver? ¿Qué le sucede? ¿Y qué es esta puerta, ¿Sólo la detención de la respiración? ¿Es la respiración todo en la vida? ¿No tienes otra cosa que la respiración? La respiración se detiene... el cuerpo se deteriora... si sólo eres cuerpo y respiración, entonces no hay problema. Entonces la muerte no es nada. No es una puerta a nada. Es simplemente una detención, no una desaparición. Es como un reloj.

El reloj hace tic-tac, está funcionando; luego se para: no preguntas a dónde ha ido el tic-tac, *¡eso no tendría sentido!* No ha ido a ningún sitio. No se ha ido en absoluto, simplemente se ha parado; era un mecanismo y algo ha ido mal en él, puedes reparar el mecanismo y entonces habrá tic-tac de nuevo. ¿Es la muerte como un reloj que se para? ¿Sólo eso?

Si es así, no es un misterio. No es nada, en realidad. ¿Pero cómo va a desaparecer la vida tan fácilmente? La vida no es mecánica. La vida es consciencia. El reloj no es consciente. Tú puedes escuchar el tic-tac, el reloj nunca lo ha escuchado. Tú puedes escuchar el latido de tu propio corazón. ¿Quién es ése que escucha? Si sólo el latido del corazón es la vida, entonces, ¿quién es éste que escucha? Si la respiración es la única vida, ¿cómo puedes darte cuenta de tu respiración? Por eso, todas las técnicas orientales de meditación utilizan la consciencia de la respiración como una técnica sutil, porque si te vuelves consciente de tu respiración, entonces, ¿quién es esta consciencia? Debe de ser algo que está más allá de la respiración, porque puedes observarla, y el observador no puede ser el objeto. Puedes ser testigo de ella; puedes cerrar los ojos y ver cómo tu respiración entra y sale. ¿Quién es el que ve, el testigo? Debe ser una fuerza separada que no depende de la respiración. Cuando la respiración desaparece, es un reloj que se para, pero, ¿a dónde va esta consciencia? ¿A qué lugar se va esta consciencia?

La muerte es una puerta, no una detención. La consciencia entra, pero tu cuerpo se queda en la puerta; igual que vosotros habéis entrado aquí y habéis dejado los zapatos en la puerta. El cuerpo se queda fuera del templo y tu consciencia entra en el templo. Es el fenómeno más sutil: la vida no es nada ante él. Básicamente, la vida es sólo una preparación para morir, y sólo son sabios los que aprenden a morir en la vida. Si no sabes *cómo* morir, te has perdido todo el significado de la vida. Vivir es una preparación; es un entrenamiento; es una disciplina.

La vida no es el fin, es sólo una disciplina para aprender el arte de morir. Pero tienes miedo, estás asustado. Ante la mera palabra "muerte" te pones a temblar. Eso significa que aún no has conocido la vida, porque la vida nunca muere. La vida no puede morir.

De alguna forma te has identificado con el cuerpo, con el mecanismo. El mecanismo morirá, el mecanismo no puede ser eterno, porque el mecanismo depende de muchas cosas; es un fenómeno condicionado. La consciencia es incondicional, no depende de nada, puede flotar como una nube en el cielo, no tiene raíces, no es causada, nunca nace, así que no puede morir.

Siempre que alguien se muere tienes que estar meditativo junto a él, porque estás junto a un templo, es terreno sagrado; no seas infantil. No traigas curiosidades, guarda silencio para poder observar y ver: está sucediendo algo muy, muy significativo; no te pierdas el momento. Y cuando la muerte está ahí, ¿por qué preguntar acerca de ella? ¿Por qué no mirarla? ¿Por qué no observarla? ¿Por qué no ir con ella unos pocos pasos?

"No lo diré", dijo Dogo. "¿Y bien?", insistió Zengen. "No lo digo. Y se acabó", dijo Dogo. Cuando iban de vuelta al templo, el furioso Zengen se volvió a Dogo y le amenazó: "¡Por Dios, si no respondes a mi pregunta, te pego!".

Esto es posible en Zen: que incluso un discípulo pueda pegar al Maestro, porque el Zen es conforme a la realidad y muy auténtico. Un Maestro Zen no crea en torno a sí el fenómeno: "Soy más sagrado que tú". No dice: "Soy tan superior...". ¿Cómo va a decir a alguien que ha llegado: "Yo soy superior y tú inferior"? El discípulo puede pensar que él es superior, pero el Maestro no puede reclamar ninguna superioridad, porque la superioridad sólo puede ser reclamada por el ego, que es impotente, inferior. La fortaleza sólo es pretendida por la debilidad; cuando estás inseguro, reclamas seguridad; cuando estás enfermo, reclamas salud; cuando no sabes, pretendes conocimiento. Tus pretensiones existen simplemente para ocultar la verdad. Un Maestro no reivindica. No puede decir,, "soy superior". Eso es absurdo. ¿Cómo va a decir un sabio, "soy superior"?

Así que un Maestro Zen puede permitir que le pegue un discípulo: y puede disfrutar todo el asunto. Nadie más en el mundo ha hecho eso; por eso los Maestros Zen son excepcionales, no puedes encontrar flores más raras que ellos. Este Dogo es en realidad tan superior, que te permite incluso que le pegues: su superioridad no queda desafiada con ello. No puedes desafiarle de ninguna forma, y no puedes rebajarle en modo alguno. *Él ya no está ahí.* Es una casa vacía. Y sabe que un discípulo sólo puede ser tonto. No se espera otra cosa, porque un discípulo es ignorante.

Se necesita compasión. Y el discípulo está destinado a hacer cosas en su ignorancia, cosas que no son apropiadas, porque, ¿cómo va a hacer cosas apropiadas una persona inapropiada? Si fuerzas cosas apropiadas a una persona inapropiada, quedará paralizada, se cortará su libertad. Y un Maestro existe para ayudarte a ser libre, así que pegar está permitido. De hecho, no es irreverencia; en realidad, el discípulo ama también tanto al Maestro que se puede acercar así. Incluso pegar a una persona es un tipo de intimidad; no puedes pegar a cualquiera.

A veces sucede que incluso un niño pega a su padre, o que un niño pega un sopapo a su madre. No lleva ningún antagonismo, es sólo que el niño acepta a la madre tan profunda e íntimamente que siente que nada es inapropiado. Y el niño sabe que será perdonado, así que no hay miedo.

Un Maestro perdona infinitamente, incondicionalmente.

El discípulo estaba muy enfadado porque había hecho una pregunta muy significativa; a él le parecía significativa. No podía concebir por qué Dogo se comportaba tan obstinadamente y le decía: "¡No! ¡Y se acabó! No voy a decir nada más".

Cuando haces una pregunta la haces a causa de tu ego, y cuando no hay respuesta, el ego se siente herido. El discípulo estaba herido, su ego estaba molesto, no podía creerlo, y esto debió haber sucedido delante de mucha gente. No estaban solos, había mucha gente, debieron verlo. Y delante de esa gente, el Maestro dijo: "¡No! ¡Y se acabó! No voy a decir nada". Todos debieron pensar: "Este discípulo es un tonto, haciendo preguntas irrelevantes". Zengen debió haber estado hirviendo. Cuando se encontró a solas con el Maestro volviendo al monasterio le dijo: "¡Por Dios, si no respondes mi pregunta, te pego!". !Muy bien", dijo Dogo, "pégame. Termina con esto! Si estás enfadado, entonces acaba con ello".

Un Maestro siempre está listo para sacar todo lo que hay en ti, incluso tu negatividad. Incluso si vas a pegarle, te lo permitirá. ¿Quién sabe? Pegando al Maestro puede que te des cuenta de tu negatividad: puede que te des cuena de tu enfermedad, de tu perturbación, de tu locura. Pegar al Maestro se puede convertir en una iluminación repentina, ¿quién sabe? Y un Maestro existe para ayudarte en todas las formas.

Así que Dogo dijo, "Muy bien, adelante, pega".

Hombre de palabra, Zengen dio una buena bofeta-
da a su Maestro. Algún tiempo después, Dogo mu-
rió, y Zengen, todavía ansioso de que se respondie-
se a su pregunta, acudió al Maestro Sekiso y, des-
pués de contarle lo que había pasado, le hizo la
misma pregunta. Sekiso, como si conspirase con el
muerto Dogo, no respondía.

Todos los Maestros están siempre en una conspiración secreta. Si son Maestros en absoluto, siempre están juntos, incluso si se contradicen, pertenecen a la
misma conspiración; incluso si a veces dicen que el
otro está equivocado, están en una conspiración.

Buda y Mahavir eran contemporáneos y andaban
por la misma provincia, Bihar —conocida por ese
nombre, por su causa ("Bihar" significa "su campo de
movimiento"). Anduvieron por todo el lugar. A veces
coincidieron en el mismo pueblo.

Sucedió que una vez se hospedaron en la misma
posada de carretera. La mitad de la posada estaba ocu-
pada por Buda y la otra mitad por Mahavir. Pero nunca se encontraron, sin embargo continuamente se refu-
taron. Los discípulos solían ir de un Maestro al otro.
Esto ha seguido siendo un problema, ¿por qué? Buda a
menudo se reía y hacía chistes sobre Mahavir. Decía,
"¡Qué tío! ¿Así que dice que está Iluminado? ¿Dice que
es omnisciente? Pues he oído que dicen que sucedió
una vez que llamó a una puerta para pedir comida y
no había nadie dentro, ¿y he oído que dice que es omnisciente? ¿Y ni siquiera sabía eso, que la casa estaba
vacía?".

Y continuaba burlándose. Decía: "Mahavir cami-
naba una vez y se tropezó con la cola de un perro. Sólo se dio cuenta de que el perro estaba llí cuando saltó
y ladró, porque era por la mañana y estaba oscuro. ¿Y
ese tipo dice que es omnisciente?". Y continuaba haciendo chistes. Contó muchos chistes en contra de Mahavir. Son bellos.

Buda y Mahavir conspiraban, y no se ha comprendido esto, ni los jainas ni los budistas: no han entendido nada. Piensan que estaban uno en contra del
otro, y jainas y budistas han permanecido mutuamente
en contra durante estos dos mil años.

¡No estaban uno contra el otro! Estaban haciendo su papel, tratando de ayudar a la gente. Son dos tipos diferentes. Algunos pueden ser ayudados por Mahavir, y otros pueden ser ayudados por Buda. La persona que puede ser ayudada por Buda no puede ser ayudada por Mahavir; a esa persona hay que alejarla de Mahavir. Y la persona que puede ser ayudada por Mahavir no puede ser ayudada por Buda; a esa persona hay que alejarla de Buda. Por eso hablaban uno en contra del otro. Era una conspiración. Pero había que ayudar a todo el mundo, y son dos tipos diferentes, dos estilos absolutamente diferentes.

¿Cómo iban a estar uno contra el otro? Nadie que se Ilumina está contra otra persona Iluminada, no puede estarlo. Puede que hable como si lo estuviera, porque sabe que el otro lo comprenderá. De Mahavir no se cuenta nunca que dijese algo sobre los chistes que Buda iba diciendo aquí y allá. Se mantuvo completamente en silencio. Ése era su estilo. Estando completamente silencioso, sin ni siquiera refutar, estaba diciendo: "¡Dejad solo a ese tonto!". Llegaban informes cada día, la gente venía y decía: "Ha dicho esto", y Mahavir ni siquiera hablaba de ello. Y eso encajaba, porque era muy anciano —treinta años más que Buda— y no era bueno para él bajar y luchar con un joven. ¡Así es como son los jóvenes tontos! Pero igual que Buda, estaba contra los profesores más viejos que él. Hablaba sobre ellos, hablaba contra ellos, argumentaba contra ellos.

Están en una conspiración. *Tienen que estarlo.* Tienen que dividir los senderos, porque tú no puedes entender que la vida existe a través de los opuestos. Tienen que elegir opuestos. Tienen que atenerse a una cosa, y luego tienen que decir *para ti*: "Recuerda que todos los demás son erróneos". Porque si dicen que todo el mundo tiene razón, estarás más confuso. Ya estás suficientemente confuso. Si te dicen: "Sí, yo tengo razón. Mahavir también la tiene, Buda también tiene razón!, les abandonaréis inmediatamente, ya que pensaréis: "Este hombre no puede ayudarnos. No sabemos lo que está bien y lo que está mal, y hemos venido a este hombre para saber *exactamente* lo que está bien y lo que está mal".

Así que los Maestros se atienen a algo y dicen:

"Esto es correcto, y todo lo demás es erróneo", sabiendo todo el tiempo que hay millones de formas de alcanzar EL CAMINO; sabiendo todo el tiempo que hay millones de senderos que son el Sendero Único. Pero si dicen que hay millones de senderos estaréis sencillamente confusos.

Este discípulo, Zengen, estaba en dificultades, porque su Maestro Dogo murió. Nunca esperó que esto fuese a suceder tan pronto. Los discípulos siempre se sienten en gran dificultad cuando los Maestros mueren. Mientras los Maestros están, hacen el tonto y pierden el tiempo. Cuando los Maestros están muertos, entonces están en un real aprieto y dificultad. ¿Qué hacer? De forma que la pregunta de Zengen permaneció, el problema permaneció, el enigma estaba igual que antes. El discípulo aún no había llegado a saber qué es la muerte, y Dogo había muerto.

Acudió a otro Maestro, Sekiso, y después de contarle todo el asunto, lo que había sucedido, le hizo a él la misma pregunta.

Sekiso, como si conspirase con el muerto Dogo, no respondía. "¡Por Dios", gritó Zengen. "¿Tú también?". "No lo digo", dijo Sekiso, "y se acabó".

Están diciendo algo. Están creando una situación. Están diciendo: "Estáte silencioso ante la muerte. No hagas preguntas, porque cuando preguntas vas a la superficie, te vuelves superficial. ¡Estas cuestiones no son cuestiones para ser preguntadas! Estas cuestiones hay que penetrarlas, vivirlas, meditar sobre ellas. Tienes que entrar en ellas. Si quieres conocer la muerte, ¡muere! Ésa es la única forma de saber. Si quieres conocer la vida, ¡vive!".

Estás vivo, pero no vives.

Y morirás, pero no morirás.

Porque todo es tibio en ti.

¿Tú vives? No exactamente; tan sólo vas tirando. De alguna forma, de alguna manera, vas arrastrándote a ti mismo.

¡Vive lo más intensamente posible! ¡Quema la vela de tu vida por los dos extremos!

Quémala intensamente... si se acaba en un segundo,

está bien. Al menos habrás sabido lo que es, porque sólo la intensidad penetra. Y si puedes vivir una vida intensa, tendrá una muerte de diferente cualidad, porque morirás intensamente. Tal como sea la vida, así será la muerte. Si vives arrastrándote, morirás arrastrándote. Te perderás la vida y también te perderás la muerte. *Haz la vida lo más intensa posible.* Ponlo todo en juego. ¿Por qué preocuparse? ¿Por qué preocuparse por el futuro? *Este* momento está aquí. ¡Pon toda tu existencia en él! Vive intensamente, totalmente, íntegramente, y este momento se convertirá en una revelación. Y si conoces la vida, conocerás la muerte.

Ésta es la llave secreta: si conoces la vida, conocerás la muerte. Si preguntas qué es la muerte, significa que no has vivido, porque en el fondo las dos son una. ¿Cuál es el secreto de la vida? El secreto de la vida es la muerte. Si amas, ¿cuál es el secreto del amor?, la muerte. Si meditas, ¿cuál es el secreto de la meditación?, la muerte.

Todo lo bello e intenso que sucede, sucede siempre a través de la muerte. Mueres. Simplemente te pones totalmente en ello y mueres a todo lo demás. Te vuelves tan intenso que no estás allí, porque si estás tú, la intensidad no puede ser total; entonces sois dos. Si amas, y el que ama está ahí, entonces el amor no puede ser intenso. Ama tan profundamente, tan totalmente, que el que ama desaparezca. Entonces eres sólo una energía en movimiento. Entonces conocerás el amor, conocerás la vida, conocerás la muerte.

Estas tres palabras son muy significativas: amor, vida y muerte. Su secreto es el mismo; y si las comprendes no hay necesidad de meditar. La meditación es sólo una rueda de repuesto. Si amas realmente, se convierte en meditación. Si no amas, entonces tendrás que meditar; entonces habrá que añadir algo más.

Pero éste es el problema: si no puedes amar profundamente, ¿cómo vas a meditar profundamente? Si no puedes vivir profundamente, ¿cómo vas a meditar profundamente? Porque el problema no es ni el amor, ni la meditación, ni la muerte. El problema es: ¿CÓMO ENTRAR EN PROFUNDIDAD? *La profundidad* es la cuestión.

Si entras profundamente en *cualquier cosa*, la vida

133

estará en la periferia y la muerte estará en el centro. Incluso si miras una flor *totalmente*, olvidándote de todo, mirando la flor morirás en ella. Experimentarás una disolución, una fusión. De pronto sentirás que no existes, sólo la flor existe.

Vive cada momento como si fuese el último, porque, ¿quién sabe?, puede que sea el último.

Ambos Maestros trataban de llevar una consciencia a Zengen. Cuando Sekiso oyó al discípulo contar toda la historia, él también dijo: "No, no lo digo y se acabó". Repitió las mismas palabras que había utilizado Dogo.

La primera vez el discípulo se descarrió, pero no la segunda.

En ese mismo instante Zengen experimentó un despertar.

Le sucedió un *satori*... de pronto, el relámpago... se volvió consciente. La primera vez había errado. Casi siempre es así. La primera vez te lo perderás, porque no sabes lo que está sucediendo. La primera vez, los viejos hábitos de la mente no te permitirán ver; por eso, el segundo Maestro, Sekiso, sencillamente repitió las palabras de Dogo, sencillamente las repitió. No cambió ni una sola palabra. La línea es la misma: "No lo digo", dijo, "y se acabó". Creó de nuevo la misma situación.

Era fácil luchar con Dogo, no es tan fácil luchar con Sekiso. Él no es Maestro de Zengen. Fue fácil pegar a Dogo; no es posible pegar a Sekiso. Es suficiente que él responda. Es su compasión; no tiene obligación de contestar.

Había una intimidad entre Dogo y este discípulo, y a veces sucede que cuando eres muy íntimo te puedes descarriar, porque das las cosas por supuestas. A veces es necesaria una distancia. Depende de la persona.

Algunas personas sólo pueden aprender cuando existe una distancia; algunas personas sólo pueden aprender cuando no hay distancia; existen estos dos tipos de personas. Los que pueden aprender desde una distancia, se perderán al Maestro; se perderán su propio Maestro, pero él les prepara. Muchos de vosotros que estáis aquí habéis trabajado en muchas vidas con muchos otros Maestros. No los aprovechasteis, pero os prepararon para llegar a mí. Muchos de vosotros erraréis conmigo, pero os habré preparado para llegar a algún otro. Así que nada se pierde. Ningún esfuerzo es desperdiciado.

Dogo creó la situación, Sekiso la llevó a cabo. *En ese mismo instante Zengen experimentó un despertar.* ¿Qué sucedió? ¿Oyendo otra vez las mismas palabras? ¿Hay una cierta conspiración? ¿Por qué las mismas palabras de nuevo? De pronto se dio cuenta: "Mi pregunta es absurda. Estoy preguntando algo que no puede ser respondido. *No es el Maestro el que está negando la respuesta, sino mi pregunta, su naturaleza*".

Es necesario el silencio ante la muerte, ante la vida, ante el amor. Si amas a una persona, te sientas en silencio con ella. No te apetecerá charlar, te gustaría tan sólo tomarla de la mano, y vivir, y guardar silencio en ese momento. Si charlas, eso significa que estás evitando a la persona, que no hay amor realmente. Si amas la vida, la charlatanería se irá, porque cada momento está tan lleno de vida que no hay manera, no hay espacio para charlar. A cada momento la vida te está inundando tan vitalmente que no hay tiempo para chismorrear y charlatanear. Si vives totalmente cada momento, la mente se vuelve silenciosa. Comes, y comes tan totalmente —porque la vida está entrando en ti por la comida— que la mente se vuelve silenciosa. Bebes, y bebes totalmente: la vida está entrando con el agua; saciará tu sed, muévete con ella mientras toca tu sed, y la sed desaparece. Estáte en silencio y observa. ¿Cómo puedes charlatenear mientras bebes una taza de té? Vida cálida fluye a tu interior. ¡Llénate de ella! ¡Sé respetuoso!

Por eso, en Japón existe la ceremonia del té, y toda casa que se precia tiene una sala de té, igual que un templo. Algo ordinario, el té, lo han elevado a un status muy sagrado. Cuando entran en la sala del té, entran en completo silencio, como si fuese un templo. Se sientan en silencio en la sala de tè. Entonces la tetera comienza a cantar, y todos escuchan en silencio, tal como me estáis escuchando a mí: el mismo silencio. Y la tetera sigue cantando millones de canciones, sonidos, *Okmar* —el mantra de la vida— y ellos escuchan en silencio. Y entonces se sirve el té. Tocan sus tazas y platas. Se sienten agradecidos de que este momento les haya sido dado de nuevo. ¿Quién sabe si llegará de nuevo o no? Luego huelen el té, el aroma, y están llenos de gratitud. Luego comienzan a beber. Y el sabor... y la calidez... y el flujo... y la fusión de su propia energía con la energía del té... se convierte en una meditación.

Todo se puede convertir en una meditación si lo vives total e intensamente. Y entonces tu vida se vuelve íntegra.

De pronto, al escuchar de nuevo las mismas palabras, Zengen llegó a darse cuenta: "Yo estaba equivocado y mi Maestro tenía razón. Yo estaba equivocado porque pensé" No me está respondiendo, no está prestando atención a mi pregunta, no se preocupa en absoluto por mí y mi pregunta. Mi ego estaba herido, pero yo estaba equivocado. Él no estaba golpeando mi ego. Yo no estaba en absoluto en la pregunta. La naturaleza misma de la muerte es tal...". De pronto ha despertado.

Esto se llama *satori*. Es una iluminación especial. No existe en ninguna otra lengua una palabra equivalente a *satori*. Es algo especialmente Zen. No es *samadhi*. No es *samadhi* porque puede suceder en momento muy ordinarios: bebiendo té, dando un paseo, mirando una flor, escuchando a una rana saltar al estanque. Puede suceder en momentos muy ordinarios, así que no es como el *samadhi* del que habla Patanjali.

Patanjali sencillamente se sorprendería de que el sonido de una rana saltando a un estanque provocara que alguien se ilumine. Patanjali no podría creer que si una hoja seca cae del árbol, zigzaguea, se mueve un poco con el viento, luego cae al suelo y se duerme profundamente, alguien sentado bajo el árbol alcanza la Iluminación. No, Patanjali no podría creerlo; imposible, porque, dirá él, el *samadhi* es algo excepcional; el *samadhi* llega tras mucho esfuerzo, millones de vidas. Y además sucede en una postura particular: *siddhasan*. Sucede en un estado particular de cuerpo y mente.

El *satori* es *samadhi* y sin embargo no es *samadhi*.

Es una visión momentánea, un vislumbre de lo extraordinario en lo ordinario; es *samadhi* sucediendo en momentos ordinarios. Es también algo repentino, no es gradual, no te mueves en grados. Es como el agua que alcanza el punto de ebullición, los cien grados; y entonces, el salto: comienza a hervir y a evaporarse en el cielo, y no puedes ver ni rastro de a dónde ha ido. Hasta los noventa y nueve grados puede echarse atrás: sólo estaba caliente. Pero si pasa el grado cien, entonces hay un salto repentino.

La situación en la historia es la misma. Con Dogo, Zengen se calentó, pero no pudo evaporarse. No fue suficiente, necesitaba una situación más, o puede que necesitase muchas más situaciones. Después, con Sekiso se produce la misma situación, y de repente cambia el foco, la gestalt. Hasta este punto había estado pensando que era su pregunta lo que no había respondido Dogo. Había sido egocéntrico. Había estado pensando: "Soy yo el que he sido descuidado por mi Maestro. Él no fue lo suficientemente considerado conmigo y mis interrogantes. No prestó suficiente atención ni a mí ni a mi pregunta".

De pronto se da cuenta: "No era que me descuidase, o que el Maestro fuera indiferente, o que no me prestara atención. No, no era a mí, era la pregunta misma. No puede ser respondida. Ante los misterios de la vida y la muerte hay que guardar silencio". La gestalt cambia. Puede ver todo el asunto. Por eso, alcanza una visión instantánea.

Siempre que la gestalt cambia alcanzas un vislumbre. Esa visión momentánea es el *satori*. No es definitiva. La perderás de nuevo. No te harás un Buda con un *satori*, por eso digo que es *samadhi* y sin embargo no es *samadhi*. Es un océano en una taza de té. Océano, sí, y sin embargo no es el océano —*samadhi* en cápsula. Te da un vislumbre, una abertura, como si te estuvieses moviendo en una noche oscura, en un bosque, perdido; no sabes dónde estás moviéndote, dónde está el sendero, si vas en la dirección correcta o no —y entonces de repente hay un relámpago. ¡En un momento lo ves todo! Luego la luz desaparece. No puedes leer en un relámpago, porque sólo dura un instante. No puedes sentarte bajo el cielo y empezar a leer en un relámpago. No, no es un flujo *constante*.

El *samadhi* es tal que puedes leer en su luz. El *satori* es como el relámpago: puedes tener una visión fugaz de la Totalidad, de todo lo que hay, y luego desaparece. *pero* ya no serás el mismo. No es la Iluminación final, pero si un gran paso hacia ella. Ahora *sabes*. Has tenido un vislumbre, ahora puedes buscarlo más. Lo has saboreado y ahora los Budas se volverán muy llenos de significado.

Ahora, si Zengen se vuelve a encontrar con Dogo, no le golpeará: caerá a sus pies y pedirá su perdón. Ahora llorará millones de lágrimas, porque ahora pensará: "Qué compasión tuvo Dogo, que me permitió pegarle, que me dijo: 'Muy bien, adelante. ¡Pega!'". Si se encuentra de nuevo con Dogo, Zengen no será el mismo. Ahora ha saboreado algo que le ha cambiado. No ha alcanzado lo definitivo, lo definitivo está llegando; pero ha tenido una muestra.

El *satori* es la muestra del *samadhi* de Patanjali. Y es hermoso que la muestra sea posible, porque a no ser que lo pruebes, ¿cómo vas a ir hacia ello? A no ser que lo huelas un poco, ¿cómo vas sentirte atraído y arrastrado hacia ello? El vislumbre se convertirá en una fuerza magnética. Nunca volverás a ser el mismo. Sabrás que hay algo, y que "si lo encuentro o no, eso depende de mí". Pero surgirá la confianza. El *satori* da confianza, y comienza un *movimiento*, un movimiento vital en ti hacia la iluminación definitiva que es el *samadhi*.

VI.
EL ARTE DEL TIRO AL ARCO

Lieh-Tzu exhibía ante Po-Hun Wu-Jen su
habilidad en el tiro al arco.
Cuando el arco estuvo estirado en
toda su longitud, colocaron un vaso de agua
en su codo, y él comenzó a tirar.
Tan pronto la primera flecha echó
a volar, había ya una segunda en la cuerda,
seguida luego por una tercera. Mientras tanto, él se
mantuvo inmóvil como una estatua.
Po-Hun Wu-Jen dijo: "La técnica de tiro
es buena, pero no la técnica de no-tiro. Subamos a una
montaña elevada y coloquémonos
sobre una roca saliente, y luego trata de disparar.
Subieron a una montaña. De pie sobre una roca
que sobresalía sobre un precipicio de más de tres mil
metros, Po-Hun Wu-Jen se movió hacia
atrás hasta que un tercio de sus pies
sobrasalía por encima del precipicio. Entonces llamó a
Lieh-Tzu para que se acercara.
Lieh Tzu cayó al suelo, con el sudor
cayendo hasta sus talones.
Dijo Po-Hun Wu-Jen: "El hombre perfecto se eleva
sobre el cielo azul, o desciende hasta las
fuentes amarillas, o vagabundea por los ocho confines
del mundo, y sin embargo no muestra
ningún signo de cambio en su espíritu. Pero
tú dejas entrever un signo de trepidación
y tus ojos están aturdidos. ¿Cómo
puedes esperar dar en la diana?".

La acción necesita habilidad. Pero la no-acción también necesita habilidad.

La habilidad de la acción está justo en la superficie; la habilidad de la no-acción está en el centro mismo de tu ser.

La habilidad de la acción se puede aprender fácilmente; puede ser transmitida; te puedes educar en ella, porque no es otra cosa que técnica. No es tu ser, es sólo un arte. Pero la técnica o habilidad de la no-acción no es una técnica en absoluto.

No puedes aprenderla de otra persona. ¡No puede ser enseñada! Crece como tú creces. Crece con tu crecimiento; es un florecimiento. Desde el exterior no se puede hacer nada; algo tiene que desarrollarse desde el interior.

La habilidad de la acción llega del exterior, va al interior; la habilidad de la no-acción viene del interior, fluye al exterior. Sus dimensiones son totalmente diferentes, diametralmente opuestas; así que primero trata de comprender esto para poder entrar en esta historia.

Por ejemplo: puedes ser pintor con sólo aprender el arte; puedes aprender *todo* lo que se puede enseñar en las escuelas de arte; puedes ser hábil y puedes pintar bellos cuadros, incluso puedes convertirte en una figura de renombre en el mundo; nadie será capaz de saber que es sólo técnica, a no ser que te cruces con un Maestro; pero *tú* siempre sabrás que es sólo técnica.

Tus manos se han vuelto habilidosas, tu cabeza conoce la destreza, pero tu corazón no fluye. Pintas, pero no eres un pintor. Creas una obra de arte, pero no eres un artista. Tú la haces, pero no estás en ella. La haces como haces otras cosas, pero no eres un amante. No estás involucrado en ella totalmente. Tu ser interno permanece a distancia, indiferente, se queda a un lado. Tu cabeza y tus manos siguen trabajando, pero tú no estás ahí. La pintura no transmitirá tu presencia. No te transmitirá a *ti*. Puede que lleve tu firma, pero no tu ser.

Un Maestro lo sabrá inmediatamente, porque esa pintura estará muerta. ¡Hermosa, sí! ¡Pero también se puede decorar un cadáver! ¡También se puede pintar un cadáver! Incluso puedes ponerle lápiz de labios, y parecerán rojos; pero el lápiz de labios, no importa lo rojo que sea, no puede tener la calidez de la sangre que fluye. Esos labios... ¡pintados! Pero no hay vida en ellos.

Puedes crear una *bella* pintura, pero no estará viva. Sólo puede estar viva si tú fluyes en ella. Ésa es la diferencia entre un Maestro cuando pinta y un pintor ordinario. El pintor ordinario en realidad siempre imita, porque la pintura no está creciendo dentro de él. No es algo de lo que esté preñado. Imitará a otros; tendrá que buscar ideas; puede que imite a la naturaleza, eso no cambia nada. Puede que mire un árbol y lo pinte, pero el árbol no ha crecido dentro de él.

Mira los árboles de Van Gogh. Son absolutamente diferentes, no puedes encontrar árboles como esos en el mundo de la naturaleza. Son totalmente diferentes; son creaciones de Van Gogh: él está viviendo a través de los árboles. No son esos árboles ordinarios que te rodean, no los ha *copiado* de la naturaleza, no se los ha copiado a nadie. Si él hubiera sido un dios, habría creado esos árboles en el mundo. En la pintura él es el dios, él es el creador. Ni siquiera está imitando al creador del universo. Está simplemente siendo él mismo. Sus árboles son tan altos que crecen y tocan la luna y las estrellas.

Alguien preguntó a Van Gogh: "¿Qué tipo de árboles son éstos? ¿De dónde cogiste la idea?".

Van Gogh le contestó: "Yo no voy cogiendo ideas de ningún sitio: ¡éstos son *mis* árboles! Si yo fuese el Creador, mis árboles tocarían las estrellas, porque mis árboles son deseos de la tierra, sueños de la tierra: tocar las estrellas, la tierra tratando de llegar, de tocar las estrellas; manos de la tierra, sueños y deseos de la tierra".

Pero estos árboles no son imitaciones. Son árboles de Van Gogh.

Un creador tiene algo que dar al mundo, algo de lo que está preñado. Por supuesto, incluso para un Van Gogh es necesaria la técnica, porque son necesarias las manos. Ni siguiera Van Gogh puede pintar sin manos: si le cortas las manos, ¿qué hará? *También* necesita la técnica, pero la técnica es sólo un medio de comunicación. La técnica es sólo el vehículo, el medio. La técnica no es el mensaje. El medio no es el mensaje. El medio es simplemente un vehículo para transmitir el mensaje. Él *tiene* un mensaje. Todo artista es un profeta, ¡tiene que serlo! Todo artista es un creador, tiene que serlo. Tiene algo que compartir.

Si tengo que deciros algo, son necesarias las palabras, pero si sólo digo palabras, entonces no hay mensaje; entonces todo el asunto es mera cháchara. Entonces estoy tirando basura sobre los demás. Pero si las palabras transmiten mi silencio, *si las palabras te transmiten mi mensaje sin palabras,* sólo entonces se está diciendo algo.

Cuando hay que decir algo, hay que decirlo en palabras, pero eso que hay que decir no son palabras. Cuando hay que pintar algo, hay que pintarlo con colores y pincel y lienzo, y toda la técnica es necesaria, pero la técnica no es el mensaje.

A través del medio se da el mensaje, pero el medio en sí mismo no es suficiente.

Un técnico tiene el medio, puede que tenga el medio perfecto, pero no tiene nada que ofrecer, no tiene mensaje. Su corazón no está rebosante. Está haciendo algo con la mano y con la cabeza, porque el aprendizaje está en la cabeza; y la destreza, la habilidad, está en la mano. Cabeza y mano cooperan, pero el corazón permanece a distancia, sin ser tocado. Entonces habrá una pintura, pero sin corazón. No habrá latido en ella, no tendrá el pulso de la vida, la sangre no fluirá en ella; es muy difícil verlo; sólo puedes verlo si conoces la diferencia dentro de ti mismo.

Toma otro ejemplo, que será más fácil de entender: *amas* a una persona; la besas, tomas su mano, la abrazas, hacéis el amor. Todas estas cosas se pueden hacer con una persona a la que no amas: exactamente el mismo beso, exactamente el mismo abrazo, la misma forma de tomarse mano; los mismos gestos al hacer el amor, los mismos movimientos; pero no amas a esa persona. ¿Cuál es la diferencia?, porque en lo que concierne a la acción no hay diferencia, besas, y besas *de la misma forma.*

El medio está ahí, pero no el mensaje. Eres habilidoso, pero tu corazón no está ahí. El beso está muerto. No es como un pájaro al vuelo, es como una piedra muerta.

Puedes hacer los mismos movimientos al hacer el amor, pero esos movimiento se parecerán más a ejercicios de yoga. No serán amor. Si vas a una prostituta, verás que conoce la técnica mejor que tu amada. Ella tiene que saberla porque es su profesión; pero no conseguirás amor allí. Si te encuentras a la prostituta por la calle al día siguiente, ni siquiera te reconocerá. Ni siquiera te dirá "hola", ¡porque no existe ninguna relación! No fue *un contacto,* la otra persona *no estaba allí.* Mientras hacía el amor contigo, puede que estuviera pensando en su amante. ¡Ella no estaba allí! No podía estar; las prostitutas tienen que aprender la técnica de no estar ahí, porque todo el asunto es feo.

No puedes vender amor, sólo puedes vender el cuerpo. No puedes vender tu corazón, sólo puedes vender tu destreza. Para una prostituta, hacer el amor es sólo algo profesional. Lo está haciendo por dinero y tiene que aprender a no estar allí, así que pensará en su amante; pensará en mil y una cosas, pero no en ti, porque pensar en ti le creará molestias. No estará allí. ¡Estará ausente! Hará movimientos, tiene práctica en ello, pero no estará involucrada.

Ésta es la cuestión en esta anécdota. Te puedes hacer tan perfecto que puedes engañar a todo el mundo, ¿pero cómo puedes engañarte a ti mismo? Y si no puedes engañarte a ti mismo, no puedes engañar a un Maestro Iluminado. Él verá todos los trucos que has creado en torno a ti. Verá que no estás en tu técnica: si eres un arquero, puede que des en la diana perfectamente, pero ésa no es la cuestión; incluso una prostituta te lleva al orgasmo, da en la diana todo lo perfectamente que es posible, a veces incluso más perfectamente que tu propia amada; pero ésa no es la cuestión; porque aunque una persona permanezca incompleta, una técnica puede completarse fácilmente.

Una persona permanece incompleta a no ser que se Ilumine. No puedes esperar perfección de una persona antes de la Iluminación, pero sí puedes esperar perfección en una habilidad. No puedes esperar perfección en el ser, pero sí en el hacer, no hay problema en ello. Un arquero puede dar en la diana sin fallar nunca, sin embargo puede que no esté en ello. Ha aprendido la técnica, se ha convertido en un mecanismo, un robot. Lo hace simplemente con la cabeza y la mano.

Ahora, tratemos de penetrar en esta historia: *El Arte del Tiro al Arco*. En Japón y en China, se ha enseñado meditación a través de muchas habilidades: ésa es la diferencia entre la meditación india y la meditación china, budista y japonesa. En la India, se ha separado a la meditación de toda acción de la vida. Ella, en sí misma, es todo. Eso creó una dificultad, y la dificultad es que si haces que la meditación sea todo en la vida, te vuelves una carga para la sociedad. No puedes ir a la tienda, no puedes ir a la oficina, no puedes trabajar en la fábrica: la meditación se vuelve toda tu vida, simplemente meditas. En la India, millones de personas vivieron simplemente meditando; se convirtieron en un lastre para la sociedad. De una forma u otra, la sociedad tuvo que pararlo.

Incluso ahora, hoy, hay casi diez millones de sannyasins en la India. Ya no son respetados; sólo unos pocos —ni siquiera diez de esos diez millones— son respetados. Se han vuelto tan sólo mendigos. A causa de esta actitud, la meditación india ha sido, de alguna forma, *anti*-vida. Puedes tolerar unas cuantas personas así, pero no puedes tolerar a millones, y si el país entero se vuelve meditador, ¿qué harás entonces? Y si la meditación no puede ser asequible para todas y cada una de las personas, ¿significa eso que la religión sólo existe para unos pocos, que incluso en la religión existen clases, que ni siquiera Dios es asequible para todos? No, eso no puede ser; Dios *es* asequible para todos.

En la India, el budismo murió. El budismo murió en la India su país de origen, porque los monjes budistas se convirtieron en una pesada carga. ¡Millones de monjes budistas! El país no pudo tolerarlos, era imposible mantenerlos, tuvieron que desaparecer. El budismo desapareció completamente. Era el más grande florecimiento de la consciencia india, y desapareció. Porque no puedes vivir como un parásito. Se hizo imposible para este país pobre seguir menteniéndolos, tuvieron que desaparecer. En China, en Japón, el budismo sobrevivió, porque el budismo cambió, atravesó una mutación: *abandonó* la idea de renunciar a la vida. Más bien, por el contrario, hizo de la vida un objeto de meditación.

De forma que no importa lo que estés haciendo, lo puedes hacer meditativametne, no es necesario dejarlo. Esto fue un nuevo crecimiento, ésta es la base del Budismo Zen: no hay que negar la vida.

Un monje Zen continúa trabajando; trabajará en el jardín, trabajará en la granja, y vive de su propio trabajo. No es un parásito. Es una persona encantadora, no necesita preocuparse por la sociedad, y es *más* libre que el que ha renunciado. ¿Cómo vas a ser libre de la sociedad si has renunciado a ella? Entonces te conviertes en un parásito, y un parásito no puede tener libertad. *Éste es también mi mensaje: estáte* en la sociedad y *sé* un sannyasin. No te vuelvas un parásito, no te vuelvas dependiente de nadie, porque todo tipo de dependencia, finalmente, te hará un esclavo; no te puede hacer un *mutka*, no te puede hacer una persona absolutamente libre.

En Japón y China empezaron a utilizar diversas actividades como un soporte para la meditación. El tiro al arco es uno de ellos, esencialmente bello, porque es una habilidad muy sutil y precisa de mucha atención para ser diestro en ella.

Lieh-Tzu exhibía ante Po-Hun Wu-Jen su habilidad en el tiro al arco.

Po-Hun Wu-Jen era un Maestro Iluminado. El propio Lieh-Tzu se iluminó más tarde. Esta historia pertenece a sus días de búsqueda. Lieh-Tzu se convirtió en un Maestro por derecho propio, pero ésta es una historia anterior a su Iluminación.

Lieh-Tzu exhibía... El deseo de exhibir es el deseo de una mente ignorante.

¿Por qué quieres exhibir? ¿Por qué quieres que la gente te conozca? ¿Cuál es la causa? ¿Y por qué haces que la exhibición sea algo tan importante en tu vida, que la gente piense que eres alguien muy significativo, importante, extraordinario? *¿Por qué?*

Porque no tienes un Ser.

146

Sólo tienes un ego, un sustitutivo del Ser.

El ego no es sustancial; el Ser es sustancial, pero no lo conoces... y un hombre no puede vivir sin la sensación del "yo"; es difícil vivir sin la sensación del "yo". Sin él, ¿desde qué centro trabajarías y funcionarías? Necesitas un "yo"; aunque es falso, es útil. ¡Sin un "yo" sencillamente te desintegrarías! ¿Quién si no sería el integrador, el agente dentro de ti? ¿Quién te integrará? ¿Desde qué centro funcionarás?

A no ser que conozcas el Ser, *tendrás* que vivir con un ego: ego significa sustituto del Ser, un Ser falso. Como no conoces el Ser, te creas un ser propio. Es una creación *mental*. Y para todo lo que es falso, tienes que crear apoyos: la exhibición te da apoyo.

Si alguien dice: "Eres una bella persona", empiezas a sentir que eres bello; si nadie lo dice, te resultará difícil sentir que eres bello; empezarás a sospechar, a dudar. Si dices continuamente, incluso a una persona fea: "Eres hermosa", la fealdad se irá de su mente, empezará a sentir que es hermosa. Porque la mente depende de la opinión de los demás, acumula opiniones, depende de ellas.

El ego depende de lo que la gente dice de ti: el ego se siente bien si la gente se siente bien contigo; si se sienten mal, el ego se siente mal. Si no te prestan ninguna atención, se retiran los apoyos; si mucha gente te presta atención, alimentan tu ego. Por eso se pide tanta atención continuamente.

Incluso un niño pequeño pide atención. Puede que esté jugando en silencio, pero llega una visita... y la madre le ha dicho que cuando llegue la visita tiene que estar en silencio: "No hagas ruido, y no crees ninguna molestia". Pero cuando llega la visita, el niño *tiene* que hacer algo, porque él también quiere atención. Y quiere *más*, porque él *está* acumulando un ego: está creciendo, necesita más comida, y le han dicho que esté en silencio, ¡eso es imposible! ¡*Tendrá* que hacer algo! Incluso si tiene que *herirse* a sí mismo, se caerá. El daño se puede tolerar, pero le tienen que prestar atención, todo el mundo debe prestarle atención, ¡él *debe* ser el centro de atención!

Una vez me hospedé en una casa. Al niño debían haberle dicho que mientras yo estuviese allí no crease ningún problema, ¡tenía que estar callado y todo eso! Pero el niño no podía quedarse callado, él también quería mi atención, así que empezó a hacer ruido, corriendo de aquí para allá tirando cosas. La madre estaba enfadada y le advirtió: "Escucha, te voy a pegar si sigues haciendo esto". Pero él no escuchaba. Entonces, finalmente la madre le dijo: "Escucha, ¡vete a esa silla y siéntate *ahora*!".

Por el gesto mismo, el niño comprendió: "Ahora es demasiado y me va a pegar", así que se fue a la silla, se sentó, miró airadamente a su madre, y dijo, muy significativamente: "¡Muy bien! Estoy *sentado*, por fuera. Pero por dentro estoy de pie".

Desde la infancia hasta el final, el día último de tu muerte, sigues pidiendo atención. Cuando una persona se está muriendo, la única idea que hay en su mente casi siempre es: "¿Qué dirá la gente cuando esté muerto? ¿Cuánta gente vendrá a decirme el último adiós? ¿Qué se publicará en los periódicos? ¿Escribirá algún editorial algún periódico?".

Éstos son los pensamientos. Desde el principio mismo hasta el final miramos lo que dicen los demás. Es una profunda necesidad.

La atención es comida para el ego; sólo una persona que ha alcanzado el Ser abandona esa necesidad. Cuando tienes *tu* centro, el tuyo propio, no necesitas la atención de los demás. Entonces puedes vivir solo. Incluso en la multitud estarás solo; incluso en el mundo estarás solo; te moverás en la multitud, pero solo.

Ahora mismo no puedes estar solo. Ahora mismo, si te vas a los Himalayas y entras en un bosque denso, sentado bajo un árbol, esperarás que pase alguien, al menos alguien que pueda llevar al mundo el mensaje de que te has convertido en un gran ermitaño. Esperarás, abrirás los ojos muchas veces, para ver: ¿ha venido alguien ya o no? Porque has oído las historias de que cuando alguien renuncia al mundo, el mundo entero viene a sus pies, y hasta ahora no ha llegado nadie: ningún periodista, ningún reportero, ningún cámara, ¡nadie! No puedes irte a los Himalayas. *Cuando la necesidad de atención se va, estás en los Himalayas dondequiera que estés.*

Lieh-Tzu exhibía su habilidad en el tiro al arco...

¿Por qué "exhibía"? Aún estaba involucrado con el ego, aún estaba buscando atención, y mostraba su habilidad a Po-Hun Wu-Jen, que era un Maestro Iluminado, un hombre muy anciano —la historia cuenta que tenía casi noventa años cuando Lieh-Tzu fue a verle. ¿Por qué a Po-Hun? Porque era un renombrado Maestro, y si él le dijera: "Sí, Lieh-Tzu, eres el mejor arquero del mundo", sería un alimento tan vital como para vivir de él para siempre jamás.

Cuando el arco estuvo estirado en toda su longitud, colocaron un vaso de agua en su codo, y él comenzó a tirar.

Ni siquiera una gota de agua caía del vaso lleno que habían colocado en su codo. ¡Y estaba disparando!

Tan pronto la primera flecha echó a volar, había ya una segunda en la cuerda, seguida luego por una tercera. Mientras tanto, él se mantuvo inmóvil como una estatua.

Gran habilidad; pero Po-Hun Wu-Jen no estaba impresionado; porque en el momento en que quieres exhibirte, ya te has descaminado. *El mero esfuerzo* de exhibir muertas que no has alcanzado el Ser, y si no has alcanzado el Ser, puedes mantenerte como una estatua en el exterior; por dentro estarás corriendo, siguiendo muchísimas motivaciones, deseos y sueños; por fuera puede que estés inmóvil, pero dentro estarán sucediendo todo tipo de movimientos a la vez, simultáneamente, estarás corriendo en muchas direcciones.

Por fuera te puedes convertir en una estatua. Ésa no es la cuestión. Se cuenta que Bokuju fue a su Maestro y durante dos años se sentó ante él, a su lado, como una estatua, una estatua de mármol de Buda. Al comienzo del tercer año, el Maestro llegó, le dio un golpe con su bastón, y le dijo: "¡Estúpido! Tenemos aquí mil y una estatuas de Buda, ¡no necesitamos más!", porque su Maestro vivía en un templo donde había mil y una estatuas de Buda. Y le dijo: "¡Éstas son suficientes! ¿Qué estás haciendo aquí?".

No son necesarias estatuas, sino un estado de ser

diferente. Es muy fácil sentarse en silencio exterior, ¿cuál es la dificultad? Sólo se necesita un poco de entrenamiento. He visto a un hombre, muy respetado en la India, que ha estado de pie durante diez años, incluso duerme de pie. Sus piérnas se han vuelto tan gruesas e hinchadas que ya no puede doblarlas. La gente le respeta, pero cuando yo fui a verle él quiso verme a solas y entonces me preguntó: "Dime cómo meditar. Mi mente está muy alterada".

¡Diez años de pie como una estatua! No se había sentado, no había dormido; pero el problema seguía siendo el mismo: cómo meditar, cómo volverse silencioso por dentro.

Inmóvil por fuera, pero con muchos movimientos por dentro. Puede que incluso tenga más movimiento interno que tú, porque tu energía está dividida al emplear mucha energía para los movimientos corporales; pero en un hombre que está de pie sin moverse, toda su energía se mueve hacia adentro, en la mente. Por dentro se vuelve *loco*, pero la gente le respeta: y eso se ha convertido en una exhibición. El ego está satisfecho, pero al Ser no se le encuentra por ningún sitio.

Po-Hun Wu-Jen dijo: "La técnica de tiro es buena...

lo hiciste muy bien,

pero no la técnica de no-tiro.

Esto puede que sea un poco difícil, porque en Zen dicen que la técnica de tiro es sólo el comienzo; saber *cómo* tirar es sólo el principio; pero saber como *no*-tirar, para que la flecha se dispare por sí misma, es saber el fin.

Trata de comprender: cuando disparas, el ego, el autor, está ahí. ¿Y qué es el arte del *no*-tiro? La flecha también se dispara entonces, también entonces da en la diana: ésa no es la cuestión. La cuestión es que por dentro no debería haber ningún autor. La *fuente* es la cuestión. Cuando pones una flecha en el arco, *tú* no deberías estar allí; deberías estar como si no existieses, absolutamente vacío. Y la flecha se dispara por sí misma. Ningún autor dentro: entonces no puede haber ego. Estás tan unido con todo el proceso que no hay división. Estás perdido en ello. El acto y el autor no son dos: ni siquiera la ligera distinción de "yo soy el autor y ésta es mi acción". Se tarda muchos años en alcanzarlo. Y si no lo comprendes, es muy difícil alcanzarlo; si lo comprendes, creas la posibilidad.

Herrigel, un buscador alemán, trabajó durante tres años con su Maestro en Japón. Cuando llegó a Japón era ya arquero, y perfecto, porque el cien por cien de sus flechas daban en la diana; cuando llegó era ya un arquero, igual que Lieh-Tzu. Pero el Maestro se rió. Le dijo: "Sí, eres habilidoso disparando, pero ¿y el no tiro?".

Herrigel dijo: "¿Qué es el no-tiro?, nunca he oído hablar de ello". El Maestro le respondió: "Entonces yo te enseñaré".

Pasaron tres años. Durante este tiempo Herrigel se volvió más y más habilidoso y el objetivo estaba más cerca cada vez. Se volvió absolutamente perfecto; no faltaba nada. Y estaba preocupado, porque... —y éste es el problema para la mente occidental— Oriente parece misterioso, ilógico; y lo es. Él no podía comprender a este Maestro, ¿estaba loco?, porque ahora él era absolutamente perfecto, el Maestro no podía encontrar ni una sola falta, y seguía diciendo: "¡No!". Éste es el problema: el abismo entre la actitud oriental y la occidental hacia la vida. El Maestro sigue diciendo *no*, sigue rechazando.

Herrigel empezó a sentirse frustrado y le dijo a su Maestro: "Pero, ¿dónde está el fallo? Muéstrame el fallo y podré *aprender* a superarlo".

El Maestro le dijo: "No hay fallo. *Tú* eres imperfecto. *No hay fallo*, tu tiro es perfecto, pero ésa no es la cuestión. *Tú* eres imperfecto; cuando tiras, *tú* estás ahí, estás *demasiado* ahí. La flecha da en la diana, ¡es verdad!, pero ésa no es la cuestión. ¿Por qué estás demasiado? ¿Por qué la exhibición? ¿Por qué el ego? ¿Por qué no puedes simplemente disparar sin estar ahí?".

Herrigel, por supuesto, continuó discutiendo: "¿Cómo puede uno disparar sin estar allí? ¿Entonces quién disparará?". Su enfoque era muy racional: ¿entonces quién disparará?; y el Maestro le decía: "Tan sólo mírame". Y Herrigel sentía que su Maestro tenía una cualidad diferente; pero esa cualidad es misteriosa y no puedes cogerla. Sintió muchas veces que cuando el Maestro tiraba era realmente diferente, como si él se convirtiera en la flecha y el arco, como si el Maestro ya no estuviese allí; *era completamente uno, indiviso.*

Entonces empezó a preguntar cómo hacer esto. El Maestro dijo: "Esto no es una técnica. Tienes que comprender y tienes que penetrar más en esa comprensión, y hundirte en ella".

Tres años perdidos, y Herrigel comprendió entonces que esto no era posible: O este hombre estaba loco, o es imposible para un occidental alcanzar este no-tiro. "He perdido tres años, ahora es tiempo de irse".

Así que se lo preguntó al Maestro; y el Maestro dijo: "Sí, puedes irte".

Herrigel preguntó: "¿Puedes darme un certificado consignando que he aprendido contigo durante tres años?".

El Maestro dijo: "No, porque no has aprendido nada. Has estado tres años conmigo, *pero no has aprendido nada.* Todo lo que has aprendido lo podías aprender también en Alemania, no había necesidad de venir aquí".

El día que iba a marcharse fue a despedirse cuando el Maestro estaba enseñando a otros discípulos, y demostrando... era por la mañana, y el sol estaba amaneciendo y había pájaros cantando, y Herrigel ya no estaba preocupado, porque se había decidido, y una vez que se ha tomado la decisión, la preocupación desaparece; no estaba preocupado. *Durante esos tres años había tenido la mente tensa: ¿cómo lograrlo?,* ¿cómo cumplir las condiciones de este loco? Pero ahora ya no había preocupación, estaba decidido, se iba, había hecho las reservas, para el atardecer se habría ido y toda esta pesadilla quedaría atrás. Estaba esperando al Maestro, para decirle adiós cuando terminase con sus discípulos, darle las gracias e irse.

Estaba sentado en un banco. Por primera vez de pronto sintió algo. Miró al Maestro. El Maestro estaba estirando la cuerda del arco y, de pronto, se encontró a sí mismo de pie y caminando desde el banco. Llegó al Maestro, tomó el arco de su mano... y la flecha salió del arco. "¡Excelente, lo has logrado!", le dijo el Maestro. "Ahora puedo darte un certificado...". Y Herrigel escribió: "Sí, ese día lo logré. Ahora sé la diferencia. Ese día sucedió algo por sí mismo: *yo* no era el tirador, *yo* no estaba allí en absoluto. Tan sólo estaba relajado sentado en el banco. No había tensión, ni preocupación, no pensaba en ello. No me interesaba".

Recordad esto, porque vosotros también estáis junto a un loco. Es muy difícil cumplir mis condiciones. Es casi imposible. Pero... también es posible. Y sólo sucederá cuando hayas hecho *todo* lo que podías hacer y hayas llegado al punto en que te gustaría dejarme e irte. Sólo llegará a ti cuando llegues al punto en el que pienses: "Voy a dejar todas estas meditaciones y todo esto. Todo el asunto es una pesadilla". Entonces ya no hay preocupación. Pero no te olvides de venir a mí a decir adiós, de otra forma puede que te vayas sin lograrlo.

Las cosas comienzan a suceder cuando has acabado con el esfuerzo, cuando has hecho el esfuerzo totalmente. Por supuesto, Herrigel fue total en su esfuerzo, por eso pudo acabar con todo el asunto en tres años. Si eres parcial, fragmentario, tu esfuerzo no será total y entonces puede que tres vidas no sean suficientes. Si eres tibio en tu esfuerzo, entonces nunca llegarás a un punto en el que todo esfuerzo se vuelva inútil.

Sé total en el esfuerzo. Aprende *toda* la técnica que sea posible para hacer la meditación. ¡Haz todo lo que puedas! No te reserves nada. No intentes escapar de nada, *hazlo de todo corazón.* Entonces llega un punto, una cumbre, en la que no se puede hacer nada más. Cuando llegas al punto en el que no se puede hacer *nada más*, y lo has hecho *todo*, y yo sigo diciendo: "¡No, no es suficiente!", mi "no" es necesario para llevarte a lo total, al final, a la cumbre desde la que no es posible hacer nada más.

Y tú no sabes cuánto puedes hacer. Tienes una tremenda energía que no estás utilizando; estás usando sólo un fragmento. Y si estás utilizando sólo un fragmento, entonces nunca llegarás al punto que alcanzó

Herrigel, a lo que podríamos llamar el "punto Herrigel".

Pero él lo hizo bien. Hizo todo lo que se *podía* hacer; no estaba ahorrando nada por su parte.

Entonces llega el punto de ebullición. *En ese punto de ebullición está la puerta.* Todo el esfuerzo se vuelve inútil, fútil, no estás llegando a ningún sitio con él, así que lo dejas. Una relajación repentina... y se abre la puerta.

Ahora puedes meditar sin ser un meditador. Ahora puedes meditar sin ni siquiera meditar. Ahora puedes meditar sin que tu ego esté ahí. Ahora *tú* te conviertes en la meditación: no hay meditador. El autor se convierte en la acción, el meditador se convierte en la meditación; el arquero se convierte en el arco y en la flecha, *y la diana no está ahí fuera colgando de un árbol en alguna parte.* La diana eres *tú*, tu interior. La *fuente.*

Esto es lo que dijo Po-Hun Wu-Jen. Dijo:

La técnica de tiro es buena...".

Por supuesto, Lieh-Tzu era un buen tirador, un arquero perfecto.

"... pero no la técnica de no-tiro. Subamos a una montaña elevada y coloquémonos sobre una roca saliente, y luego trata de disparar".

¿A qué está llevando a Lieh-Tzu? El exterior es perfecto, pero la fuente aún tiembla. La acción es perfecta, pero el ser aún se agita. El miedo está ahí, el Ser todavía no se conoce a sí mismo. No sabe; todo lo que hace es sólo de cabeza y mano: la tercera **H*** aún no está en ello. Recuerda siempre tener las tres H juntas: la mano, el corazón y la cabeza*. Ya has aprendido las tres B, ahora aprende las tres H —y recuerda siempre que la cabeza es tan astuta que te puede engañar, que te puede dar la sensación de que tienes las tres H; porque cuando se desarrolla una habilidad, cuando te

---

(*) En inglés: Hand, Heart, Head (N. del T.).

vuelves más y más perfecto técnicamente, la cabeza dice: "¿Qué más es necesario?".

Cabeza significa Occidente; corazón significa Oriente. La cabeza dice: "Todo está bien". Herrigel es la cabeza, el Maestro es el corazón, y el Maestro parece estar loco. Recuerda: a la cabeza el corazón siempre le parece un loco. La cabeza siempre dice: "Tú estáte callado. No entres, de otra forma armarás un lío. Déjame abordar todo el asunto, lo he aprendido todo, conozco su aritmética, y se cómo enfrentarme con esto". Técnicamente, la cabeza siempre es correcta. El corazón siempre es técnicamente incorrecto, porque el corazón no conoce la técnica, sólo conoce el sentimiento, sólo conoce la poesía de ser. No conoce técnicas, no conoce gramática, es un fenómeno *poético*.

"Subamos a una montaña elevada",

dijo el anciano Maestro, muy anciano, noventa años,

"y coloquémonos sobre una roca saliente, y luego trata de disparar".

Entonces veremos.

Subieron a una montaña. De pie sobre una roca que sobresalía sobre un precipicio de más de tres mil metros.

Y recuerda, ésa es la diferencia entre la cabeza y el corazón: a más de tres mil metros de altura está el corazón, sobre una roca que sobresale sobre un valle profundo, a más de tres mil metros...

Siempre que te acerques al corazón sentirás vértigo. Con la cabeza, todo está sobre el suelo raso: es una autopista, cemento. Con el corazón entras en el bosque: ninguna autopista, altibajos, todo es misterioso, desconocido, oculto en la niebla; nada está claro, es un laberinto, no es una autopista; es más como un enigma. ¡Más de tres mil metros de altura!

Nietzsche ha contado en alguna parte que una vez le sucedió que de repente se encontró a sí mismo a más de tres mil metros de altura, a más de tres mil metros de altura del tiempo: como si el tiempo fuese un valle, y él se encontró a sí mismo a más de tres mil metros de altura y de distancia del tiempo mismo. El día que contó eso en su diario se volvió loco. El día que contó *esto* en su diario es el día que entró su locura.

Es un punto de mucho vértigo; te puedes volver loco. Cuando te vayas acercando al corazón, sentirás que te estás acercando a la locura. "¿Qué estoy haciendo?", pensarás, porque las cosas se vuelven vertiginosas. Lo conocido te deja atrás, entras en lo desconocido. Todos los mapas se vuelven inútiles, porque no existe ningún mapa para el corazón; todos los mapas existen en la mente consciente: es algo bien definido, en ella estás seguro. Por eso el *amor* te asusta, la *muerte* te asusta, la *meditación* te asusta. Siempre que estás yendo hacia el centro, el miedo se apodera de ti.

Subieron a una montaña. De pie sobre una roca que sobresalía sobre un precipio de más de tres mil metros, Po-Hun Wu-Jen se movió hacia atrás.

No hacia adelante; en esta roca saliente, a más de tres mil metros de altura, se movió hacia atrás.

Po-Hun Wu-Jen se movió hacia atrás hasta que un tercio de sus pies sobresalía por encima del precipicio...

y de espaldas.

Entonces llamó a Lieh-Tzu para que se acercara.

Se dice que este hombre de noventa años estaba casi encorvado; no podía ponerse derecho, era muy anciano. Este anciano encorvado, con la mitad de sus pies sobresaliendo sobre el precipicio, sin ni siquiera mirar, de espaldas. *Entonces llamó a Lieh-Tzu para que se acercara.*

Ahí es donde estoy yo, y llamándote para que te acerques.

Lieh-Tzu cayó al suelo.

No se acercó a él. Lieh-Tzu cayó al suelo ante la mera idea de acercarse a ese viejo loco que estaba ahí, colgando sobre la muerte; *en cualquier momento* se caería y jamás sería encontrado.

Lieh-Tzu cayó al suelo con el sudor cayendo hasta los talones.

Recuerda, primero el sudor llega hasta la cabeza. Cuando comienza el miedo, primero sudas en la cabeza, los talones son lo último. Cuando el miedo entra tan profundamente en ti que no sólo suda la cabeza, sino que los talones sudan, entonces el ser entero está lleno de miedo y temblor. Lieh-Tzu no pudo ponerse de pie, no pudo soportar ni tan siquiera la *idea* de acercarse al anciano Maestro.

Dijo Po-Hun Wu-Jen: "El hombre perfecto se eleva sobre el cielo azul, o desciende hasta las fuentes amarillas, o vagabundea por los ocho confines del mundo, y sin embargo no muestra ningún signo de cambio en su espíritu.

"Lieh-Tzu, ¿por qué sudas tanto? ¿Hasta los mismos talones? ¿Y por qué te has caído al suelo aturdido? ¿Por qué este cambio en el espíritu? ¿Por qué te agitas tanto? ¿Por qué este temblor? ¿Cuál es el miedo?". ¡Porque un hombre perfecto no tiene miedo!

La perfección es un estado *sin* miedo, porque un hombre perfecto sabe que no hay muerte. Incluso si este anciano Po-Hun Wu-Jen cae, sabe que no puede caer realmente; incluso si el cuerpo queda destrozado en millones de partes y nadie puede volver a encontrarlo, él sabe que no puede morir. Permanecerá tal como es. Sólo algo en la periferia desaparecerá; el centro permanecerá, permanecerá siempre tal como es.

La muerte no existe para el centro. El ciclón está sólo en la periferia, el ciclón nunca alcanza el centro. Nada alcanza nunca el centro. El hombre perfecto está centrado, está enraizado en su ser. Está en un estado sin miedo. No es que esté asustado, ¡no! No es que sea valiente, ¡no! Simplemente está en un estado en el que no hay miedo. Un valiente es aquél que tiene miedo, pero va en contra de su miedo, y un cobarde es alguien que también tiene miedo, pero va con su miedo. No son diferentes: los valientes y los cobardes no son básicamente diferentes, los dos tienen miedo. El valiente es el que va a pesar del miedo, el cobarde es el que sigue a su miedo. Pero un hombre perfecto no es ninguno de los dos; simplemente no tiene miedo. No es ni valiente ni cobarde. Simplemente *sabe* que la muerte es un mito, que la muerte es una mentira: la mayor mentira: la muerte no existe.

Recuerda, para un hombre perfecto no existe la muerte, sólo la vida o Dios existen. Para ti, Dios no existe, sólo existe la muerte. En el momento en que sientas el estado sin muerte, habrás sentido lo divino. En el momento en que sientas el estado sin muerte, habrás sentido la fuente misma de la vida.

"El hombre perfecto se eleva sobre el cielo azul, o desciende hasta las fuentes amarillas, o vagabundea por los ocho confines del mundo, y sin embargo no muestra ningún signo de cambio en su espíritu".

El cambio puede suceder en la periferia, pero en su espíritu no hay cambio. Por dentro, permanece inmóvil. Por dentro permanece eternamente el mismo.

"Pero tú dejas entrever un signo de trepidación y tus ojos están aturdidos. ¿Cómo puedes esperar dar en la diana?".

Porque si estás temblando por dentro, no importa con qué exactitud des en la diana, no puede ser exacto, porque el temblor interno hará que tu mano tiemble; puede que sea invisible, pero estará ahí. Para todos los propósitos externos, puede que des en la diana, pero para los propósitos internos, has errado. ¿Cómo puedes dar en la diana?

Así que lo básico no es dar en la diana, lo básico es alcanzar un ser que no tiemble. Entonces, que des en la diana o no, es secundario. Eso es para que lo decidan los niños, y un juego de niños.

Ésta es la diferencia entre el arte de tirar y el arte de no-tirar. Es posible que este Maestro, este anciano Maestro, no dé en la diana, es posible; pero aún y todo, él conoce el arte del no-tiro. Lieh-Tzu siempre dará en la diana, pero sin embargo no ha dado en la diana real, no ha *dado* en sí mismo.

Así que hay dos puntos: la fuente desde la que se mueve la flecha, y el fin que alcanza la flecha. La religión siempre está interesada en la fuente desde la que se mueven las flechas. A dónde van no es la cuestión; lo básico es desde dónde se mueven: porque si vienen de un ser sin temblor, darán en la diana; ya han llegado, porque en la fuente está el fin, en el principio está el fin, en la semilla está el árbol, en el alfa está el omega.

Así que lo básico es *no* preocuparse por el resultado; lo esencial es pensar, meditar, acerca de la fuente. Si mi gesto es un perfecto gesto de amor o no, no es la cuestión. Si el amor está fluyendo o no: ésa es la cuestión. Si hay amor, encontrará su propia técnica; si hay amor encontrará su propia habilidad; pero si no hay amor y eres habilidoso en la técnica, la técnica no puede encontrar su amor, recuerda esto.

El centro siempre encontrará su periferia, pero la periferia *no puede* encontrar el centro. El ser siempre encontrará su moralidad, su carácter, pero el carácter no encontrará su ser. No puedes ir de fuera hacia adentro, sólo hay un camino: la energía fluye desde dentro hacia afuera. El río no puede moverse como si no hubiese fuente, ninguna fuente, de origen. Entonces todo sería falso. Si tienes la fuente, el río se moverá y llegará al océano, no hay problema. Vaya donde vaya, alcanzará la diana. Si la fuente está rebosante, lo lograrás; si sólo estás jugando con técnicas y juguetes, errarás.

Particularmente en Occidente, la tecnología se ha vuelto tan importante que incluso ha entrado en las relaciones humanas. Como sabes demasiado sobre técnicas, estás intentando convertirlo todo en tecnología. Por eso se publican miles de libros sobre el amor cada año: la técnica, cómo tener un orgasmo, como hacer el amor. Incluso el amor se ha convertido en un problema técnico y el orgasmo en un asunto técnico: tiene que ser resuelto por técnicos. Sí, el *amor* también se ha convertido en un problema técnico. ¿Entonces, qué queda? Entonces no queda nada, entonces la vida entera es técnica. Sabrás los movimientos, pero errarás: no darás en la diana real que es la fuente.

La técnica es buena hasta donde llega, pero es secundaria. No es esencial. Lo esencial es la fuente. Se *debe buscar* primero la fuente, y después puede adquirirse la técnica. La gente viene a mí, y veo que siempre están interesados en la técnica. Preguntas cómo meditar. No preguntan, "¿Qué es meditación?". Preguntan cómo alcanzar la paz. Nunca preguntan, "¿Qué es la paz?". Como si ya lo supieran.

Mulla Nasrudín mató a su esposa, y hubo juicio en la corte. El juez dijo a Nasrudín: "Nasrudín, sigues insistiendo una y otra vez en que eres un hombre amante de la paz. ¿Qué tipo de hombre amante de la paz eres? ¡Has matado a tu esposa!".

Nasrudín dijo: "Sí, repito de nuevo que soy un hombre amante de la paz. Usted no sabe: cuando maté a mi esposa descendió la paz a su rostro, y por primera vez hubo paz en toda la casa. Insisto en que soy un hombre amante de la paz".

La técnica mata. Puede darte una paz que pertenece a la muerte, no a la vida. El método es peligroso, porque te puedes olvidar de la fuente completamente y te puedes obsesionar con el método. Los métodos son buenos si permaneces alerta y permaneces consciente de que no son el fin, son sólo el medio. Obsesionarte demasiado con ellos es muy dañino, *porque te puedes olvidar completamente de la fuente.*

Ésta es la cuestión. Este anciano Maestro, Po-Hun Wu-Jen mostró a Lieh-Tzu uno de los secretos. Lieh-Tzu mismo se convirtió en un hombre Iluminado, él mismo llegó a ser lo que este anciano era en aquel momento: de espaldas al borde de un precipicio de más de tres mil metros de altura, con sus pies sobresaliendo y, a pesar de sus noventa años, ningún temblor, ni un ligero estremecimiento, ningún cambio, ningún temor en su interior. Por dentro ese anciano estaba enraizado, aposentado en sí mismo, centrado. Recuerda esto, porque siempre existe la posibilidad de convetirse en una víctima de técnicas y métodos.

Lo Supremo llega a ti sólo cuando todas las técnicas han sido abandonadas. Lo Supremo sólo te sucede cuando no hay método, porque sólo entonces estás abierto. Lo Supremo sólo llamará a tu puerta cuando tú no estés. Cuando *tú* estás ausente, estés preparado; porque sólo cuando estás ausente hay un espacio para que lo Supremo entre en ti. Te conviertes en un útero. Si *tú* estás, ya hay demasiado, entonces no hay ni una pequeña grieta, ni un pequeño espacio para que lo Supremo entre en ti, y lo Supremo es *enorme*. Tienes que estar *enormemente* vacío, tan *infinitamente* vacío: sólo entonces hay una posibilidad de encuentro.

Por eso nunca podrás encontrarte con Dios, porque cuando Dios venga tú no estarás, y mientras estés, Él no puede venir. Tú eres la barrera.

VII.
EL TEMPLO EN LLAMAS

*Cuando Tokai estaba de visita en cierto templo, se
inciió un fuego bajo el suelo de la cocina.
Un monje se precipitó a la habitación
de Tokai, gritando: "¡Fuego, Maestro, fuego!".
"¿Oh?", dijo Tokai incorporándose. "¿Dónde?".
"¿Dónde?", exclamó el monje. "Pues bajo
el suelo de la cocina, ¡levántese enseguida!".
"La cocina, eh?", dijo el Maestro
soñolientamente. "Bueno, ¿sabes qué?:
cuando llegue al pasillo, vuelve y avísame".
Tokai estaba roncando de nuevo en
un abrir y cerrar de ojos.*

$\mathcal{T}$oda la ignorancia de la mente consiste en no estar en el presente. La mente siempre está yéndose: ¡al futuro o al pasado! La mente nunca está aquí y ahora. No puede. La naturaleza misma de la mente es tal que no puede estar en el presente, porque la mente tiene que pensar, y en el momento presente no hay posibilidad de pensar: Tienes que *ver*, tienes que estar *presente*, pero no puedes *pensar*.

El momento presente es tan *estrecho* que no hay ningún espacio para "pensárselo". Tú puedes *estar*, pero los pensamientos *no pueden*. ¿Cómo vas a pensar? Si piensas, eso significa que el momento ya ha pasado, se ha ido, o bien aún no ha llegado.

Para pensar es necesario espacio, porque el pensamiento es como un paseo: un paseo de la mente, un viaje. Es necesario espacio. Puedes caminar al futuro, puedes caminar al pasado, pero, ¿cómo vas a caminar en el presente? El presente está tan cerca; en realidad, ni siquiera cerca: el presente eres *tú*. El pasado y el futuro son partes del tiempo; el presente eres *tú*, no forma parte del tiempo. No es un tiempo: no forma parte del tiempo en absoluto, no pertenece al tiempo. El presente eres *tú*, el pasado y el futuro están fuera de ti.

La mente no puede existir en el presente. Si puedes estar *aquí*, totalmente presente, la mente desaparecerá. La mente puede desear, puede soñar: ¡soñar mil y un pensamientos!, puede ir hasta el mismísimo fin del mundo, puede ir al mismísimo principio del mundo, pero no puede estar aquí y ahora, eso es imposible para ella. Toda la ignorancia consiste en *no saber esto*. Y entonces te preocupas por el pasado, que ya no existe: ¡es absolutamente estúpido! No puedes hacer nada con el pasado. ¿Qué puedes hacer con algo que ya no existe? No se puede hacer nada, ya se ha ido; pero tú te preocupas por él, y preocupándote por él, te malgastas a ti mismo.

O piensas en el futuro, y sueñas y deseas. ¿Lo has observado alguna vez?: el futuro nunca llega. No puede llegar. Todo lo que llega es siempre el presente, y el presente es absolutamente distintos a tus deseos y a tus sueños. Por eso, todo lo que deseas y sueñas e imaginas y planeas y por lo que te preocupas, nunca sucede; pero *te gastas*. Vas deteriorándote. Vas muriéndote. Tus energías van entrando en un desierto, no alcanzan ninguna meta, simplemente se disipan. Y entonces la muerte llama a tu puerta. ¡Y recuerda!: la muerte nunca llama en el pasado, la muerte nunca llama en el futuro, la muerte llama en el presente.

No puedes decirle a la muerte: "¡Mañana!". "La muerte llama en el presente! La vida también llama en el presente. Dios también llama en el presente. Todo lo que *existe* llama en el presente, y todo lo que *no* existe, es siempre parte del pasado o del futuro.

Tu mente es una entidad falsa, porque nunca llama en el presente. Deja que éste sea el criterio de la realidad: lo que *existe*, siempre existe aquí y ahora; todo lo que no existe, nunca es parte del presente. ¡Abandona todo lo que nunca llama en el ahora! Y si entras en el ahora, *se abre una nueva dimensión:* la dimensión de la eternidad.

El pasado y el futuro se mueven en línea horizontal: A va a B, B va a C, C va a D, en línea. La eternidad se mueve verticalmente. A entra más profundamente en A, se eleva más en A, no va a B; A va moviéndose más profundo y más elevado, en ambas direcciones. El movimiento es vertical. El momento presente se mueve verticalmente, el tiempo se mueve horizontalmente. El tiempo y el presente nunca se encuentran. Y *tú* eres el presente: todo tu ser se mueve verticalmente. Las profundidades están abiertas, las alturas están abiertas, pero tú te mueves horizontalmente con la mente. Así es como pierdes a Dios.

La gente viene a mí y me pregunta cómo encontrar a Dios, cómo verlo, cómo hacerlo realidad. Ésa no es la cuestión. La cuestión es: ¿cómo no estás dando con Él?, porque Él está aquí y ahora, llamando a tu puerta. No puede ser de otra forma. *Si Él es lo Real, debe de estar aquí y ahora.* Él ya está a tu puerta, pero *tú* no estás. Tú nunca estás en casa. Continúas vagando en millones de palabras, pero nunca estás en casa. *Ahí* nunca se te encuentra. Y Dios va a tu encuentro *ahí;* la Realidad te rodea *ahí,,* pero nunca te encuentra ahí. La pregunta real no es cómo encontrar a Dios, la pregunta real es cómo deberías estar en casa para que cuando Dios llame te encuentre allí. No es una cuestión de que *tú* le encuentres, es una cuestión de que Él te encuentre.

Un hombre de comprensión no se preocupa por Dios y ese tipo de asuntos, porque no es un filósofo. Simplemente intenta estar en casa, medita sobre cómo dejar de preocuparse por el futuro y el pasado, de pensar en el futuro y el pasado; medita en cómo establecerse aquí y ahora, cómo no salir de este momento. Una vez que está en este momento, la puerta se abre. ¡Este momento es la puerta!

En cierta ocasión me hospedé en casa de un sacerdote católico y su familia. Una noche yo estaba sentado con la familia: el sacerdote, su esposa y su hijo pequeño que jugaba en la esquina de la habitación con unos cubos, haciendo algo. Entonces el niño dijo de repente: "Ahora callaos todos, porque he hecho una iglesia. La iglesia está lista, ahora estad en silencio".

El padre estaba muy contento de que el niño comprendiese que en la iglesia hay que estar en silencio. Para animarle, le dijo: "¿Por qué hay que estar callado en la iglesia?".

"Porque", dijo el chico, "la gente está dormida".

La gente está dormida, no sólo en la iglesia, sino en toda la Tierra, por todas partes. Están dormidos en la iglesia porque llegaron dormidos del exterior. Salen de la iglesia y se mueven en un sueño: todo el mundo es sonámbulo. Y ésta es la naturaleza del sueño: que nunca estás aquí y ahora, ¡porque si estás aquí y ahora te despertarás!

Dormir significa que estás en el pasado, dormir significa que estás en el futuro; la mente es el dormir, la mente es una hipnosis *profunda*: dormido como un tronco. Intentas encontrar soluciones de muchas formas, pero nada parece ayudarte: porque todo lo que hagas dormido no servirá de mucho, porque si lo haces dormido no puede ser más que un sueño.

Un hombre fue una vez a un psicoanalista, un psicoanalista muy distraído (y todo el mundo es distraído, porque estar en la mente *significa* estar ausente, no estar en casa; eso significa estar distraído). Así que un hombre acudió a un psicoanalista muy distraído y le dijo: "Tengo un gran problema. He acudido a todo tipo de doctores, pero nadie pudo ayudarme; y dicen que todo está bien, pero yo estoy en un apuro. Ronco tan ruidosamente mientras duermo que me despierto a mí mismo. Y sucede muchas veces cada noche: ¡el ronquido es tan fuerte que me despierto!".

Sin escuchar exactamente lo que le estaba diciendo este hombre, el psicoanalista le dijo: "Eso no es nada. Algo simple puede cambiar todo el asunto. Sencillamente duerma en otra habitación".

¿Lo entiendes?

Esto es exactamente lo que está haciendo todo el mundo. Vais cambiando de habitación, pero el dormir continúa, los ronquidos continúan, porque no puedes dejarlos en otra habitación; no son algo separado de ti, son *tú*, son *tu mente*, es todo el pasado acumulado, tus recuerdos, tus conocimientos, lo que los hindúes llaman *samskaras*: todos los condicionamientos que forman tu mente. Te vas a otra habitación, pero ellos te siguen allí.

Puedes cambiar de religión: puedes convertirte de hindú en cristiano, puedes convertirte de cristiano a hindú: cambias de habitación inútilmente. Puedes cambiar una vez y otra, de un Maestro a otro, de un ashram a otro: nada de ello servirá de mucho. Estás cambiando de habitación, y lo básico no es cambiar de habitación, sino cambiarte a *ti*. A la habitación no le preocupan tus ronquidos; la habitación no es la causa, *tú* eres la causa. Esto es lo primero que hay que comprender; entonces serás capaz de seguir esta bella historia.

Tu mente, tal como es, está dormida. Pero no puedes sentir lo dormida que está porque pareces muy despierto con los ojos abiertos. Pero, ¿has *visto* alguna vez? Pareces completamente despierto con tus oídos abiertos, pero, ¿has *oído* alguna vez?

Me estás escuchando, así que dirás, ¡Sí! Pero, ¿me estás escuchando a mí o a tu mente interna? Tu mente está continuamente comentando. Yo estoy aquí, hablandoos, *pero vosotros no me estáis escuchando*. Vuestra mente comenta contantemente: "Sí, tiene razón, estoy de acuerdo" o "No estoy de acuerdo, eso es totalmente falso"; tu mente está ahí, comentando constantemente. A causa de este comentario, de esta niebla de la mente, no puedo penetrar en ti. La comprensión llega cuando no estás interpretando, cuando simplemente escuchas.

En una pequeña escuela, la profesora descubrió que un chico no escuchaba. Era muy perezoso y nervioso, inquieto. Así que le preguntó por qué: "¿Tienes algún problema? ¿No puedes oírme?".

El chico le respondió: "Oír puedo, *escuchar* es el problema".

Hizo una distinción realmente sutil. Dijo: "Oír puedo, te oigo; pero *escuchar* es el problema", porque escuchar es más que oír; escuchar es oír con completa consciencia. Oír puedes, hay sonidos todo a tu alrededor, ¡oyes! Pero no *escuchas*. *Tienes* que oír, porque los sonidos siguen llamando a tus tímpanos; tienes que *oír*. Pero no estás para *escuchar*, porque escuchar significa profunda atención, una relación: no un constante comentario interno, no decir "sí" o "no", no estar de acuerdo o en desacuerdo, porque si estás de acuerdo o en desacuerdo, *en ese momento*, ¿cómo vas a escucharme?

Cuando estás de acuerdo, lo que he dicho ya es pasado; cuando no estás de acuerdo, ya se ha ido. Y en el momento en que asientes con la cabeza en tu interior, cuando dices sí o no, te lo estás *perdiendo*: y esto es algo constante dentro de ti.

No puedes escuchar. Y cuantos más conocimientos se tiene más difícil resulta escuchar. Escuchar significa: atención inocente. No hay *necesidad* de estar de acuerdo o en desacuerdo. Yo no busco tu acuerdo o desacuerdo. Yo no te pido tu voto, no quiero que me sigas, no trato de convencerte en forma alguna.

¿Qué haces cuando un loro comienza a chillar en un árbol? ¿Lo comentas? Sí, también entonces dices: "Molesto". Ni siquiera puedes escuchar a un loro. Cuando el viento sopla entre los árboles, y hay ese sonido susurrante, ¿lo escuchas? A veces, quizá, te pilla desprevenido. Pero también entonces comentas: "Es precioso".

Ahora *observa*: siempre que comentas, te duermes. Ha entrado la mente, y con la mente entra el pasado y el futuro. Se ha perdido la línea vertical, y te vuelves horizontal. *En el momento que entra la mente*, te vuelves horizontal. Te pierdes la eternidad.

Simplemente escucha. No es necesario decir sí o no. No es necesario estar o no estar convencido. Simplemente escucha, y la Verdad te será revelada.

¡O la mentira! Cuando alguien está diciendo tonterías, si simplenmente escuchas, te será revelada la tontería, sin ningún comentario de la mente. Y si alguien está diciendo la verdad, ésta te será revelada. Verdad y falsedad no son un acuerdo o un desacuerdo de tu mente, son una *sensación*; cuando estás en una compenetración total, *sientes*, y sencillamente sientes que es verdad o que no lo es, ¡y se acabó! ¡Sin preocuparte por ello! ¡Sin pensar en ello! ¿Qué puede hacer el pensamiento?

Si te han educado de una manera determinada, si eres cristiano, o hindú, o mahometano, y yo digo algo que da la casualidad de que está de acuerdo con tu educación, dirás que sí. Si no es así, dirás que no. ¿Estás *tú* aquí o sólo está tu educación? Y la educación es accidental.

La mente no puede descubrir lo que es verdadero; la mente no puede descubrir lo que es falso; la mente puede razonar sobre ello, pero todo razonamiento está basado en el condicionamiento. Si eres hindú razonas de una forma, si eres mahometano razonas de forma diferente. Y todo tipo de condicionamiento racionaliza. No es realmente razonar: ¡sino racionalizar!

Mulla Nasrudín llegó a una edad muy avanzada; alcanzó los cien años. Un periodista fue a verle, porque era el ciudadano más anciano de aquellos lugares. El reportero dijo: "Nasrudín, tengo algunas preguntas que me gustaría hacerle. Una de ellas es: ¿cree que será capaz de vivir otros cien años?".

Nasrudín le dijo: "Por supuesto, porque hace cien años no era tan fuerte como ahora". Hace cien años era un bebé, recién nacido, así que dijo: "Hace cien años no estaba tan fuerte como ahora, y si un niño pequeño, desamparado, débil, pudo sobrevivir cien años, ¿por qué no voy a poder yo?".

Esto es racionalización. Parece lógico, pero yerra en algo. Recionaliza para satisfacer un deseo.

Te gustaría vivir más tiempo, así que creas una base razonada en torno a ello: crees en la inmortalidad del alma. Has sido educado en una cultura que dice que el alma es eterna. Si alguien dice: "El alma es eterna", tú asientes y dices: "Sí, así es". Pero no es que sea así o no lo sea. Dices que sí porque es un condicionamiento profundamente enraizado en ti. Hay otros: la mitad del mundo cree —hindúes, budistas y jainas— que hay muchos renacimientos; y la otra mitad del mundo —cristianos, mahometanos, judíos— creen que no hay ningún renacimiento, sólo una vida, y luego el alma se disuelve en lo Supremo.

La mitad del mundo cree esto, la otra mitad cree lo otro, y todos tienen sus propios argumentos, todos tienen sus propias racionalizaciones. Creerás lo que quieras creer, pero en el fondo, tu deseo será la causa de tu creencia, no la razón. La mente parece racional, pero no lo es. Es un proceso de racionalización: la mente te dice sí a lo que quieres creer. ¿Y de dónde viene ese deseo? Viene de tu educación.

Escuchar es algo totalmente distinto, tiene una cualidad diferente. Cuando *escuchas*, no puedes ser hindú, o mahometano, o jaina, o cristiano; cuando escuchas no puedes ser teísta o ateo; cuando escuchas no puedes escuchar por la piel de tus "ismos" o Escrituras: tienes que hacerlos a un lado; sencillamente escuchas.

No te estoy pidiendo que estés de acuerdo, ¡no tengas miedo! *Simplemente escucha* sin estar preocupado por el acuerdo o el desacuerdo. Y entonces se establece una relación.

Si hay verdad en ello, de pronto estás atraído: todo tu ser está atraído como por un imán, te derrites y te fundes en ello, y tu corazón siente "esto es verdad", sin ninguna razón, sin ningún argumento, sin ninguna lógica. Por eso dicen las religiones que la razón no es el camino a lo Divino. Dicen que es la fe, dicen que es la confianza.

¿Qué es la confianza? ¿Es una creencia? No, porque la creencia pertenece a la mente. La confianza es una relación. Simplemente pones de lado todas tus medidas de defensa, tu armadura, y te vuelves vulnerable. Escuchas algo, y lo escuchas tan totalmente que surge en ti la sensación de si es verdad o no. Si no es verdad, lo *sientes*. ¿Por qué sucede esto? Si es verdad, lo sientes. ¿Por qué sucede así?

Sucede porque la Verdad reside en ti. Cuando estás totalmente vacío de pensamientos, tu Verdad Interna puede sentir la Verdad dondequiera que esté. De pronto todo encaja, todo entra en un patrón y el caos se convierte en un cosmos. Las palabras se armonizan... y surge la poesía. ENTONCES TODO ENCAJA SENCILLAMENTE.

Si estás en relación, y la Verdad está ahí, tu ser interno *está de acuerdo* con ello: pero no es *un acuerdo*. Os hacéis uno. ¡Esto es la confianza! Si algo está mal, simplemente cae de ti, nunca lo piensas dos veces, nunca lo miras por segunda vez: no tiene sentido. Nunca dices: "Esto es falso", simplemente no encaja. Si encaja, se convierte en tu morada. Si no encaja, te vas.

Escuchando, llega la confianza. Pero para escuchar se necesita más atención. Si estás profundamente dormido, ¿cómo vas a estar atento? Pero incluso profundamente dormido, un fragmento de atención permanece flotando en ti, si no, no habría forma. Puede que estés en prisión, pero siempre existe una posibilidad: puedes salir. Puede que haya dificultades, pero no es imposible salir, porque se sabe de prisioneros que han escapado. Los Budas se escapan. Ellos también eran prisioneros como tú. Un Mahavir escapa. Un Jesús escapa. Algunos prisioneros se han escapado antes, los prisioneros siempre se han escapado: siempre queda una puerta, una posibilidad. Simplemente tienes que buscarla.

Si es imposible, si no hay ninguna posibilidad, entonces no hay problema. El problema surge porque hay una posibilidad: estás un *poco* alerta. *Si no estuvieras alerta en absoluto,* entonces no habría problema. Si estuvieras en coma, entonces no habría problema. Pero no estás en coma; estás dormido, pero no totalmente. Existe una grieta, un escape, y tienes que encontrar en ti mismo esa posibilidad de estar atento.

A veces estás atento. Si alguien viene a pegarte, llega tu atención. Si estás en peligro, si estás atravesando un bosque por la noche y está oscuro, caminas con una cualidad de atención diferente. Estás despierto, no hay pensamientos. Estás totalmente en relación con la situación, con lo que está sucediendo. Incluso si una hoja hace un ruido, estás totalmente alerta. Eres como una liebre, o un ciervo: ellos siempre están despiertos. Tus oídos son más grandes, tus ojos están totalmente abiertos, sientes lo que está sucediendo a tu alrededor, porque hay peligro. Cuando hay peligro duermes menos, tu consciencia es mayor, cambia la gestalt. Si alguien pone una daga en tu corazón, y va a clavarla, en ese momento no hay pensamientos. El pasado desaparece, el futuro desaparece: estás aquí y ahora.

Existe la posibilidad de lograr esto. Si haces el esfuerzo cogerás el rayo de luz que existe en ti, y una vez que coges el rayo, el sol ya no está muy lejos; a través del rayo puedes llegar al sol, el rayo se convierte en el sendero.

Así que recuerda, encuentra la atención, deja que se convierta en algo continuo las veinticuatro horas del día, no importa lo que estés haciendo. Come, pero trata de estar atento: come con consciencia. Camina, pero camina con consciencia. Ama, pero ama totalmente alerta. ¡PRUÉBALO!

No te puedes volver total en sólo un día, pero si coges aunque sólo sea un rayo, sentirás una profunda satisfacción: porque la *cualidad* es la misma ya alcances un rayo o el sol entero. Ya pruebes una gota de agua del océano o el océano entero, el sabor salado es el mismo, y el sabor se convierte en tu *satori*, EL VISLUMBRE.

Aquí, al escucharme, estáte alerta. Siempre que sientas que te has vuelto a dormir, hazte regresar: sacúdete un poco y hazte regresar. Cuando camines por la calle, si sientes que andas dormido, sacúdete un poco, da una pequeña sacudida a todo tu cuerpo; estáte alerta. Esta alerta permanecerá durante unos pocos instantes; la perderás de nuevo, porque has vivido dormido durante tanto tiempo que se ha convertido en un hábito que no sabes cambiar.

Una vez estaba viajando de Calcuta a Bombay en avión, y un niño estaba causando muchas molestias, corriendo de un lado del pasillo al otro, molestando a todo el mundo. En un determinado momento vino la azafata con té y café; el chico tropezó con ella y todo quedó hecho una porquería. Entonces la madre del niño le dijo: "Escucha, te lo he dicho muchas veces, ¿por qué no sales a jugar fuera?".

Un viejo hábito. Estaba sentada a mi lado y no era consciente de lo que había dicho. Yo la escuché cuando hablaba, y ella no estaba alerta a lo que decía. Sólo el niño le hizo darse cuenta. Le dijo: "¿Qué quieres decir? ¡Si salgo fuera, se acabó para mí!".

Un niño está más atento, por supuesto, porque tiene menos hábitos. Un niño está más alerta porque tiene menos armadura en torno a sí, está menos aprisionado. Por eso dicen todas las religiones que cuando un hombre se vuelve sabio, tiene alguna cualidad de niño: la inocencia. Entonces caen los hábitos, *porque los hábitos son tu prisión* —y estar dormido es el mayor hábito.

Ahora, trata de entrar en esta parábola conmigo.

Cuando Tokai estaba de visita en cierto templo, se inició un fuego bajo el suelo de la cocina. Un monje se precipitó a la habitación de Tokai, gritando: "¡Fuego, Maestro, fuego!".

"¿Oh?", dijo Tokai incorporándose. "¿Dónde?".

"¿Dónde?", exclamó el monje. "Pues bajo el suelo de la cocina, ¡levántese enseguida!".

"La cocina, ¿eh?", dijo el Maestro soñolientamente. "Bueno, ¿sabes qué?: cuando llegue al pasillo, vuelve y avísame". Tokai estaba roncando de nuevo en un abrir y cerrar de ojos.

Tokai era un gran Maestro Zen, Iluminado, viviendo con total consciencia, y cuando vives con total consciencia vives momento a momento. No puedes planear, ni siquiera para el momento siguiente, porque, ¿quién sabe?, ¡puede que el momento siguiente nunca llegue! ¿Y cómo vas a planearlo de antemano?, porque, ¿quién sabe cuál será la situación en el momento siguiente! Y si planeas demasiado, puede que te pierdas su frescor.

La vida es un flujo en el que nada permanece igual, *todo* se mueve. Heráclito ha dicho que *no puedes entrar dos veces en el mismo río.* ¿Cómo vas a hacer planes? Para cuando vas a entrar por segunda vez, ha fluido mucha agua, no es el mismo río. Planear es posible si el pasado se repite a sí mismo; pero el pasado nunca se repite, la repetición nunca sucede: incluso si ves que algo se repite es porque no puedes ver el todo.

Nuevamente Heráclito dice que *cada día el sol es nuevo*. Por supuesto, tú dirás que es el mismo sol, pero no puede ser el mismo, no hay posibilidad de que sea el mismo. Muchas cosas han cambiado: el cielo entero es diferente, todo el patrón de las estrellas es diferente, el sol mismo se ha hecho más viejo. Los científicos dicen que en un cierto tiempo el sol morirá, que su muerte se está acercando. Porque el sol es un fenómeno vivo, y es muy viejo, ¡tiene que morir!

Los soles nacen, viven y mueren. Cuatro millones de años es mucho tiempo para nosotros; pero para el sol no es nada, es como si fuese a morir al momento siguiente. Y cuando muera el sol, todo el sistema solar desaparecerá, ¡porque el sol es la fuente! El sol está muriendo cada día, y haciéndose más y más y más viejo, ¡no puede ser el mismo! Cada día se pierde energía, una *enorme* cantidad de energía se arroja en los rayos. El sol es menos cada día, está más *exhausto*. No es el mismo, no puede ser el mismo.

Y cuando amanece lo hace sobre un mundo distinto, y el espectador tampoco es el mismo. Puede que ayer estuvieses lleno de amor: entonces tus ojos eran diferentes, y por supuesto, el sol parecía diferente. Tus ojos estaban tan llenos de amor que te rodeaba una cierta cualidad poética, y mirando a través de ella puede que el sol pareciese un dios, tal como les parecía a los visionarios de los Vedas: llamaban "dios" al sol, ellos también deben haber estado llenos de poesía. Eran poetas, enamorados de la existencia; no eran científicos. No estaban a la búsqueda de lo que es la materia, estaban a la búsqueda de lo que es el estado de ánimo. *Veneraban* al sol; deben haber sido personas muy felices y dichosas, porque sólo puedes venerar cuando sientes una bendición; sólo puedes venerar cuando sientes que *toda tu vida* es una bendición.

Puede que ayer fueses un poeta. Puede que hoy no seas un poeta en absoluto, porque a cada momento el río fluye dentro de ti; *tú* también estás cambiando. Ayer las cosas encajaban unas en otras, hoy todo es un lío: estás enfadado, estás deprimido, estás triste. ¿Cómo va a ser el sol el mismo cuando el espectador ha cambiado? Todo cambia, así que un hombre de comprensión nunca hace planes precisos para el futuro, no puede hacerlos. ¡Pero él está más preparado que tú para encontrarse con el futuro!

Ésta es la paradoja. *Tú* haces planes, pero no estás preparado. De hecho, planear significa que te sientes muy inadecuado, por eso haces planes, si no, ¿por qué hacer planes?

Viene un huésped y tú planeas lo que vas a decir. ¡Qué tontería! Cuando venga el huésped, ¿no puedes ser espontáneo? Pero tienes miedo, no crees en ti mismo, no tienes confianza; planeas, haces un ensayo. Tu vida es una actuación, no es algo auténtico, porque sólo se necesita un ensayo para una actuación. Y recuerda, cuando ensayas, todo lo que suceda será una actuación, no lo auténtico: ¡el huésped no ha llegado y ya estás planeando!: qué diras, cómo le enguirnaldarás, cómo responderás; ya estás diciendo cosas. El huésped, en la mente, ya ha llegado: le estás hablando. De hecho, para cuando llegué el huésped estarás harto de él. De hecho, para cuando llegue el huésped, ya habrá estado contigo demasiado tiempo: estás *aburrido*. Y todo lo que digas no será verdad ni auténtico. No saldrá de ti, saldrá de la memoria. No brotará de tu existencia, vendrá del ensayo que has tenido. Será falso, y no será posible un encuentro. Porque, ¿cómo se va a *encontrar* un hombre falso? Y puede que pase lo mismo con tu huésped: él también había planeado, él también está ya harto de ti. Ha hablado demasiado y ahora le gustaría estar en silencio. Y todo lo que diga provendrá del ensayo.

De forma que siempre que se encuentran dos personas, se están encontrando cuatro por lo menos: es posible que más. Dos reales, en un segundo plano, dos falsas, reuniéndose, encontrándose. *Todo es falso*, porque sale de un plan. Incluso cuando amas a una persona, planeas, y ensayas todos los movimientos que vas a hacer, cómo la vas a besar, los gestos: ¡y todo se vuelve falso!

¿Por qué no confías en ti mismo? Cuando llega el momento, ¿por qué no confías en tu espontaneidad? ¿Por qué no puedes ser real?

La mente no puede confiar en el momento, siempre tiene miedo. Por eso haces planes: planear significa *miedo*. Es el *miedo* el que planea, y planeando te lo pierdes todo, todo lo que es bello y verdadero, todo lo que es Divino, te lo pierdes. Nadie ha llegado jamás a Dios con un plan, nadie puede llegar nunca.

Cuando Tokai estaba de visita en cierto templo, se inició un fuego bajo el suelo de la cocina.

Lo primero: el fuego da miedo, no hay nada tan temible porque es *muerte*. Pero ni siquiera el fuego puede atemorizarte, nade puede hacerlo, cuando sabes que la muerte no existe. De otra forma, en el momento en que oyes la palabra: "¡Fuego!" te entra pánico. No es necesario que haya fuego real, basta que alguien llegue corriendo y gritando "¡fuego!", para que te entre pánico. Puede que alguien se tire por la ventana, y puede que se mate, y no había fuego. Sólo la palabra, "fuego", y puede llegar el pánico.

Vives de palabras. Alguien dice "limón! y la boca se te llena de saliva. Alguien dice "¡fuego!" y ya no estás aquí, te has escapado. Vives de palabras, no de realidades. Vives con símbolos, no con realidades. Y todos los símbolos son artificios, no son *reales*.

Oí que una anciana estaba enseñando a una mujer más joven cómo cocinar cierto plato. Le estaba explicando, y entonces le dijo: "Seis glugs de melaza". La mujer más joven dijo: "Seis ¿qué?". La vieja dijo: "Seis *glugs*".

La joven estaba confusa, y preguntó de nuevo: "¿Qué es eso de un 'glug'? Nunca lo había oído antes".

La vieja dijo: "¡Por Dios! ¿No sabes algo tan simple? ¡Entonces es difícil que te enseñe a cocinar!".

La joven dijo: "Sea amable y dígame qué es un 'glug'".

La vieja dijo: "Viertes la jarra; cuando suena 'glug', eso es uno. Cinco más como ése: ¡seis glugs!".

Pero todo el lenguaje es así. Ninguna palabra significa nada en realidad. El significado se lo damos nosotros, es una convención. Por eso existen tres mil lenguas en el mundo, pero no hay tres mil realidades. Todo el lenguaje es como este 'glug'.

Puedes crear tu propio lenguaje privado. Los

amantes siempre crean su propia lengua privada: comienzan a utilizar expresiones particulares que nadie comprende, pero *ellos* sí. ¡Las palabras son simbólicas! El significado es algo dado; el significado no existe realmente. Cuando alguien dice: "¡fuego!", no hay fuego en la palabra, no puede haberlo. Cuando alguien dice Dios, en la palabra Dios no hay Dios, no puede haberlo. La palabra Dios no es Dios. Cuando alguien dice amor, la palabra amor no es amor.

Cuando alguien dice "te amo", no te quedes sólo en las palabras. *Pero te engañas*, porque nadie mira la realidad; la gente sólo se fija en las palabras. Cuando alguien dice "te amo", tú piensas: "Sí, me ama". Estás metiéndote en una trampa y estarás en dificultades. Mira la realidad de ese hombre o esa mujer. No escuches las palabras, escucha la realidad. Entra en relación con la realidad de esta persona y surgirá la comprensión de si lo que está diciendo son sólo palabras o si también llevan un contenido. Fíate del contenido, nunca dependas de la palabra, si no, tarde o temprano estarás frustrado.

Tantos amantes están frustrados en el mundo, ¡el noventa por ciento! La causa es la palabra. Creen en la palabra y no miran la realidad.

Permanece sin nubes de palabras. Mantén tus ojos limpios de palabras. No permitas que se aposenten en tus ojos y en tus oídos, si no, vivirás en un mundo falso. Las palabras son falsas en sí mismas; sólo se vuelven significativas si existe alguna verdad en el corazón del que proceden las palabras.

Cuando Tokai estaba de visita en cierto templo, se inició un fuego bajo el suelo de la cocina.

El fuego es miedo, el fuego es muerte, pero no la palabra "fuego".

Un monje se precipitó a la habitación de Tokai, gritando: "¡Fuego, Maestro, fuego!".

Estaba excitado, la muerte estaba cerca.

"¿Oh?", dijo Tokai incorporándose. "¿Dónde?".

Un Maestro no se excita ni ante la muerte, porque la excitación pertenece a la mente. Y no puedes sorprender a un Maestro, ni siquiera con la muerte, porque la sorpresa también pertenece a la mente. ¿Por qué no puedes sorprender a un Maestro? Porque él nunca espera nada. ¿Cómo vas a sorprender a un hombre que nunca espera nada? *Tú* esperas, y entonces sucede otra cosa; por eso estás sorprendido. Si caminas por la calle y ves que viene un hombre, y de pronto se convierte en un caballo, te sorprendes, te asombras: ¿qué ha pasado? Pero ni siquiera esto sorprenderá a un hombre como Tokai, porque él sabe que la vida es un flujo: todo es posible; incluso un hombre puede convertirse en un caballo; un caballo puede convertirse en un hombre. Esto ha sucedido ya muchas veces: muchos caballos se han convertido en hombres, y muchos hombres se han convertido en caballos. ¡La vida sigue!

Un Maestro permanece sin ninguna espectativa, no puedes sorprenderle. Para él *todo es posible*. Y no está cerrado a ninguna posibilidad. Vive en el momento, totalmente abierto; lo que sucede, sucede. No tiene ningún plan para encontrarse con la realidad, ninguna protección. Acepta.

Si esperas algo, no puedes aceptar. Si lo aceptas todo, no puedes esperar nada. Si aceptas y no esperas nada, nada te sorprenderá, y nada te excitará. La excitación es una fiebre, es una enfermedad: cuando te excitas, todo tu ser está febril, estás *caliente*. Puede que a veces te *guste*, porque hay dos tipos de fiebre: la que procede del placer y la que procede del dolor. A la que te gusta la llamas placer, pero también es una fiebre, una excitación; a la que no te gusta la llamas dolor, malestar, enfermedad, pero ambas son excitaciones. Y trata de observar: van cambiándose la una por la otra.

Amas a una mujer; te excitas, y obtienes un cierto placer, o lo interpretas como placer; pero si esa mujer permanece allí, tarde o temprano la excitación se va y, por el contrario, el aburrimiento entra silenciosamente, te sientes harto, te gustaría escapar, te gustaría estar solo; y si la mujer aún continúa, entonces entra lo negativo. No sólo te sientes aburrido, ahora tienes una fiebre negativa: te sientes enfermo, nauseabundo.

¡Mira! Tu vida es como un arco iris. Lleva todos los colores, y vas moviéndote de un color a otro. Lleva todos los extremos, todos los opuestos; del placer te vas al dolor, del dolor te vas al placer. Si el dolor dura demasiado, puede que incluso empieces a obtener un cierto placer en él. Si el placer dura demasiado, con certeza te dará dolor. Ambos son estados de excitación. Ambos son fiebre. Un hombre de comprensión no tiene fiebre. No puedes excitarle, no puedes sorprenderle. Incluso si está ahí la muerte, preguntará calmadamente: "¿Dónde?". Y esta pregunta, "¿dónde?", es muy hermosa, porque un hombre Iluminado siempre está interesado en el *aquí*. No le interesa el *allí*, no le interesa el *entonces*, sólo le interesa el *ahora*. AHORA, AQUÍ, es *su* realidad; entonces, allí, es tu realidad.

...";Fuego, Maestro, fuego!". "¿Oh?", dijo Tokai incorporándose. "¿Dónde?".

Quiere saber: allí o aquí.

"¿Dónde?", exclamó el monje.

Porque no podía creer que habiendo fuego alguien. pudiera hacer una pregunta tan estúpida. Uno debería sencillamente saltar por la ventana, salir de la casa; no es momento para argumentos sutiles.

"¿Dónde?", exclamó el monje. "Pues bajo el suelo de la cocina, ¡levántese enseguida!". "La cocina, ¿eh?", dijo el Maestro soñolientamente. "Bueno, ¿sabes qué?: cuando llegue al pasillo, vuelve y avísame".

Cuando llegue *aquí*, entonces ven y avísame. Si está *allí*, no es de mi interés.

La anécdota es muy reveladora. Cualquier cosa *allí* no interesa. Sólo cuando está *aquí* se hace real. Un Maestro no puede hacer planes para el futuro. POR SUPUESTO, ESTÁ PREPARADO. Suceda lo que suceda, responderá; pero no puede ensayar, y no puede planear... y no puede moverse antes de que haya llegado la realidad. Dirá: "Deja que llegue la realidad, deja que el momento llame a mi puerta, y entonces veremos". Al no estar cargado de ensayos o planes, siempre es espontáneo: y todo lo que hace con su espontaneidad está siempre bien.

Recuerda siempre este criterio: todo lo que sale de tu espontaneidad está bien. No existe otro criterio de bien y mal. Todo lo que sale del momento, tu respuesta viva, es bueno. Ninguna otra cosa es buena: no existe otro criterio de bueno y malo.

Pero tienes miedo. A causa de tu miedo creas la moralidad. A causa de tu miedo creas distinciones entre lo correcto y lo equivocado. ¿No ves que a veces una situación es diferente y lo bueno se convierte en malo y lo malo se convierte en bueno? Pero tú sigues muerto. No miras la situación. Simplemente continúas siguiendo tu "bien" y tu "mal" y las concepciones que los rodean. *Por eso te vuelves un inadaptado.* Incluso los árboles son más sabios que tú, ¡ellos no son unos inadaptados! Incluso los animales son mejores que tú, ¡no son unos inadaptados! Incluso las nubes valen más que tú, ¡no son unas inadaptadas! Toda la existencia encaja; sólo el hombre es un inadaptado. ¿Dónde se ha desencaminado?

Se ha desencaminado con sus distinciones mentales: esto está bien y esto está mal; y en la vida tales cosas fijas no pueden ser útiles. Algo está mal en este momento, al momento siguiente se vuelve bueno. Algo está bien en este momento, al momento siguiente ya no es bueno. ¿Qué harás? Vivirás constantemente en un estado de miedo y preocupación, en tensión interna.

De forma que la enseñanza básica de todos los que han sabido es: estáte alerta y sé espontáneo; y todo lo que sucede desde tu alerta espontánea, es bueno; y todo lo que sucede desde tu dormir, tu inconsciencia, es malo. Todo lo que haces inconscientemente es malo; todo lo que haces con consciencia es bueno. "Bueno y malo" no es una distinción entre objetos; "bueno y malo" es una distinción entre conciencias.

Por ejemplo, existe una secta jaina en la India: *Terapanth.* Mahavir dijo: "No interfieras en el *karma* de nadie, deja que lo cumpla". En realidad dice exactamente lo mismo que los hippies dicen ahora en Occidente: Vete a lo tuyo. Por el otro lado, Mahavir dice lo mismo: "No interfieras con los asuntos de nadie. Deja que realice su *karma*, deja que lo cumpla. *No* interfieras. La interferencia es violencia; cuando interfieres en el *karma* de alguien estás haciendo algo violento, estás sacando a ese hombre de su propio camino. No interfieras". ¡Eso es algo hermoso!

Pero, ¡hasta qué punto pueden ir mal las cosas, incluso las cosas hermosas! Los *Terapanth*, esta secta de los jainas, han concluido que si alguien está muriéndose a un lado del camino, simplemente siguen su camino, no le tocan, no le dan ninguna medicina, no le dan agua si está gritando: "¡Tengo sed!". *No* le dan agua para no interferir en el *karma* de nadie.

¡Lógico! Porque si está sufriendo a causa de sus *karmas* pasados, ¿quién eres tú para entrometerte? Debe hacer acumulado un cierto *karma* para sufrir de sed en esta vida y morir de ella, ¿quién eres tú para darle agua? Sencillamente no le haces caso, sigues.

Estuve hablando con uno de los líderes de los monjes *Terapanth* y le dije: "¿Y has considerado alguna vez la posibilidad de que puede que sea tu *karma* el darle agua?".

No estás interfieron en su *karma*, pero estás interfiriendo en el tuyo. Si surge el deseo de ayudarle, ¿qué harás? El deseo muestra que tu *karma* es darle agua. Si te resistes a ese deseo a causa de ese principio, no estás siendo espontáneo. Así que, ¿qué hacer? Si haces que los principios muertos pesen en tu cabeza, siempre estarás en dificultades, porque la vida no cree en *tus* principios; ¡la vida tiene sus propias leyes! Y estas leyes no tienen que ver con tus principios y tus filosofías.

¡Sé espontáneo! Si te apetece ayudarle, no te preocupes por lo que haya dicho Mahavir. Si te apetece ayudarle, *ayúdale*. Ve a lo TUYO. Si no te apetece ayudarle, no le ayudes, no importa lo que Jesús dijera de que: "ayudando a la gente me ayudas a mí mismo"; no te molestes, porque a veces la ayuda puede ser peligrosa. Si un hombre que está dispuesto a matar a alguien te dice: "Dame agua, porque tengo sed y no puedo continuar este largo viaje para matar a ese hombre", ¿qué harás? Porque si le das agua, le ayudas en su asesinato. ¡Decide! Pero *nunca* decidas antes de que llegue el momento, porque todas esas decisiones serán falsas: nunca se sabe qué tipo de situación encontrarás.

En las Antiguas Escrituras indias hay una historia: un asesino que perseguía a un hombre llegó a un cruce de caminos en el que estaba sentado un monje meditando. Había golpeado ya mucho a ese hombre, pero se le había escapado. En el cruce de caminos se sintió confuso y preguntó al monje, que meditaba bajo un árbol: "¿Has visto pasar por aquí a un hombre que sangraba? Si es así, ¿en qué dirección ha ido?".

¿Qué debería hacer este monje? Si dice la verdad, que el hombre ha ido hacia el norte, será cómplice del asesinato. Si dice que no ha ido hacia el Norte, que ha ido al Sur, estará diciendo una mentira. ¿Qué debería hacer? ¿Debería decir la verdad y permitir el asesinato o debería convertirse en un mentiroso y detenerlo? ¿Qué debería hacer?

Ha habido muchas respuestas. Yo no tengo ninguna.

Los jainas dicen que se puede elegir la mentira, en este caso, porque la violencia es un pecado mayor. Tienen su propia valoración: la violencia es más pecado que la falsedad. Pero los hindúes dicen: No, la falsedad es lo primero, así que recomiendan que diga la verdad; tiene que decir la verdad y permitir que las cosas sucedan, sean las que sean. Gandhi dijo —Gandhi tenía su propia respuesta a esto—: "No puedo elegir entre las dos, porque ambas son valores supremos, y no hay elección. Así que le diré la verdad y después me interpondré en su camino y le diré: 'Primero mátame a mí, y luego sigue a ese hombre'".

Atrae, la respuesta de Gandhi atrae: parece ser mejor que la hindú y la jaina. Pero mira la situación entera: el hombre va a cometer un asesinato y Gandhi está forzándole a cometer dos. Así que, ¿y su *karma*?

¿Qué hacer entonces? No tengo respuesta. O mi respuesta es: no decidas de antemano, deja que llegue el momento y permite que él decida, porque, ¿quién sabe...?, puede que la víctima fuese un hombre merecedor del asesinato. ¿Quién sabe...? , puede que la víctima fuese un hombre peligroso, capaz de matar a mucha gente en caso de salir vivo.

¿Quién sabe cuál será la situación?, porque nunca

será la misma de nuevo, y no puedes *conocer* la situación de antemano.

No decidas.

Pero tu mente no se siente a gusto sin una decisión, porque la mente necesita respuestas bien definidas. *La vida no tiene ninguna:* ninguna respuesta bien definida. Sólo una cosa es segura: sé espontáneo y estáte alerta y consciente, y no sigas ninguna regla, simplemente sé espontáneo, y lo que haya de suceder, que suceda. Si en ese momento sientes que quieres correr el riesgo de perder la verdad, córrelo. Si en ese momento sientes que ese hombre no merece la pena, entonces deja que suceda la violencia. O si sientes: "ese hombre vale más que yo", interpónte.

Habrá millones de posibilidades. No lo fijes de antemano. Estáte consciente y alerta y permite que las cosas sucedan. Puede que no desees decir nada. ¿Por qué no estar en silencio? No digas ninguna mentira, no ayudes al hombre en su violencia, no fuerces al asesino a cometer dos asesinatos; ¿por qué no guardar silencio? ¿Quién te está forzando?

Deja que decida el momento: eso es lo que han dicho todos los seres que Despertaron.

Pero si escuchas a los moralistas ordinarios, te dirán que la vida es peligrosa, que vayas con una decisión, de otra forma, puedes hacer algo equivocado. Y yo os digo que todo lo que hagáis a través de una decisión será *equivocado,* porque la Existencia entera no sigue *tus* decisiones; la Existencia entera sigue su propio camino. Tú eres una *parte* de ella: ¿cómo vas a decidir por el todo?

Simplemente tienes que estar ahí y *sentir* la situación, y hacer lo que puedas hacer, con humildad, con todas las posibilidades de que esté mal.

No seas tan egoísta como para pensar: "Todo lo que haga será correcto". Entonces, ¿quién hará lo equivocado? No seas tan egoísta que pienses: "Yo soy moral y el otro inmoral". El otro también eres tú. Tú también eres el otro. ¡SOMOS UNO! El asesino y la víctima no son dos.

Pero no decidas. Estáte allí; siente toda la situación, entra en relación con toda la situación, y permite a tu consciencia interna hacer lo que le llegue. *Tú* no deberías ser el autor, deberías ser tan sólo un testigo. Un *autor* tiene que decidir de antemano, un testigo no necesita hacerlo.

Ése es todo el mensaje de Krishna y el Gita. Krishna dice: Ve la situación entera y no sigas las reglas muertas de los moralistas. Ve la situación y actúa como un testigo, no seas un autor. Y no te preocupes por cuál es el resultado. Nadie puede decir cuál será el resultado". De hecho, no hay resultado, no puede haberlo, porque es infinito.

Por ejemplo: nació Hitler. Si la madre hubiese matado a este niño, todos los juzgados del mundo la habrían declarado asesina. HABRÍA SIDO CASTIGADA. Pero ahora sabemos que habría sido mejor matar a Hitler que dejarle vivir, porque él mató a millones de personas. De forma que, ¿hizo bien la madre de Hitler en no asesinar a este niño? ¿Hizo bien o mal? ¿Quién puede decidir? ¿Y cómo iba a saber esa pobre madre que este niño iba a matar a tanta gente?

¿Quién va a decidir? ¿Y cómo decidir...? Es una secuencia infinita. Hitler mató a muchos, pero, ¿quién puede decidir si ésas eran las personas adecuadas para ser muertas o no? ¿Quién decidirá alguna vez y quién sabrá nunca? Nadie lo sabe.

¿Quién sabe? ¡Quizá Dios envía a gente como Hitler para matar a todos los que están equivocados, porque de alguna forma u otra Dios está involucrado en todas las cosas! Está en lo bueno y está en lo malo.

El hombre que tiró la bomba atómica sobre Hiroshima, ¿hizo bien o mal? A causa de su bomba se terminó la Segunda Guerra Mundial. Por supuesto, toda una ciudad de cien mil personas cayó muerta inmediatamente, pero si no se hubiera arrojado la bomba atómica sobre Hiroshima la guerra habría continuado y muchas más personas habrían muerto. Y si Japón hubiera *podido* sobrevivir *tan sólo un año más* habría inventado la bomba atómica, y entonces la habría arrojado sobre Nueva York o sobre Londres. ¿Quién puede decidir, y cómo, si el hombre que tiró la bomba hizo bien o mal?

La vida está completamente enmarañada, entrelazada, y todo acontecimiento conduce a otros acontecimientos; y hagas lo que hagas, *desaparecerás*, pero, *las consecuencias de lo que hiciste continuarán para siempre jamás!* ¡No pueden acabar!

Incluso el más pequeño acto: sonríes a una persona y has cambiado toda la cualidad de la Existencia, porque esa sonrisa decidirá muchas cosas. En la biografía de Greta Garbo se cuenta que era una muchacha corriente que trabajaba con un barbero, enjabonando la cara a la gente; y habría permanecido igual, porque tenía ya veintidós años. Y entonces un director de cine americano pasó accidentalmente por esa barbería —había veinte barberías en esa ciudad— y cuando ella enjabonaba su cara, él sonrió mirando a la chica en el espejo y dijo: "Qué bella". Y todo cambió.

Era el primer hombre que le decía "¡Qué bella!" a Greta Garbo: nadie se lo había dicho antes, y ella nunca pensó que era bella, porque, ¿cómo vas a pensar que eres bella si nadie te lo dice?

No pudo dormir en toda la noche. A la mañana siguiente, descubrió dónde se hospedaba el director, y le preguntó: "*¿De verdad* piensa que soy bella?".

Puede que el director hubiera hecho el comentario sin darle importancia, ¿quién sabe? Pero cuando una muchacha llega buscándote y pregunta: "¿De verdad? Lo que me dijo, ¿lo decía *en serio*?"... así que el director dijo: "Sí, eres bella".

Entonces Greta Garbo dijo: "¿Por qué no me da entonces algún trabajo en su película, en alguna película que esté haciendo?". Las cosas empezaron así. Y Greta Garbo se convirtió en una de las actrices más famosas.

Cosas muy pequeñas se mueven alrededor, y siguen moviéndose: es como tirar una piedrecita a un lago. ¡Una piedra tan pequeña! Y luego las ondas siguen y siguen y siguen, ¡y continuarán hasta el mismísimo final! Para cuando lleguen a la orilla, *mucho* antes, la piedra ya estará en el fondo y se habrá perdido.

Esa piedrecita cambiará toda la cualidad de la Existencia, porque todo es una red, como una tela de araña: la tocas en cualquier parte, la sacudes un poco, y la tela entera se ondula; se siente por todas partes. Sonríes a una persona y Dios entero cambia con esa sonrisa.

Pero, ¿cómo decidir? Krishna dice que no necesitas preocuparte por la decisión, porque es algo tan vasto, que nunca serás capaz de tomar una decisión. Así que no pienses en el resultado, simplemente responde a la situación; sé espontáneo, estáte alerta, sé un testigo y no un autor.

> *Un monje se precipitó a la habitación de Tokai, gritando: "¡Fuego, Maestro, fuego!".*
> *"¿Oh?", dijo Tokai incorporándose. "¿Dónde?".*
> *"¿Dónde?", exclamó el monje. "Pues bajo el suelo de la cocina, ¡levántese enseguida!".*
> *"La cocina, ¿eh?", dijo el Maestro soñolientamente. "Bueno, ¿sabes qué?: cuando llegue al pasillo, vuelve y avísame".*

Cuando forme parte del presente, entonces avísame. Todavía está en el futuro: no me molestes.

> *Tokai estaba roncando de nuevo en un abrir y cerrar de ojos.*

Ésta es la cualidad de una personas Iluminada: está tan relajada que aunque hay un fuego ardiendo en la cocina, la casa está empezando a incendiarse, todo el mundo corre nervioso, nadie sabe lo que va a pasar y todo es un jaleo, él puede relajarse y dormirse de nuevo: estaba roncando en un abrir y cerrar de ojos.

Esta ausencia de tensión debe proceder, tiene que proceder, de una *profunda confianza* en que suceda lo que suceda; es bueno. No está preocupado: ni ante la muerte está preocupado; incluso si llega el fuego y le quema, no está preocupado: porque ya no es. No tiene ego, de otra forma habría miedo, habría preocupación, habría futuro, habría planes, habría un deseo de escapar, de salvarse. Él no está preocupado, simplemente se vuelve a dormir, relajado.

No hay posibilidad de relajación si tienes una mente y un ego: el ego es el centro de la mente. Estarás tenso, permanecerás tenso: ¿cómo relajarse? ¿Hay alguna forma de relajarse? No hay forma a no ser que haya comprensión. Si comprendes la naturaleza del mundo, la naturaleza de la Existencia misma, entonces,

¿quién eres tú para preocuparte? ¿Y por qué estar continuamente en un estado de preocupación?

Nadie te preguntó acerca de nacer, nadie te va a preguntar cuando te llegue el momento de ser retirado. Entonces, ¿por qué preocuparse? El nacimiento te sucedió; la muerte te sucederá; ¿quién eres *tú* para interponerte?

Las cosas *suceden*. Sientes hambre, sientes amor, sientes ira: todo te sucede, no eres el autor. La naturaleza se ocupa de ello. Tú comes y la naturaleza lo digiere: no necesitas preocuparte en hacer funcionar el estómago o en convertir en sangre la comida. Si te pones muy tenso por ello tendrás úlceras, y úlceras enormes, no las normales. ¡No hay necesidad de preocuparse!

La Totalidad se mueve. El vasto océano, el Infinito, se mueve: ¡tú eres una ola en él! ¡Relájate y *deja* que las cosas sean!

Una vez que sabes cómo soltarte, sabes todo lo que merece la pena saberse. Si no sabes cómo soltarte, nada de lo que sabes tiene valor, son sandeces.

VIII.
LAS CINCO LIBRAS DE TOZAN

El Maestro Tozan
estaba pesando lino
en la despensa.
Un monje se acercó a él y le
preguntó:
"¿Qué es Buda?".
Tozan dijo:
"Este lino pesa
cinco libras".

La religión no está interesada en preguntas y respuestas filosóficas. Continuar mirando de esa forma es estúpido, y una pura pérdida de vida, tiempo, energía y consciencia, porque puedes preguntar y recibir respuestas; pero de las respuestas sólo saldrán más preguntas. Si al principio había una pregunta, al final, mediante muchas respuestas, habrá millones de preguntas.

La filosofía no resuelve nada. Promete, pero nunca resuelve nada: todas esas promesas permanecen incumplidas. Sin embargo, continúa prometiendo. Pero la experiencia que puede resolver los enigmas de la mente no se puede obtener mediante especulación filosófica.

Buda estaba absolutamente en contra de la filosofía: nunca ha habido un hombre que estuviese más en contra de la filosofía que Buda. Mediante su propia agria existencia llegó a comprender que todas esas profundidades de la filosofía son sólo superficiales. Incluso el más grande de los filósofos sigue siendo un hombre ordinario como cualquiera. No ha resuelto ningún problema, ni siquiera ha tocado ninguno. Lleva muchos conocimientos, muchas respuestas, pero sigue siendo el mismo en su vejez: no le sucede ninguna vida nueva. Y el quid, el núcleo del asunto, es que la mente es la facultad de hacer preguntas: puede producir cualquier tipo de pregunta, y luego puede engañarse a sí misma respondiendo. Pero *tú* eres el que pregunta, y *tú* eres el que resuelve.

La ignorancia crea preguntas y la ignorancia crea respuestas: la misma mente creando ambas partes. ¿Cómo va a llegar a una respuesta una mente *interrogativa*? En el fondo, la mente misma es la respuesta.

De forma que la filosofía trata de responder preguntas de la mente mientras que la religión mira la base misma. La mente es la pregunta, y a no ser que abandones la mente, no te será revelada la respuesta: la mente no lo permitirá, la mente es la barrera, el muro. Cuando no hay mente eres un ser que experimenta, cuando hay mente eres un ser que verbaliza.

Sucedió que en una pequeña escuela había un niño muy estúpido, nunca hacía ninguna pregunta, y la profesora también le ignoraba. Pero un día, cuando la profesora explicaba cierto problema de aritmética escribiendo algunas figuras en la pizarra, el niño estaba *muy* excitado, levantando la mano una y otra vez: quería preguntar algo. Cuando la profesora acabó con el problema, borró las figuras de la pizarra y se sintió muy feliz de que por vez primera este niño estuviese tan excitado queriendo preguntar algo, y dijo: "Me siento feliz de que estés listo para preguntar algo. Vamos, ¡pregunta!".

El niño se levantó y dijo: "Estoy muy preocupado, y la pregunta ha venido a mí una y otra vez, pero no me atrevía a preguntar. Hoy he decidido preguntar: ¿a dónde van esas malditas figuras cuando las borra?".

La pregunta es muy filosófica. Todas las preguntas son como ésa. Muchos preguntan a dónde va un Buda cuando muere; ¿dónde está Dios?, ¿qué es la verdad?, la pregunta es la misma. Pero no puedes sentir la estupidez que se esconde en ellas porque parecen muy profundas y tienen una larga tradición: la gente siempre ha estado preguntándolas, incluso muchos de los más grandes personajes de la humanidad estaban interesados en ellas: teorizando, encontrando respuestas, creando sistemas... pero todo el esfuerzo es *inútil*, porque sólo la *experiencia* puede darte la respuesta, no el pensamiento. Y si sigues pensando te volverás más y más loco, y la respuesta aún estará lejos, más lejos que nunca.

Buda dice: Cuando la mente deja de preguntar, sucede la respuesta. Es a causa de que estás tan preocupado con las preguntas que la respuesta no puede entrar en ti. Estás en tales apuros, estás tan preocupado, tan tenso, que la Realidad no puede entrar en ti; estás temblando tanto en tu interior, temblando de miedo, de neurosis, de estúpidas preguntas y respuestas, de sistemas, filosofías, teorías; están *tan* repleto.

Mulla Nasrudín pasaba con su coche por un pueblo. Había muchos grupos reunidos en varios puntos y él se preocupó: ¿qué pasaba? No había nadie por la calle, todo el mundo estaba reunido en alguna parte. Entonces vio a un policía, y le preguntó: "¿Qué pasa? ¿Qué ha sucedido? No veo a gente trabajando, moviéndose, en las tiendas, por ninguna parte...".

El policía no podía creer lo que oía; le dijo: "¿Qué

está preguntando? ¡Ha habido un terremoto ahora mismo! ¡Se han caído muchas casas, ha muerto mucha gente! ¡No puedo creer que no pudiese sentir el terremoto!".

Nasrudín le respondió: "Estoy siempre temblando tanto a causa del alcohol, que no lo sentí".

Si hay un terremoto continuamente dentro de ti, entonces no podrá entrar en ti un terremoto real. Cuando estás en silencio e inmóvil, entonces sucede la Realidad.

Y preguntar es un temblor interno. Preguntar significa duda, y duda significa temblor. Preguntar significa que no confías en nada, todo se ha convertido en una pregunta, y cuando todo es una pregunta habrá mucha ansiedad.

¿Te has observado a ti mismo? Todo se convierte en una pregunta. Si eres desgraciado, es una pregunta. ¿Por qué? Incluso si eres feliz, es una pregunta: ¿Por qué? No puedes creer que seas feliz.

Algunos vienen a mí cuando la meditación se hace más profunda y tienen vislumbres; vienen a mí muy molestos porque, dicen, está sucediendo algo y no pueden creer que les esté sucediendo a *ellos*, que pueda haber tal dicha: debe de haber algún engaño. Algunos me han dicho: "¿Estás hipnotizándonos?, ¡porque está sucediendo algo!". No pueden creer que puedan ser dichosos, alguien debe de estar hipnotizándoles. No pueden creer que puedan estar en silencio interior.

La confianza no es posible para una mente interrogante. *Inmediatamente* que hay una experiencia, la mente crea una pregunta: ¿Por qué? La flor está ahí: si confías sentirás la belleza, el florecimiento de la belleza; pero la mente dice: "¿Por qué, por qué se llama bella a esta flor? ¿Qué es la belleza?": te sales del camino. Si te enamoras, la mente pregunta: ¿Por qué? ¿Qué es el amor?

Se cuenta que San Agustín dijo: "*Sé lo que es el tiempo*, pero cuando me lo preguntan lo pierdo todo, no puedo responder. *Sé lo que es el amor*, pero me preguntas: ¿Qué es el amor?, y me siento perdido, no puedo responder. *Sé lo que es Dios*, pero si me preguntas, me siento perdido". Y Agustín tiene razón, porque las profundidades no se pueden preguntar, no se pueden cuestionar. No puedes poner un signo de interrogación en un misterio; si lo pones, el signo de interrogación se vuelve más importante; entonces la pregunta cubre al misterio entero. Y si piensas que cuando hayas resuelto la pregunta entonces vivirás el misterio, nunca lo vivirás.

Cuestionar está fuera de lugar en la religión. La confianza es lo apropiado. Confianza significa entrar en la experiencia, en lo desconocido, sin preguntar mucho; *pasando por ello para conocerlo.*

Os hablo de la preciosa mañana que hay fuera, y me empezáis a preguntar sobre ella aquí, metidos en una habitación, cerrados; y queréis que se respondan todas las preguntas antes de dar un paso fuera. ¿Cómo os lo puedo contar si *nunca* habéis sabido lo que es la "mañana"? ¿Cómo os lo puedo decir? Sólo se puede decir con palabras lo que ya sabéis. ¿Cómo os puedo decir que hay luz, bella luz cayendo por entre los árboles, y que todo el cielo está lleno de luz, que ha salido el sol, si siempre habéis vivido en la oscuridad? Si tus ojos se han acostumbrado sólo a la oscuridad, ¿cómo te puedo explicar que ha salido el sol?

Preguntarás: "¿Qué quieres decir? ¿Estás tratando de engañarnos? Hemos vivido toda nuestra vida y nunca hemos conocido nada semejante a la luz. Primero responde las preguntas, y luego, si estamos convencidos, podemos salir contigo; de otra forma parece que nos estás llevando por mal camino, sacándonos de nuestra vida resguardada".

¿Pero cómo se puede hablar de la luz si no la conoces? Y eso es lo que preguntáis: Convéncenos acerca de Dios, entonces meditaremos, entonces oraremos, entonces buscaremos.

¿Cómo vamos a buscar antes de te-ner convicción? ¿Cómo vamos a irnos a explorar si no sabemos a dónde vamos?

Esto es desconfianza. Y debido a esta desconfianza no puedes entrar en lo desconocido. Lo conocido se aferra a ti y tú te aferras a lo conocido: y lo conocido es el pasado muerto. Puede que te resulte cómodo, porque has vivido en él, pero está muerto, no está vivo. Lo vivo es siempre lo desconocido llamando a tu puerta: ve con ello, ¿pero cómo vas a ir sin confianza?

E incluso las personas dubitativas piensan que tienen confianza.

Una vez Mulla Nasrudín me dijo que estaba pensando en divorciarse de su esposa. Le pregunté: "¿Por qué? ¿Por qué tan de repente?". Nasrudín dijo: "Tengo dudas sobre su fidelidad hacia mí". Así que le dije, "Espera. Se lo preguntaré a tu mujer".

De forma que le dije a su esposa: "Nasrudín está hablando por todo el pueblo y creando el rumor de que no le eres fiel, y está pensando en el divorcio, ¿qué es lo que pasa?".

Su esposa dijo: "Esto es demasiado. Nadie me había insultado nunca de esta forma; te lo aseguro, ¡le he sido fiel docenas de veces!".

No es una cuestión de "docenas de veces". Tú también confías, pero docenas de veces. Esa confianza no puede ser muy profunda, es sólo ventajosa: confías cada vez que sientes que compensa. Pero cuando llama lo desconocido nunca confías, porque no sabes si te va a compensar o no. La fe y la confianza no son cuestiones de utilidad: no son productos, no puedes usarlas; si quieres usarlas, las matarás. ¡No son ventajosas en absoluto! Puedes disfrutarlas, puedes ser dichoso con ellas; ¡pero no compensan!

No compensan en términos de este mundo: por el contrario, pensarán que estás loco, porque la gente piensa que alguien es sabio sólo cuando da un paso con convicción y nunca se mueve antes de estar convencido. Ésta es la astucia y la agudeza del mundo: ¡y el mundo llama sabios a esa gente!

Son tontos en lo que respecta a Buda, porque a causa de su mal llamada sabiduría se están perdiendo lo más grande, y lo más grande *no puede ser usado.*

Puedes fundirte con ello, no puedes usarlo. No tiene utilidad, no es una mercancía; es una experiencia, es un éxtasis. No puedes venderlo, no puedes hacer negocios con ello, más bien, por el contrario, estás completamente perdido en ello. No volverás a ser el mismo. En realidad no puedes volver, es un punto sin retorno: si vas, vas. No puedes volver, no hay regreso.

Es peligroso. Sólo las personas muy valerosas pueden entrar en el sendero. La religión no es para los cobardes; pero en las iglesias, templos, mezquitas... encontrarás *cobardes:* ellos han destruido todo el asunto. La religión sólo es para los muy valerosos, para los que pueden dar el paso más peligroso, y el paso más peligroso es el que va de lo conocido a lo desconocido; el paso más peligroso es el que va de la mente a la no-mente, de interrogar a no-interrogar, de la duda a la confianza.

Antes de que entremos en esta pequeña pero bella anécdota —es como un diamante: muy pequeña pero muy valiosa— hay que comprender algunas cosas más. Una: sólo la comprenderás cuando puedas dar el salto, cuando de alguna forma puedas tender un puente entre lo conocido y los desconocidos, entre la mente y la no-mente. Lo segundo: la religión no es *en absoluto* una cuestión de pensar; no es una cuestión de pensar *acertadamente*, de que si piensas acertadamente te volverás religioso; ¡no! Pienses acertada o equivocadamente, seguirás siendo irreligioso. La gente piensa que si piensas acertadamente te vuelves religioso; la gente piensa que si piensas equivocadamente irás por el mal camino.

Pero yo os digo: si *piensas*, te desencaminarás; correcta o equivocadamente no es la cuestión. Si *no* piensas, sólo entonces estás en el sendero.

Piensa, y yerras: ya te has ido en un largo viaje, ya no estás aquí, ahora; te pierdes en el presente; *y la Realidad sólo existe en el presente.* Con la mente, continúas errando; la mente tiene un mecanismo: se mueve en círculos, *círculos viciosos.* Trata de observar tu propia mente: ¿ha estado de viaje o tan sólo moviéndose en círculos? ¿Te has estado moviendo realmente o tan sólo moviéndote en círculos? Repites lo mismo, una y otra vez. Antes de ayer estabas enfadado, ayer estuviste enfadado, hoy has estado enfadado: y existen todas las posibilidades de que mañana estés enfadado; ¿y sientes que la ira es diferente? Antes de ayer era la misma, ayer era la misma, hoy es la misma: la ira es la misma; puede que las situaciones difieran, puede que las excusas difieran, ¡pero la ira es la misma! ¿Estás *avanzando*? ¿Estás yendo a alguna parte? ¿Hay algún progreso? ¿Estás alcanzando alguna meta, acercándote? Te estás moviendo en círculo sin llegar a ningún sitio. Puede que el círculo sea muy grande, pero, ¿cómo vas a avanzar si te mueves en círculo?

Una vez oí por casualidad procedente del interior de una pequeña casa a un niño lloriqueando y diciendo: "Mamá, estoy harto de moverme en círculos". La madre dijo: "O te callas o te clavaré también el otro pie al suelo".

Pero *tú* no estás harto todavía. Tienes un pie clavado a la tierra, e igual que el niño, te estás moviendo en círculos. Eres como un disco rayado: se repite la misma línea, continúa repitiéndose. ¿Has oído alguna vez un disco rayado? ¡Escucha!: es como la meditación trascendental de Maharishi Mahesh Yogi, MT: repites algo: Ram, Ram, Ram, Ram... y lo sigues repitiendo. Luego te aburres; mediante el aburrimiento te entra sueño; ¡dormir es bueno! Después de dormir te sientes fresco, pero esto no es en absoluto ir hacia la Verdad, es sólo conseguir dormir bien mediante un truco. Pero esta "MT" la estás haciendo continuamente; toda tu vida es una MT, repitiendo, moviéndote en el mismo surco una y otra y otra vez.

¿A dónde vas? Cuando te des cuenta de esto simplemente pensarás: ¿qué ha estado pasando? ¡Te sentirás muy *extraño, aturdido*, por haber hecho mal uso de toda tu vida! No has avanzando ni un *centímetro*.

Cuanto antes mejor, si te das cuenta de esto, cuando antes mejor, porque a través de ese darse cuenta es posible algo.

¿*Por qué* esta repetición? La mente *es* repetitiva, *es* un disco rayado, su naturaleza misma es como un disco rayado. No puedes cambiarla. Un disco rayado puede ser arreglado; la mente no, porque *la naturaleza misma* de la mente es repetir; la repetición es la naturaleza de la mente. *A lo sumo* puedes hacer círculos más grandes y puede que con círculos más grandes sientas que hay algo de libertad; con círculos más grandes puedes engañarte a ti mismo, convencerte de que las cosas no se están repitiendo.

El círculo de alguien es de sólo veinticuatro horas. Si eres listo puedes hacer un círculo de treinta días; si eres aún más listo puedes hacer un círculo de un año; *si eres todavía más listo puedes hacer un círculo de toda una vida;* pero el círculo permanece el mismo; no cambia nada, más grande o más pequeño, te mueves en el mismo surco, vuelves al mismo punto.

Debido a esta comprensión, los hundúes han llamado a la vida "rueda"; vuestra vida, por supuesto, no la vida de un Buda: un Buda es uno que ha saltado fuera de la rueda. Tú te aferras a la rueda, te sientes seguro en ella, y la rueda sigue; del nacimiento a la muerte completa un círculo. De nuevo nacimiento, de nuevo muerte. La palabra *sansar*, la palabra que los hindúes usan para *este* mundo, significa "la rueda". Se mueve en el mismo surco. Vas y vienes, y haces muchas cosas en vano. ¿Dónde te desencaminas? Te desencaminas en el primer paso.

La naturaleza de la mente es la repetición, y la naturaleza de la vida es la no repetición. La vida siempre es nueva, *siempre*. La novedad es la naturaleza de la vida, el Tao; nada es viejo, no puede serlo; la vida nunca repite, simplemente se hace nueva cada día, nueva a cada momento, y la mente es vieja; por eso, *la mente y la vida nunca se encuentran*. La mente simplemente repite, la vida nunca repite: ¿cómo van a encontrarse la mente y la vida? Es por eso que la filosofía nunca comprende la vida.

Todo el esfuerzo de la religión es: cómo abandonar la mente y entrar en la vida, cómo abandonar el mecanismo repetitivo y cómo entrar en el fenómeno siempre nuevo y vivo de la Existencia. Ésta es toda la cuestión de esta bella historia.

El Maestro Tozan estaba pesando lino en la despensa. Un monje se acercó a él y le preguntó: "¿Qué es Buda?". Tozan dijo: "Este lino pesa cinco libras".

Muchas cosas: Primera, un Maestro Zen no es un recluso, no ha renunciado a la vida; más bien, por el contrario, ha renunciado a la mente y ha entrado en la vida.

Hay dos tipos de *sannyasins* en el mundo: un tipo renuncia a la vida y entra completamente en la vida de la mente; ésta es la gente anti-vida, que se escapa del mundo hacia los Himalayas, el Tíbet. Renuncian a la vida para estar completamente absorbidos en la mente, y son mayoría, porque renunciar a la vida es fácil; renunciar a la mente es difícil.

¿Cuál es la dificultad? ¡Si quieres huir de aquí, puedes hacerlo! Puedes abandonar a tu esposa, tus hijos, tu casa, tu trabajo: en realidad te sentirás *aliviado*, porque tu esposa se ha convertido en una carga, y trabajar cada día, ganar... ¡estás harto! Te sentirás aliviado.

¿Y qué harás en los Himalayas? Toda la energía se convertirá en mente: repetirás, Ram, Ram, Ram, leerás los Upanishads y los Vedas, y pensarás profundas verdades; pensarás de dónde vino el mundo, a dónde va el mundo, quién creó el mundo, por qué Él creó el mundo, qué es bueno y qué es malo; reflexionarás, pensarás, ¡grandes cosas! Toda tu energía vital, que estaba siendo utilizada en otras cosas, quedará ahora liberada de ellas y será absorbida en la mente; te convertirás en una mente.

Y la gente te respetará porque has renunciado a la vida: ¡eres un gran hombre! Los *tontos* te reconocerán como un gran hombre: sólo los tontos pueden reconocerte, porque tú eres el más grande de todos ellos; y te respetarán, se postrarán a tus pies: ¡has hecho un gran milagro!

¿Pero qué ha sucedido? Has renunciado a la vida para ser la mente. Has renunciado a todo el cuerpo para ser sólo la cabeza —¡y la cabeza era el problema! Has *conservado* la enfermedad y has renunciado a todo.

Ahora la mente se convertirá en un cáncer. Hará *japa*, mantra, austeridades: hará *de todo;* y luego se convertirá en un ritual: es por eso que la gente religiosa actúa con rituales. Ritual significa fenómeno repetitivo: cada mañana, cada día, tienen que hacer su oración: un mahometano hace cinco oraciones al día; esté donde esté, tiene que hacer la oración cinco veces; un hindú sigue haciendo el mismo ritual cada día durante toda su vida; los cristianos tienen que ir a la iglesia todos los domingos... ¡Tan sólo un ritual! Como a la mente le gusta la repetición, crea el ritual.

También en la vida ordinaria le mente crea un ritual. Amas, te reúnes con tus amigos, vas a fiestas... todo es un ritual, hay que hacerlo, repetirlo. Tienes un programa para los siete días, y el programa es fijo —¡y esto para siempre! Te has convertido en un robot: ¡no estás vivo!

La mente *es* un robot. Si prestas demasiada atención a la mente absorberá toda tu energía; es un cáncer, crecerá, se extenderá por todas partes.

Pero un Maestro Zen pertenece a la otra categoría de sannyasin. Pertenece a mi categoría de sannyasin. Un Maestro Zen siempre ha sido un neo-sannyasin, por eso me encanta hablar de ellos; tengo una profunda afinidad con ellos. Renuncian a la mente y viven la vida, no justo lo contrario. Simplemente renuncian a la mente porque es repetitiva, y viven la vida. Puede que lleven la vida de una persona común: puede que tengan esposa, puede que tengan hijos; trabajarán en la granja, trabajarán en el jardín, cavarán hoyos, pesarán lino en la despensa.

Un hindú no puede imaginar que un hombre Iluminado pese lino. ¿Por qué una actividad tan ordinaria? Pero un Maestro Zen renuncia a la mente, vive la vida en su totalidad. Abandona la mente y se convierte en simple Existencia.

Así que lo primero que hay que recordar es que si renuncias a la mente y vives la vida eres un sannyasin verdadero; si renuncias a la vida y vives la mente eres un sannyasin falso, eres un pseudo-sannyasin, y recuérdalo bien: ser "pseudo" es siempre más fácil; ser real siempre es difícil. Vivir con una esposa y ser feliz es realmente difícil; vivir con los hijos y ser dichoso es realmente difícil. Trabajar en una tienda, en una oficina, en una fábrica *y ser extático ES la verdadera dificultad*.

Abandonarlo todo y sentarse bajo un árbol y sentirse feliz no es difícil: cualquiera se sentiría feliz. Sin nada que hacer te vuelves desapegado; con todo por hacer te apegas. Pero cuando lo haces todo *y* permaneces desapegado, cuando te mueves entre la multitud, en el mundo, *y aún sólo,* entonces está sucediendo algo real.

Si no sientes ira cuando estás solo, ésa no es la cuestión; cuando estás solo no sentirás ira, porque la ira es una relación, se necesita a alguien con quien estar enfadado. A no ser que estés loco, no sentirás ira estando solo; estará dentro, pero no encontrará ninguna forma de salir. Cuando hay otro, *entonces* la cuestión es no enfadarse.

Cuando no tienes nada de dinero, ninguna cosa, ni casa, ¿cuál es la dificultad en desapegarse? Pero cuando tienes de todo y permaneces desapegado —un mendigo en el palacio— entonces se ha logrado algo muy profundo.

Y recuerda, y manténlo siempre en tu corazón: la verdad, el amor, la vida, la meditación, el éxtasis, la dicha, todo lo que es verdadero, bello y bueno, existe en forma de paradoja: *en* el mundo, pero no *de* él; con gente, y sin embargo solo; haciendo de todo, y sin embargo siendo inactivo; moviéndote y no moviéndote; viviendo una vida ordinaria, y sin embargo no estando identificado con ella; trabajando como trabaja todo el mundo, y sin embargo permaneciendo a distancia en el fondo: estando en el mundo pero no perteneciendo a él; ésa es la paradoja.

Y cuando alcanzas esta paradoja, te sucede la cima más grande: *la experiencia cumbre.*

Es muy fácil entrar en una existencia simple inserto en el mundo y apegado, o fuera del mundo y desapegado: ambas son sencillas; pero lo más grande llega sólo cuando es un fenómeno complejo. Si te vas a los Himalayas y estás desapegado, eres una nota musical suelta; si vives en el mundo y estás apegado, de nuevo eres una nota musical suelta; pero cuando estás en el mundo *y* más allá de él, y llevas tus Himalayas en el corazón, eres una *armonía*, no una nota suelta. Y se produce un acorde, incluyendo todas las notas discordantes, una síntesis de los opuestos, un puente entre dos orillas. Lo más elevado sólo es posible cuando la vida es de lo más compleja; sólo en la complejidad sucede lo más elevado.

Si quieres ser simple puedes elegir una de las alternativas; pero te perderás la complejidad. Si no puedes ser sencillo en la complejidad, serás como un animal, un animal o alguien en los Himalayas viviendo una vida de renuncia: ellos no van de tiendas, no trabajan en la fábrica, no tienen esposas, no tienen niños...

He observado a mucha gente que ha renunciado a

la vida; he vivido con ellos, los he observado en profundidad: se vuelven como animales. No veo que esté sucediendo en ellos algo supremo; más bien, por el contrario, han retrocedido. Su vida es menos tensa, por supuesto, porque la vida de un animal es menos tensa; no tienen preocupaciones porque ningún animal tiene preocupaciones; de hecho, van cayendo, retroceden; se vuelven como vegetales: vegetan. Si vas a ellos verás que *son* sencillos, no existe ninguna complejidad; pero tráelos de vuelta al mundo y encontrarás que son más complicados que tú, porque cuando surja la situación estarán en dificultades, todo lo que está reprimido saldrá entonces: es un tipo de represión. No retrocedas, no vayas hacia atrás, avanza.

Un niño *es* sencillo, pero no te vuelvas un niño, vuélvete maduro. Por supuesto, cuando te vuelves absolutamente maduro, de nuevo se produce la semilla de la infancia, pero es cualitativamente diferente. Un sabio es un niño, pero no es infantil. El sabio ha recobrado la flor, la fragancia, la novedad de un niño, pero también hay una profunda diferencia: un niño tiene muchas cosas reprimidas en él, y cada vez que se le dé una oportunidad saldrá el sexo, saldrá la ira, entrará en el mundo, se apegará y se perderá; tiene esas semillas en su interior. El sabio no tiene semillas, no puede perderse. ¡No puede perderse porque ya no existe! No lleva nada en su interior.

Los Maestros Zen han vivido una vida muy ordinaria; muy del otro mundo, pero en éste. Son personas más bellas que cualquier sannyasin hindú, son personas más bellas que cualquier monje católico; en realidad, nada como el Zen existe en la Tierra, porque ellos han alcanzado la paradoja más elevada.

¿El Maestro Tozan estaba pesando lino en la despensa? ¿Una persona Iluminada, un Buda, pesando lino? Tú sencillamente te habrías ido. ¿Por qué hacer ninguna pregunta a este hombre?, si supiese algo no estaría pesando lino: porque tienes un concepto de santo, del sabio, como algo extraordinario, más allá de ti, en algún lugar del cielo sentado en un trono dorado. No puedes alcanzarle, él es muy diferente: es justo lo opuesto de lo que tú eres.

Un Maestro Zen no es así. No es extraordinario

en forma alguna, y sin embargo es extraordinario. Vive la vida ordinaria igual que tú, y sin embargo no es tú. No está en algún lugar del cielo, está *aquí*, pero sin embargo más allá de ti. Pesando lino, igual que Buda bajo el árbol Bodhi. En la India nadie puede concebir a Mahavir pesando lino o a Buda pesando lino: ¡es imposible! Parecería casi profano: ¿qué está haciendo Buda en una despensa?

Entonces, ¿cuál es la diferencia entre tú y él? Tú también pesas lino, él también está pesando lino, así que, ¿cuál es la diferencia?

La diferencia no es externa; las diferencias externas no cambian nada: tú puedes ir a sentarte bajo un árbol Bodhi y no sucederá nada. *Y cuando cambia el interior, ¿por qué molestarse por lo externo?* ¡Sigue con lo que estás haciendo! ¡Sigue con lo que te sea dado! ¡Sigue con lo que la Totalidad desee!

El Maestro Tozan estaba pesando lino en la despensa. Un monje se acercó a él y le preguntó: "¿Qué es Buda?".

En el Budismo ésa es la pregunta más grande que se puede hacer, igual que "¿qué es la Verdad?" o "¿qué es Dios?", porque en el Budismo Dios no es un concepto, Buda es Dios, no existe otro Dios. Buda es la realidad más elevada, la cumbre más alta; no hay nada más allá: la Verdad, Dios, el Absoluto, Brahma, no importa el nombre que le des, Buda es *eso*.

Así que cuando un monje pregunta: "¿Qué es Buda?", está preguntando "¿qué es la Verdad? ¿Qué es Tao? ¿Qué es Brahma? ¿Qué es ése *uno* entre los muchos? ¿Qué es la realidad básica? ¿Qué es el mismísimo núcleo central de la existencia?".

Tozan dijo: "Este lino pesa cinco libras".

Absurdo y fuera de lugar. Parece que no tiene ningún sentido, porque el hombre le había preguntado: "¿Qué es Buda?", y este Tozan pareciera estar loco, no está hablando en absoluto sobre Buda, no ha respondido la pregunta en absoluto, y sin embargo ha respondido. Ésta es la paradoja. Si empiezas a vivir esta paradoja tu vida se convertirá en una sinfonía; se convertirá en la síntesis de los opuestos; entonces en *ti* se disolverán todos los opuestos.

Él dijo: "Este lino pesa cinco libras". Con ello dijo que esta misma vida ordinaria es Buda, esta misma vida ordinaria es la Verdad, esta misma vida ordinaria es Brahma, es el reino de Dios. No hay otra vida excepto *esto*; no hay muerte, sólo existe *esto*.

Los hindúes dicen: "*Aquello* existe, esto es ilusión". Tozan dice: "Esto es verdadero, aquello es ilusión; ESTE MISMO MOMENTO es la verdad, y no pidas nada extraordinario".

Los buscadores siempre piden algo extraordinario, porque el ego sólo se siente satisfecho cuando se le da algo extraordinario. Vas a un Maestro y le haces preguntas, y si él dice cosas así pensarás que está loco, o bromeando, o que no es un hombre al que merece la pena preguntar. ¡Sencillamente huirás! ¿Por qué? Porque hace añicos tu ego completamente: estabas pidiendo a Buda, estabas deseando a Buda, te gustaría ser un Buda tú mismo, de ahí la pregunta; y este hombre dice: ¡Qué tontería estás preguntando! ¡Ni siquiera merece la pena responderla! Este lino pesa cinco libras. ¡Esto es más importante que cualquier Buda! ¡Este momento, este lino, es la totalidad de la existencia! En estas cinco libras de lino está centrado todo el ser del mundo, ¡aquí y ahora! No te descarríes, no hagas preguntas filosóficas. Mira este momento.

Tozan hizo algo admirable. Tozan es un Buda. Tozan pesando lino es Buda pesando lino, porque *la Realidad es una*. Tozan es Buda, y el lino también es Buda; y *en este momento* pesaba cinco libras. Ésa era la verdad, la "facticidad" del momento. Pero si estás lleno de filosofía, pensarás que este hombre está loco y te irás.

Esto le sucedió a Arthur Koestler, uno de los intelectos más agudos de Occidente. No lo entendió en absoluto. Cuando fue a Japón a estudiar Zen pensó: ¡Esta gente está sencillamente loca! O de lo contrario están bromeando, no son serios en absoluto. Escribió un gran libro *Contra el Zen*: el Zen parece absurdo. ¡Lo es! Está equivocado y sin embargo tiene razón. *Es* absurdo; si no conoces el lenguaje del Zen es absurdo;

si estás demasiado identificado con el pensamiento lógico, es absurdo. Es ilógico, ¿qué cosa más ilógica puedes encontrar que alguien preguntando "¿Qué es Buda?" y alguien respondiendo: "Este lino pesa cinco libras"?

Tú preguntas acerca del cielo y yo te responde acerca de la tierra; tú preguntas sobre Dios y yo hablo de una roca. ¡No hay encuentro! Y sin embargo hay un encuentro: pero para darse cuenta se necesitan ojos muy sensibles, no intelectualmente agudos, sino sensitivamente receptivos; *no* identificados con los razonamientos, sino esperando a mirar, observando, siendo testigo de lo que sucede; no prejuiciando de antemano, sino abiertos. Koestler tiene prejuicios. Un intelecto muy agudo puede resolver las cosas muy lógicamente en la tradición de Aristóteles, pero no sabe nada, no sabe que existe el mundo absolutamente no aristotélico del Zen, en el que dos y dos no son necesariamente cuatro; a veces son cinco, a veces son tres: cualquier cosa es posible. *Ninguna posibilidad es destruida,* todas las posibilidades permanecen abiertas, infinitamente abiertas. Y cada vez que dos y dos se encuentran, sucede algo nuevo.

El mundo permanece abierto, desconocido, no puedes adaptarlo.

Mira: superficialmente este hombre está loco, pero en lo profundo no pueden encontrar un hombre más cuerdo que este Tozan; y Koestler se equivoca, y eso que posee un intelecto agudo, muy lógico, al punto que sólo unas pocas personas pueden competir con él en inteligencia aguda; pero yerra.

En este mundo la inteligencia es un medio, en el otro mundo la inteligencia se convierte en una barrera. No seas demasiado sabio, de otra forma te perderás la sabiduría auténtica.

Mira a este Tozan sin ningún prejuicio, sin mente propia, simplemente mira el fenómeno: ¿qué está ocurriendo? Un monje discípulo pregunta: "¿Qué es Buda?". Y un Maestro Zen vive en el momento, siempre está aquí y ahora, siempre está en casa. Siempre que vengas le encontrarás aquí, nunca está ausente, permanece en este momento: los árboles, el cielo, el sol, las rocas, los pájaros, la gente, *¡el mundo entero está con-*

centrado en este momento! ¡Este momento es *vasto*! No es sólo un tic de tu reloj: este *momento* es *infinito*, PORQUE EN ESTE MOMENTO TODO ES. Millones de estrellas naciendo y muriendo, y toda esta infinita extensión de tiempo y espacio se encuentra en este momento; así que, ¿cómo indicar este momento? Tozan estaba pesando lino, ¿cómo indicar este momento, cómo traer a este monje aquí y ahora? ¿Cómo poner de lado su interrogante filosófica? *¿Cómo sobresaltarle y despertarle a este momento, y en este momento?*

Esto es un shock, porque debió haber estado preguntándose sobre Buda, pensando: "¿Cuál es la realidad de un Buda? ¿Qué es la Verdad?". Y debió haber estado esperando alguna respuesta profunda, algo muy magnífico: "Este Maestro está Iluminado, así que dirá algo muy valioso". No esperaba una respuesta tan ordinaria, tan corriente y absurda; seguramente se sobresaltó.

En ese sobresalto pudo estar despierto por un instante, una fracción de segundo: cuando estás sobresaltado el pensamiento se detiene. Si la respuesta es algo congruente, el pensamiento puede continuar, porque eso es lo que la mente pide: congruencia. Si se dice algo que es congruente con la pregunta, el pensamiento puede continuar; si se dice algo que es completamente absurdo, discontinuo, que aparentemente no tiene nada que ver con la cuestión, la mente no puede continuar. De pronto la mente está aturdida y se ha roto la continuidad. No obstante, pronto empezará de nuevo, porque la mente dirá: ¡Esto es absurdo!

Mulla Nasrudín estaba siendo analizado por un psiquiatra. Después de muchos meses de análisis, de muchos encuentros, el psiquiatra dijo mientras Mulla yacía en el diván: "Esto es lo que siento, esto es lo que concluyo: necesitas enamorarte; necesitas un bello objeto femenino. *Lo que necesitas es amor*".

Mulla dijo: "Entre tú y yo, ¿no piensas que el amor es tonto?".

El psiquiatra le respondió: "¿Entre tú y yo? ¡Es absurdo!".

Por un momento debió sobresaltarse; pero sólo por un momento. Si no puedes encontrar la congruencia, la mente dira *inmediatamente: "Esto es absurdo"*. Si encuentras la congruencia la continuidad continúa. Si hay algo absurdo, durante una fracción de segundo hay discontinuidad, la mente no es capaz de hacer frente a lo que se ha dicho; pero se recobra inmediatamente, dirá que es absurdo; la continuidad vuelve a ponerse en marcha.

Pero el shock y la afirmación de la mente de que es absurdo no son simultáneos; hay un intervalo. En ese intervalo es posible el *satori*. En ese intervalo te puedes despertar, puedes tener un vislumbre. Y es maravilloso cuando la oportunidad es aprovechada. ¿Maravilloso este hombre, Tozan? ¡Incomparable! No puedes encontrar un hombre tal en ninguna otra parte. ¡Y qué respuesta tan espontánea! No prefabricada, no elaborada en forma alguna; nunca antes había dicho eso nadie, y no tiene sentido decirlo ahora. Nadie ha dicho nunca, "Este lino pesa cinco libras" como respuesta a una pregunta sobre Buda: "¿Qué es Buda?".

Tozan es espontáneo, no responde desde la memoria. Podría hacerlo, porque conoce las Escrituras, fue un gran erudito antes de iluminarse. Ha recitado todas las palabras de Buda y se las sabe de memoria; ha discutido de filosofía durante muchos años; sabe lo que está preguntando el monje, sabe lo que está esperando, pero él es simplemente espontáneo: pesando lino.

Tan sólo trata de imaginar y ver a Tozan pesando lino. En ese momento, ¿qué podía indicar más espontáneamente la realidad del momento, la factualidad de la existencia? Él simplemente dijo: "Este lino pesa cinco libras", ¡y se acabó! No dice nada sobre Buda, no es necesario. ¡Esto es el Estado de Buda! Éste ser espontáneo es el estado de Buda. ESTE SER FIEL AL MOMENTO ES EL ESTADO DE BUDA.

Lo que dice es sólo parte de ello: lo que deja sin decir es la Totalidad. Si despiertas en ese momento verás a Buda pesando lino; y el lino pesa cinco libras. ¿Qué está indicando?

No está diciendo gran cosa, pero está mostrando mucho, y no diciendo gran cosa está creando una posibilidad: puede que, por un sólo instante, seas consciente de toda la Existencia que está ahí, concentrada en Tozan.

Cada vez que sucede un Buda en el mundo, la

Existencia entera encuentra un centro allí. Entonces todos los ríos desembocan en él, y todas las montañas se inclinan ante él, y todas las estrellas se mueven a su alrededor. Cada vez que hay un hombre Iluminado, la Existencia entera converge... en su ser. *Se convierte en el centro.*

Tozan pesando lino en ese momento era el Buda: la Existencia entera convergiendo, fluyendo en Tozan y Tozan pesando lino, y el lino pesaba cinco libras. Este momento es real; si despiertas, si abres los ojos, es posible el *satori*. Tozan es espontáneo; no tiene respuestas confeccionadas; responde al momento.

Tozan la próxima vez no dará la misma respuesta, porque puede que Tozan no esté pesando, o puede que esté pesando otra cosa, o incluso puede que esté pensando lino, pero puede que el lino no pese cinco libras. La próxima vez la respuesta será distinta. Ésta es la diferencia entre un erudito y un hombre de conocimiento: el erudito tiene respuestas fijas, tiene confeccionada una respuesta para ti; tú preguntas y te dará la respuesta, y la respuesta siempre será la misma, y sentirás que es una persona muy consecuente. Lo es.

Una vez hubo un juicio contra Mulla Nasrudín, y el juez le preguntó su edad. Él dijo: "Cuarenta años".

El juez puso cara de asombro y dijo: "Nasrudín, estuviste aquí hace cuatro años, y también entonces te pregunté cuál era tu edad, y me dijiste cuarenta años. Esto es absolutamente incoherente: ¿cómo vas a tener aún cuarenta años?".

Nasrudín dijo: "Soy un hombre consecuente. Cuarenta una vez, cuarenta siempre. ¡Cuando contesto una vez he contestado para siempre! No puedes despistarme. Tengo cuarenta años, y siempre que me lo preguntes, tendrás la misma respuesta. Soy un hombre que siempre es consecuente".

Un hombre consecuente está muerto. Sólo si estás muerto puedes seguir teniendo cuarenta años, entonces no hay necesidad de cambiar. Un muerto nunca crece, y no puedes encontrar personas más muertas que los pundits, los eruditos, las personas informadas. Un hombre iluminado vive en el momento: si preguntas, responde, pero no tiene respuestas fijas; *él* es la respuesta. De forma que lo que sea que sucede en ese momento, *sucede*, él no lo manipula, no piensa en ello: alguien pregunta, y todo su ser responde. Es ese momento daba la casualidad de que Tozan estaba pesando lino, y en ese momento daba la casualidad de que el lino pesaba cinco libras, y cuando este monje preguntó: "¿Qué es Buda?", *en el ser de Tozan* la realidad eran cinco libras: estaba pesando; en el ser de Tozan, cinco libras eran el *hecho*. Simplemente dijo: Cinco libras de lino.

Parece absurdo en apariencia. Profundizando más se encuentra una coherencia que no es la congruencia lógica, y encuentras una coherencia que no es la de la mente, sino la del ser. Comprende, intenta comprender la diferencia si la próxima vez Tozan está cavando un hoyo en el jardín, y al preguntarle, "¿Qué es Buda?", te responde: "Mira este hoyo. Está listo; ahora se puede plantar el árbol". En otra ocasión, si va de paseo con su bastón, puede que diga: "Este bastón".

Lo que *sea en el momento* será la respuesta, porque un Buda vive momento a momento; y si empiezas a vivir momento a momento, te conviertes en un Buda.

Ésta es la respuesta: vive momento a momento y serás un Buda. Un Buda es alguien que vive momento a momento, que no vive en el pasado, que no vive en el futuro, que vive aquí, ahora. EL ESTADO DE BUDA ES LA CUALIDAD DE ESTAR PRESENTE AQUÍ Y AHORA. No es una meta, no necesitas esperar, puedes llegar a ser justo aquí y ahora.

Hablando soy Buda, porque sólo el hablar está sucediendo. *Si sólo está sucediendo el escuchar ahí al otro lado*, en ti, eres un Buda al escuchar. Trata de conseguir un vislumbre del momento, este momento. En este momento Tozan no está pesando lino; Tozan os está hablando. En este momento no has preguntado, "¿Qué es Buda?", pero la pregunta está ahí la formules o no. La pregunta sigue dando vueltas y más vueltas en la mente: ¿Qué es la Verdad? ¿Qué es Buda? ¿Qué es el Tao?, la preguntes o no, la pregunta es ésa. *Tú* eres la pregunta. Puedes despertar en *este momento*. Puedes mirar, puedes agitar un poco la mente, crear una discontinuidad, y de pronto comprendes lo que Arthur Koestler no comprendió. Si tú también eres demasiado inteligente, no lo entenderás. No seas demasiado inteligente, no te pases de listo, porque hay una sabiduría que sólo alcanzan los que se vuelven como tontos; hay una sabiduría que sólo alcanzan los que se vuelven como locos; hay una sabiduría que sólo se alcanza cuando pierdes tu mente.

Tozan es bello, si sabes verlo, y si puedes ver que la respuesta no es absurda, lo has visto, lo has comprendido. Pero si la comprensión es intelectual, no servirá de mucho. Te lo he explicado, lo *has* entendido, pero si la comprensión se reduce al intelecto —comprender con la mente— de nuevo yerras. Puede que Koestler esté en contra del Zen y puede que tú estés a favor, pero ambos erráis. No es cuestión de estar a favor o en contra, es cuestión de comprensión no mental.

Si surge de tu corazón, *si lo sientes,* si no lo *piensas,* si toca todo tu ser, si te penetra, si no es sólo algo verbal, si no es una filosofía, sino que se convierte en una experiencia, te transformará.

Estoy hablando de estas historias para producirte una conmoción que te saque de tu mente, para bajarte un poco hacia el corazón, y si estás preparado, aún más abajo, hacia el ombligo.

Cuanto más bajas, más profundo llegas... y en el fondo, profundidad y altura son lo mismo.

IX.
SORDO, MUDO Y CIEGO

*Gensha se lamentó un día ante sus seguidores:
"Otros Maestros han mantenido siempre la
necesidad de salvar a todo el mundo; pero
supón que te encuentras con alguien que está
sordo, mudo y ciego: él no podría
ver tus gestos, oír tu predicación o, al mismo
respecto, hacer preguntas. Incapaz de salvarle, has
probado que eres un Budista inútil".
Preocupado por estas palabras,
uno de los discípulos de Gensha fue a
consultar al Maestro Ummon, quien, al igual que
Gensha, era un dicípulo de Seppo.
"Inclínate, por favor", dijo Ummon.
El monje, aunque cogido por
sorpresa, obedeció el mandamiento del Maestro; luego
se enderezó con la esperanza de que
su interrogante fuese respondido.
Pero en vez de una respuesta, Ummon
le lanzó un bastón. Él dio un salto hacia atrás.
"Bueno", dijo Ummon, "no estás ciego. Ahora acércate".
El monje hizo como se le había ordenado.
"Bien", dijo Ummon, "tampoco estás
sordo. Bueno, ¿comprendes?".
"¿Comprender qué, señor?", dijo el monje.
"Ah, tampoco estás mudo", dijo Ummon.
Al oír estas palabras el monje despertó
como de un profundo sueño.*

Jesús solía decir a sus discípulos, y no sólo una, sino muchas veces: "Si tenéis ojos, ¡mirad! Si tenéis oídos, ¡oídme!".

Ellos tenían ojos igual que tú y tenían oídos igual que tú. Así que Jesús quería decir otra cosa: no estos oídos, no estos ojos.

Hay una forma diferente de ver el mundo y una forma diferente de oír, una forma de ser diferente.

Cuando se tiene esa diferente cualidad de ver, se ve a Diós; cuando se tiene esa diferente cualidad de oír, se oye a Dios, y cuando tienes esa diferente cualidad de ser, te conviertes en Dios mismo.

Tal como eres, estás sordo, mudo, ciego, casi muerto. Sordo a Dios, mudo a Dios, ciego a Dios, muerto a Dios.

Nietzsche proclamó que Dios está muerto. En realidad, sí *tú* estás muerto, ¿cómo va estar vivo Dios para ti? Dios está muerto porque tú estás muerto. Sólo puedes conocer a Dios cuando vives abundantemente, cuando tu vida es rebosante, cuando es un torrente. En ese rebosante momento de dicha, vida y vitalidad, por primera vez sabes lo que es Dios, porque Dios es el fenómeno más espléndido y rebosante.

Dios no es una necesidad para este mundo. Las leyes científicas sí son una necesidad: sin ellas el mundo no puede existir. Dios, en este sentido, no es necesario. El mundo puede existir sin Él, pero no tendrá ningún valor. Sin Él, puedes existir, pero tu existencia será una existencia vegetal. Sin Él puedes vegetar, pero no puedes estar realmente vivo.

Dios no es una necesidad, puedes existir sin él; pero tu existir no tendrá ningún significado, no portará ningún significado en absoluto, no tendrá ninguna poesía, no tendrá ninguna canción, no tendrá ninguna danza. No será un misterio. Puede que sea una aritmética, puede que sea un negocio, pero no puede ser una historia de amor.

Sin Dios, todo lo que es bello desaparece, porque la belleza sólo llega como un desbordamiento; es un lujo. Observa un árbol: si no lo has regado bien, si el árbol no se nutre adecuadamente del suelo, puede sobrevivir, pero no brotarán flores. La Existencia estará ahí, ¡pero en vano! Hubiera sido mejor no existir, porque de este modo habrá una constante frustración. Al árbol sólo pueden brotarle flores cuando tiene tanto que puede compartir, y tiene tanta nutrición que puede florecer. ¡Florecer es un lujo! El árbol tiene tanto que se lo puede permitir.

Yo os digo que Dios es el mayor lujo del mundo. Dios no es necesario; puedes vivir sin Él. Puedes vivir pero te faltará algo, sentirás un vacío en el corazón. Te parecerás más a una herida que a una fuerza viva; sufrirás. No puede haber ningún éxtasis en tu vida.

Pero, ¿cómo encontrar este significado, este éxtasis? Necesitarás una forma de mirar distinta. Ahora mismo estás ciego. Por supuesto, puedes ver la materia, pero la materia no es una necesidad. Puedes ver muy bien el árbol, pero te perderás las flores; e incluso si puedes ver las flores, te perderás la fragancia. Tus ojos sólo pueden ver la superficie: te perderás el centro, el núcleo. De ahí que Jesús siga diciendo que eres un ciego, que estás sordo; eres mudo, porque si no se Le ha visto, ¿qué se puede decir? Si no se Le ha oído, ¿qué se puede transmitir y comunicar? Si no ha sucedido esa poesía, ¿qué se puede cantar? Puede que hagas gestos con la boca, pero no saldrá nada de ella, porque, para empezar, no había nada en ella.

Cuando un hombre como Jesús habla, está *poseído*; algo más grande que él habla a través de él. Cuando un hombre como Buda habla no es Gautama Siddhartha nacido hijo de un rey; no, ya no es eso. Ya no es el cuerpo que puedes ver y tocar, ni siquiera es la mente que puedes conocer y comprender. Ha entrado algo del más allá, algo que no es del tiempo y del espacio ha entrado en el tiempo y el espacio. Ha sucedido un milagro. *Él* no os está hablando, él es sólo un vehículo; hay otra cosa fluyendo a través de él, él es sólo un médium. Él te trae algo de la Orilla Desconocida. Sólo entonces puedes cantar: cuando ha sucedido el éxtasis. De otra forma puedes cantar, pero será superficial. Puedes hacer mucho ruido, pero el ruido no es hablar. Puedes usar muchas palabras, pero estarán vacías. Puedes hablar demasiado, pero en realidad, ¿cómo puedes *hablar*?

El primer día que Mahoma entró en contacto con lo Divino, cayó al suelo, empezó a tener escalofríos, temblores y sudores, y la mañana era tan fría como esta mañana. Estaba solo, y hasta los mismísimos poros de las plantas de sus pies comenzaron a sudar; estaba asustado. Algo desconocido, le había tocado y asustado terriblemente. Se fue corriendo a su casa y se metió en la cama. Su mujer estaba muy asustada. Le taparon con muchas mantas, pero él seguía temblando, y su esposa le preguntó: "¿Qué ha sucedido? Tus ojos parecen aturdidos; ¿y por qué no hablas? ¿Por qué te has quedado mudo?". Y se cuenta que Mahoma dijo: "Por primera vez hay algo que decir. Hasta ahora he sido un mudo; no había nada que decir, estaba haciendo gestos con la boca. Hablaba, pero sólo se movían mis labios, no había nada que decir. Ahora hay algo que tengo que decir, por eso estoy temblando tanto. Estoy preñado de lo Desconocido, de lo Divino. Algo va a nacer".

Y esto trae sufrimiento, como sabe toda madre. Si tienes que dar a luz a un niño, tienes que pasar por muchos días de dolor, y cuando sucede el nacimiento hay mucho sufrimiento. Cuando entra la vida, es una lucha.

Durante tres días, se dice, Mahoma permaneció en cama, *absolutamente mudo*. Luego, poco a poco, igual que un niño pequeño, empezó a hablar, comenzó el habla. Y entonces nació el Korán.

Estás mudo. Puede que digas muchas cosas, pero recuerda: hablas demasiado para ocultar tu mudez. Hablas, no para comunicarte, sino sólo para ocultar, para ocultar el hecho de que eres mudo. La próxima vez que hables con alguien, *observa*: ¿por qué estás hablando? ¿Por qué eres tan verbal? ¿Qué necesidad hay? De pronto te darás cuenta de que el miedo es éste: si permanezco callado el otro pensará que estoy mudo, que soy tonto. Así que hablas tan sólo para ocultar este hecho, y aunque sabes que no hay nada que decir, sigues hablando.

Una vez estuve en casa de una familia. Estaba sentado con el hombre de la casa, mi anfitrión, cuando entró el hijo, un niño pequeño, y le preguntó a su padre si le respondería algunas preguntas.

El padre dijo: "Estoy ocupado; ve y pregunta a tu madre".

El niño dijo: "¡Pero no quiero saber tanto! Porque

si ella se pone a hablar es interminable, y tengo que hacer los deberes".

La gente habla y habla y habla sin saber por qué están hablando. ¿Para qué? ¿Qué tienen que comunicar? Es sólo para ocultar su mudez, su estupidez.

La gente va de aquí para allá, de esta ciudad a ésa; viajan y van de vacaciones a los Himalayas o a Suiza, ¿por qué todos estos viajes, este movimiento? Quieren sentir que están vivos.

Pero el movimiento no es la vida. Por supuesto, la vida tiene un movimiento muy profundo, pero el movimiento no es la vida. Puedes mudarte de una ciudad a otra, y puedes cubrir toda la Tierra, pero ese movimiento no es la vida. La vida es, por supuesto, un movimiento muy sutil: el movimiento de un estado de consciencia a otro.

Cuando la gente se estanca, comienza a moverse externamente. El americano se ha convertido ahora en el viajero auténtico; viaja por todo el mundo de una esquina a la otra, porque la consciencia americana está tan estancada en alguna parte que si alguien permanece en un lugar se siente muerto. ¡Así que muévete! Muévete de una esposa a otra, muévete de un trabajo a otro, muévete de un barrio a otro, muévete de una ciudad a otra. Nunca en la historia del hombre había sucedido esto. En América, el promedio de tiempo que una persona permanece en una ciudad es de tres años; la gente se muda antes de tres años, y esto es sólo la media. Hay gente que se muda cada mes: siguen cambiando, de ropa, coches, casas, esposas, maridos; de todo.

Una vez, una actriz de Hollywood estaba presentando a su hijo a su nuevo marido. Dijo: "Te presento a tu nuevo padre".

El niño dijo: "Hola, encantado de conocerte. ¿Quieres firmar en mi libro de visitantes?". Le habían presentado a tantos nuevos padres...

Tienes que cambiarlo todo para sentir que estás vivo. Una búsqueda febril de la vida.

Por supuesto, la vida *es* un movimiento, pero no de un lugar a otro; es un movimiento de un estado a otro. Es un *profundo* movimiento interno de una consciencia a otra consciencia, a reinos del sr más elevados. Si no, estás muerto. Tal como eres, estás muerto.

De ahí que Jesús diga: "¡Escuchad!, si tenéis oídos. ¡Ved!, si tenéis ojos". Primero hay que comprender esto, entonces esta historia resultará más fácil.

Luego, lo segundo: ¿Por qué estás tan muerto? ¿Por qué estás tan mudo, ciego, sordo? Debe de haber algo, debe de haber alguna compensación por ello; de otra forma, tantas personas, millones no podrían estar en tal estado. *Debe de compensarte en algo,* debes estar consiguiendo algo con ello, si no, ¿cómo es posible que Budas y Krishnas y Cristos sigan diciendo, "¡No estés ciego, no estés sordo, no estés mudo! ¡Vive! ¡Estáte alerta, despierto!", sin que nadie les escuche? Incluso si te atraen intelectualmente, nunca les escuchas. Incluso si en algunos momentos sublimes de la vida sientes que tienen razón, nunca les sigues. Incluso si a veces decides seguirles, siempre lo dejas para mañana, y mañana no llega nunca. ¿Cuál es esa profunda compensación por ello?

Justo la otra noche estuve hablando con un amigo. Es un hombre muy educado, culto, ha viajado por todo el mundo; ha vivido en la Unión soviética y en el Reino Unido y en los Estados Unidos; ha estado en China, y esto y lo otro. Al escucharle sentí: ¡Está completamente muerto! Y entonces me preguntó "¿Qué solución sugieres?, porque la vida tiene tantos sufrimientos y miserias, tantas injusticias, tantas cosas que te hieren. ¿Cómo vivir la vida para no sentirse herido, para que la vida no pueda crear tantas heridas en tu ser?, ¿qué hacer?

Así que le dije que hay dos caminos: uno —que es más fácil pero a un precio muy alto— es volverse muerto, volverse *tan insensible como sea posible.* Porque si eres insensible y haces crecer una gruesa piel a tu alrededor, una armadura, entonces no te preocupas mucho, nadie puede herirte. Si alguien te insulta, tienes una piel tan gorda que no entra nada. Hay injusticia, pero tú simplemente nunca te das cuenta de ello.

Éste es el mecanismo de tu estado agónico. Si eres más sensible, te sentirás más herido. Entonces, cada pequeña cosa se convertirá en un dolor, un sufrimiento, y será imposible vivir; y uno tiene que vivir. *Hay* problemas, y hay millones de personas con violencia, que sufren, por todas partes. Paseas por la calle y hay mendigos; tienes que ser insensible, de otra forma, todo se convierte en un sufrimiento, en una pesada carga sobre ti. ¿Por qué estos mendigos? ¿Qué han hecho para sufrir esto? Y de alguna forma sentirás en el fondo: Yo también soy responsable. Así que simplemente pasas al lado del mendigo como si fueses sordo, mudo, ciego; *no miras*.

¿Has *mirado* alguna vez a un mendigo? Puede que hayas *visto* a un mendigo, pero nunca has *mirado* a un mendigo. Nunca te has encontrado con él, nunca te has sentado con él, nunca has tomado su mano en la tuya, sería demasiado.

De forma que si estás abierto hay peligro. Y tienes que pensar en tu esposa, no en este mendigo; tienes que pensar en tus hijos. Así que cada vez que hay un mendigo, tu velocidad se hace mayor, andas más deprisa, no miras hacia ese lado. Si realmente miraras al mendigo sentirías toda la injusticia de la vida, sentirías todo el sufrimiento, ¡y sería demasiado! Sería imposible soportarlo, tendrías que hacer algo, ¿y qué puedes hacer? Justo el otro día un sannyasin vino a mí y me dijo que estaba muy alterado, porque cuando cruzaba la carretera un camión casi mató a un perro. El perro estaba ya en mal estado —ya le habían aplastado anteriormente dos de sus patas. Con sólo dos patas el perro intentaba vivir, y entonces ese camión le pilló de nuevo. Al sannyasin le dio lástima, sintió compasión; tomó al perro en sus manos y entonces vio que había un agujero en su espalda, ¡y millones de gusanos! Quería ayudarle, pero, ¿cómo? Y se alteró tanto que no pudo dormir, tuvo pesadillas, y el perro le obsesionaba continuamente. "No he hecho nada, tengo que hacer algo. Pero, ¿qué hacer?". Incluso llegó a su mente la idea de matar al perro, porque eso era lo único que se podía hacer ahora. Con tantos gusanos, el perro no podía vivir. Y su vida sería un sufrimiento, así que era mejor matarlo. Pero matar, ¿no sería eso violencia? ¿No sería eso asesinato? No sería eso un karma? Así que, ¿qué hacer? ¡No puedes ayudarle! Entonces, el mejor camino es ser insensible.

Hay perros y hay camiones, y las cosas siguen

ocurriendo, así que vas a lo tuyo y no miras alrededor. Es peligroso mirar, así que nunca usas tus ojos al cien por cien. Los científicos dicen que usamos sólo un dos por ciento de su capacidad. En un noventa y ocho por ciento, cierras los ojos. En un noventa y ocho por ciento cierras los oídos; no escuchas todo lo que está sucediendo a tu alrededor. En un noventa y ocho por ciento, ni vives.

¿Has observado cómo sientes miedo cada vez que estás en una relación amorosa o cada vez que el amor permanece? De pronto te invade el miedo, porque siempre que amas a una persona te entregas a ella. Y entregarse a una persona es peligroso, porque el otro puede herirte. Has bajado tu protección. No tienes ninguna armadura. Siempre que amas estás abierto y vulnerable, ¿y quién sabe? ¿Cómo creer en el otro cuando el otro es un extraño? Puede que le hayas conocido durante muchos años, pero eso no cambia nada. Ni siquiera te conoces a ti mismo, ¿cómo vas a conocer al otro? El otro es un extraño. Y permitir que el otro entre en tu vida íntima significa permitirle que te hiera.

La gente se ha vuelto temerosa del amor; es mejor ir a una prostituta que tener una amada. Es mejor tener una esposa que tener una amada; porque la esposa es una institución. Tu esposa no puede herirte, porque nunca la amaste. Fue preparado: tu padre y tu madre y el astrólogo... todo el mundo estaba interesado menos tú. Es un arreglo, un arreglo social. No hay mucho de ti en ello. La cuidas, la provees de comida y cobijo. Ella se hace cargo; prepara la casa, la comida, cuida de los niños: es un arreglo, algo práctico. El amor es peligroso, no es un negocio, no es un trato. En el amor das poder a la otra persona, poder *completo* sobre ti. El otro es un extraño y, ¿quién sabe? Siempre que confías en alguien, el miedo se agarra.

Algunos vienen a mí y dicen: "Nos entregamos a ti", pero yo sé que no pueden. Es casi imposible. Nunca han amado, ¿cómo van a entregarse? Hablan sin saber lo que están diciendo. Están casi dormido. Están hablando en sueños, no lo dicen *en serio*, porque entrega significa que si yo digo: "¡Sube a la cima de la colina y salta!", no puedes decir *no*. Entrega significa que se ha dado poder total al otro: ¿cómo puedes dar eso?

La entrega es como el amor, por eso digo que sólo los amantes se pueden hacer sannyasins, porque ellos saben un poco cómo entregarse.

El amor es el primer paso hacia lo Divino. La entrega es el último. Y el viaje entero son dos pasos.

Pero tienes miedo. Te gustaría tener control sobre tu vida; no sólo eso: te gustaría controlar también la vida del otro. De aquí la continua discusión entre maridos y esposas y amantes. Discusión continua, conflicto. ¿Cuál es el conflicto? El conflicto es: ¿quién dominará a quién? ¿Quién poseerá a quién? Hay que dirimirlo primero.

Esto no es entrega, sino dominación, ¡justo lo contrario! Cuando dominas a una persona no hay miedo, cuando amas a una persona hay miedo; porque en el amor te entregas y das poder total al otro. Ahora el otro puede herir, el otro puede rechazar, el otro puede decir *no*. Por eso vives sólo en un dos por ciento y no en un cien por cien. En un noventa y ocho por ciento estás muerto, insensible. Y la insensibilidad, la moribundez, es muy respetada por la sociedad. Cuanto más insensible seas, más te respetará la sociedad.

Lokmanya Tilak fue uno de los grandes líderes indios, era un hombre cumbre justamente antes de que Gandhi tomase las riendas y dominase la escena, y vivió precisamente en Poona. Se dice de él que era un hombre disciplinado, y los hombres disciplinados siempre están muertos, porque la disciplina no es otra cosa que embotamiento. Estaba sentado en su oficina, donde publicaba un periódico, *Kesari* —que aún se publica—, cuando alguien le comunicó: "Su esposa ha muerto, ¡vaya a casa!". Al oír esto, miró al reloj que había a su espalda, y dijo: "Pero aún no es la hora. Salgo de la oficina a las cinco".

Examina la cuestión. ¿Qué tipo de intimidad, qué tipo de amor, qué tipo de cuidados y de compartir había allí? Este hombre se preocupaba por su trabajo, este hombre se preocupaba por la hora, pero no por el amor. Parece casi imposible que cuando alguien dice que tu esposa ha muerto, mires al reloj y luego digas: "Aún no es la hora. Salgo de la oficina a las cinco". Y lo más asombroso del caso es que todos sus biógrafos aprecian mucho este incidente. Dicen: "¡Esto es devoción al país! Así es como debería de ser un hombre disciplinado". Piensas que esto es desapego. Esto *no* es desapego. Esto no es devoción a nada. Es simplemente embotamiento, insensibilidad. Y alguien que es insensible hacia su esposa, ¿cómo va a ser sensible hacia el país entero? Imposible.

Recuerda: si no puedes amar a una persona, no puedes amar a la humanidad.

Eso puede ser un truco. Los que no pueden amar a personas —porque es muy peligroso amar a una persona— piensan que aman a la humanidad. ¿Dónde está la humanidad? ¿Puedes encontrarla en alguna parte? Es sólo una palabra. La humanidad no existe en ningún sitio. Dondequiera que vayas encontrarás que existe una persona. La vida *es* personas, no la humanidad. La vida *siempre* está personificada, existe como individuo. La *sociedad,* el *país,* la *humanidad,* son sólo palabras. ¿Dónde está la sociedad? ¿Dónde está el país, la "madre tierra"? ¿No puedes amar a una madre y amas a la "madre tierra"? Debe haber un engaño por alguna parte. Pero la palabra es buena: *madre tierra.* No necesitas preocuparte por la madre tierra, porque la madre tierra no es una persona, es una ficción de tu mente. Es tu propio ego.

Puedes amar a la humanidad, puedes amar a la madre patria, puedes amar a la sociedad, y no eres capaz de amar a una persona. Porque una persona crea dificultades. La sociedad nunca te creará ninguna dificultad porque es sólo una *palabra.* No necesitas entregarte a ella. Puedes dominar el mundo, la ficción, pero no puedes dominar a una persona. Incluso con un niño pequeño es imposible, no puedes dominarle tiene su propio ego, tiene su propia mente, tiene sus propias maneras. Es casi imposible dominar a la vida, pero las palabras pueden ser dominadas fácilmente, *porque ahí estás solo.*

La gente que no puede amar a una persona comienza a amar a Dios. No saben lo que hacen.

Hablar con una persona, comunicarse con una persona, es un asunto difícil. Se necesita habilidad, se necesita un corazón muy amoroso, se necesita un corazón muy *sabio*, un corazón que comprenda. Sólo entonces puedes tocar a una persona, porque tocar a una persona es entrar en terreno peligroso: la vida está también latiendo ahí. Y cada persona es tan única que no puedes actuar mecánicamente. Tienes que estar muy alerta y atento. Si amas a una persona tienes que volverte más sensible, sólo entonces surge la comprensión.

Pero amar a un dios que está sentado en el cielo es un monólogo. Vete a las iglesias: la gente está hablando con nadie. Están tan locos como la gente que encuentras en los manicomios. La única diferencia es que aquella locura es aceptada por la sociedad y esta otra locura no. Vete a un manicomio: encontrarás a gente hablando sola, no hay nadie con ellos. No sólo dicen algo, también responden. Hacen que *parezca* un diálogo; pero es un monólogo. Luego vete a las iglesias y a los templos; hay gente hablando con Dios. Eso también es un monólogo, y si se vuelven realmente locos empiezan a hacer las dos cosas: dicen algo y también responden, y sienten que es Dios quien ha respondido.

No puedes amar a Dios a no ser que hayas aprendido a amar a una persona. Si *amas* a una persona, poco a poco esa persona se convierte en la puerta al Todo. Pero hay que empezar con una persona, con lo pequeño, con lo atómico. No puedes dar el salto. El Ganges no puede simplemente saltar al océano, tiene que empezar en el Gangotri, un pequeño arroyo; luego se hace más y más amplio y más y más grande, y luego finalmente se funde con el océano.

El *Ganga*, el Ganges del amor, también tiene que empezar como un pequeño arroyo, con personas, para luego hacerse más y más grande. Una vez que conoces su belleza, la belleza de la entrega, la belleza de la inseguridad, la belleza de estar abierto a todo lo que la vida da —dicha y sufrimiento, todo— entonces te vuelves más y más grande, y te expandes hasta que la consciencia se convierte finalmente en un océano. Entonces desembocas en Dios, en lo Divino.

Debido al miedo creas insensibilidad, y la sociedad lo respeta. La sociedad no quiere que estés muy vivo porque las personas que están vivas son rebeldes.

Mira a un niño pequeño. Si está realmente vivo será rebelde, intentará ir a su manera. Pero si es un mudo imbécil, un idiota, estancado de algún modo en alguna parte, sin crecer, se sentará en un rincón perfectamente obediente. Le dices que vaya y él va; le dices que venga y viene. Le dices que se siente, y se sienta; le dices que se levante, y se levanta. Es perfectamente obediente porque no tiene personalidad propia. A la sociedad, a la familia, a los padres, les gusta este niño. Dirán: "Mira; es tan obediente...".

Una vez Mulla Nasrudín estaba hablando con su hijo, que había llegado con las notas de la escuela. Mulla esperaba que recibiría una A, y recibió una D. De hecho, era el último de la clase. Así que Nasrudín le dijo: "Mira, nunca me obedeces; desobedeces a todo lo que te digo; éste es el resultado. Y mira al hijo de los vecinos: siempre recibe una A, siempre es el primero de la clase". El niño miró a Nasrudín y respondió: "Pero ése es un asunto distinto; él tiene padres con talento". Este niño está muy vivo, pero tiene su propia forma de ser.

La obediencia lleva consigo una cierta estupidez, la desobediencia lleva una inteligencia afilada. Pero se ensalza la obediencia porque crea menos molestias. Por supuesto, eso es verdad: la desobediencia crea molestias. Te gustaría un niño muerto porque él no crea ninguna molestia. No querrías un niño vivo: cuanto más vivo, más peligro hay.

Padres, sociedades, escuelas, todos ellos fuerzan la desobediencia, te atontan; y luego se respeta a esa gente. Es por eso que en la vida nunca ves realizarse a los que eran los primeros en las escuelas, las universidades; están simplemente perdidos en la vida. En la vida nunca les encuentras. Prueban que tienen mucho talento en la escuela, pero, de alguna forma, en la vida están perdidos.

Parece que los caminos de la escuela son distintos de los caminos de la vida. De algún modo la vida ama a la gente viva, a los más vivos, a los más rebeldes; personas con consciencia propia, ser y personalidad; personas que tienen sus propios caminos que realizar, personas que no están muertas. Las escuelas prefieren justo lo contrario.

La sociedad entera te ayuda a volverte mudo, sordo, ciego, muerto.

En los monasterios encontrarás personas muertas que son adorados como santos. Vete a Benarés: encontrarás gente tumbada en camas de espinas o clavos que son adorados como dioses. ¿Y qué han conseguido? Si miras sus rostros, no encontrarás caras más estúpidas en ningún sitio. Una persona tumbada en una cama de espinas tiene que ser *estúpida*.

Para elegir este tipo de vida tienes que ser estúpido. ¿Qué hará, que puede hacer tumbado sobre los clavos? Tiene que volver insensible todo su cuerpo. Ésa es la única manera: no debe sentirlo. Poco a poco se vuelve insensible, de piel gruesa; entonces no importa. Se convierte en una roca, completamente muerto. Y toda la sociedad le venera: es un sabio, ha conseguido algo. ¿Qué ha conseguido? Ha conseguido estar más muerto que tú. Ahora los clavos no importan porque el cuerpo se ha vuelto muerto.

Puede que no lo sepas, pero los fisiólogos dicen que hay muchos puntos en el cuerpo que no están vivos; los llaman puntos muertos. En tu espalda hay muchos puntos muertos. Dale una aguja a uno de tus amigos, o a tu esposa o tu marido, y dile que presione en tu espalda en muchos puntos. Algunos los sentirás y otros no los sentirás. Algunos puntos están muertos, de forma que cuando se clava la aguja no lo sientes.

Esta gente ha hecho de todo su cuerpo un punto muerto. Pero esto no es crecer, esto es una regresión. Se están volviendo más materiales en vez de más divinos, porque ser divino significa ser perfectamente sensible, estar completamente vivo.

Así que ante la vida un camino es estar muerto: ¡es el más fácil! Es el que sigue todo el mundo. La gente difiere en grados, pero a su propia manera, está haciendo esto.

Vuelves a casa temeroso de tu esposa; te vuelves sordo, no oyes lo que dice. Empiezas a leer el periódico y lo pones de forma que no puedas verla. Te vuelves sencillamente sordo a todo lo que está diciendo. De otra forma sientes: ¿Cómo puedo vivir si la escucho? No ves que está chillando o llorando. sólo cuando ella te hace la vida casi imposible, entonces miras, y es también una mirada enfadada.

Vas a la oficina, te mueves entre el tráfico, por todas partes tienes que crear una especie de muerte a tu alrededor y así piensas que estás protegido. No te proteges, sólo mueres.

Por supuesto, sufrirás menos, pero también vendrán a ti menos bendiciones, menos dicha.

Cuando te vuelves como muerto, el sufrimiento es menor porque no puedes sentirlo; la dicha también es menor porque tampoco puedes sentirla. Una persona que está buscando una dicha más elevada tiene que estar preparada para sufrir. Puede que esto os parezca una paradoja: un hombre del status de un Buda, un hombre que está Despierto, *es* dichoso... absolutamente, y también sufre absolutamente. Por supuesto, es dichoso en su interior, las flores siguen lloviendo allí, pero sufre por todo el mundo que le rodea. Tiene que sufrir, porque si tienes sensibilidad para que las bendiciones te lleguen, el sufrimiento también puede llegar hasta ti. Hay que elegir. Si eliges no sufrir, entonces tampoco alcanzarás la dicha. Porque ambos entran por la misma puerta.

Éste es el problema. Puedes cerrar tu puerta por miedo al enemigo, pero el amigo también entra por la misma puerta. Y si la cierras completamente y la bloqueas completamente temeroso del enemigo, entonces tampoco puede entrar el amigo. Dios no ha estado entrando en ti, tus puertas están cerradas. Puede que las hayas cerrado con el Diablo, pero cuando las puertas están cerradas, están cerradas. Y el que siente el hambre, la sed de encontrarse con lo Divino, tiene también que encontrarse con el Diablo. No puedes seleccionar uno. Tienes que encontrarte con los dos.

Si estás vivo, la muerte será un gran fenómeno para ti. *Si vives con totalidad* morirás con totalidad. Si vives al dos por ciento, morirás al dos por ciento. Tal como es la vida, así será la muerte. Si la puerta está abierta para Dios, también está abierta para el Diablo.

Habéis oído muchas historias, pero no siento que hayáis comprendido: siempre que Dios sucede, el Diablo sucede justo antes que Él, porque cada vez que se abre la puerta, el Diablo se apresura a entrar primero.

Siempre tiene prisa, pero Dios no tiene prisa. Por ejemplo, cuando Jesús alcanzó la Iluminación final, el Diablo le tentó durante cuarenta días. Cuando estaba meditando, ayunando, en soledad, cuando Jesús estaba desapareciendo y estaba creando un espacio para que viniese Cristo, el Diablo le tentó.

En esos cuarenta días el Diablo estuvo continuamente a su lado. Y le tentó muy hermosamente y muy políticamente; él es el político más grande; todos los demás políticos son sus discípulos. Así que muy diplomáticamente le dijo: "Muy bien, así que ahora te has convertido en el profeta, y ya sabes que en las Escrituras se dice que siempre que Dios elige a un hombre, y un hombre se convierte en un mesías, un profeta, se vuelve infinitamente poderoso. Ahora eres poderoso. Si quieres, puedes saltar desde esta colina, y aparecerán ángeles en el valle. Y si eres realmente un mesías, cumple lo que se dice en las escrituras: ¡salta!".

La tentación era grande, y estaba citando las Escrituras. Los Diablos siempre citan, porque para convencerte hay que introducir una Escritura. Los Diablos se saben todas las Escrituras de memoria.

Jesús se rió y dijo: "Tienes razón, pero en la misma Escritura se dice que no deberías poner a Dios a prueba".

Luego un día, cuando tenía mucha hambre porque llevaba treinta días de ayuno, volvió el Diablo. Recuerda: antes de que llegue Dios, llega el Diablo; en el momento que abres la puerta él está ahí; y siempre es el primero en la cola... Dios siempre está rezagado porque no tiene prisa. Dios tiene la eternidad para trabajar, el Diablo no, sólo momentos... Si pierde, pierde, y una vez que un hombre se vuelve Divino, ya no puede ser herido... así que tiene que encontrar momentos débiles. Cuando Jesús está desapareciendo y Cristo no ha entrado: ese intervalo es el momento por el que puede entrar... Entonces el Diablo le dijo: "Se dice en las Escrituras que cuando un hombre es elegido por Dios puede convertir incluso las piedras en pan. Así que, ¿por qué estás sufriendo? Pruébalo, porque el mundo se beneficiará con esto".

Esto es diplomacia. Dijo: "El mundo se beneficiará con esto".

Parece que es así como ha convencido el Diablo a vuestro Satya Sai Baba.

El mundo se beneficiará con esto porque cuando conviertas las piedras en pan, la gente sabrá que eres un hombre de Dios. Vendrán corriendo, y entonces podrás ayudarles. De otra forma, ¿quién vendrá y quién te escuchará?

Jesús dijo: "Tienes razón. Puedo convertirlas en pan; pero no yo, Dios puede convertir las piedras en pan; pero cuando Él lo necesite me lo dirá, no es necesario que te preocupes. ¿Por qué te estás tomando tantas molestias?".

Cada vez que entres en meditación, lo primero que encontrarás en la verja, en el mismo momento en que abras la puerta, será el Diablo, porque es por miedo a Él por lo que has cerrado la puerta. Y recuerda...; pero primero os contaré una anécdota, entonces comprenderéis.

En una tienda habían anunciado una liquidación especial para Navidad, concretamente de ropas y vestidos de señora, así que había una gran multitud de señoras. Un hombre había ido porque su esposa, que estaba enferma, le obligó a ir porque ésta era una oportunidad que no se podía perder. Así que él estuvo allí, como un caballero, durante una hora, pero no pudo llegar al mostrador. Ya sabéis cómo son las señoras: chillando, gritándose mutuamente, moviéndose desde cualquier parte, sin ninguna cola, etcétera; y el hombre pensaba en una cola, así que se quedó allí. Pasó una hora y no se había acercado nada al mostrador; entonces se puso a empujar y a gritar y a chillar, y empezó a entrar a la fuerza entre la multitud.

Al acercarse al mostrador, una señora anciana gritó: "¡¿Qué?! ¡¿Qué está haciendo?! ¡Sea un caballero!".

El hombre dijo: "He sido un caballero durante una hora. ¡Ahora tengo que comportarme como una señora! ¡Se acabó!".

Recuerda, el Diablo nunca se comporta como un caballero, se comporta como una señora. Siempre es el primero en la cola. Y Dios es un caballero. Le es difícil estar el primero en la cola, y en el momento que abres la puerta, entra el Diablo. Y a causa del miedo que le tienes, permaneces cerrado. Pero si no puede entrar el Diablo, tampoco puede entrar Dios.

Cuando te vuelves vulnerable, te vuelves vulnerable para ambos, para Dios y el Diablo, la luz y la oscuridad, la vida y la muerte, el amor y el odio; te vuelves asequible a los dos opuestos. Si has elegido no sufrir, estás cerrado a ambos.

Puede que no sufras pero tu vida es un aburrimiento, porque aunque no sufres tanto como sufrirías si estuvieses abierto tampoco hay ninguna bendición. La puerta está cerrada: no entra la mañana, ni el sol, ni la luna; no entra el cielo, ni el aire fresco, todo se ha vuelto rancio. Y estás escondido ahí por miedo. No vives en una casa, la has convertido ya en una tumba. Vuestras ciudades son cementerios, vuestras casas son tumbas. Toda tu forma de vida es la de un muerto.

Se necesita valor para estar abierto, valor para sufrir, porque sólo entonces se hacen posibles las bendiciones.

Ahora deberíamos intentar comprender esta bella anécdota.

Gensha se lamentó un día ante sus seguidores: "Otros Maestros han mantenido siempre la necesidad de salvar a todo el mundo; pero supón que te encuentras con alguien que está sordo, mudo y ciego: él no podría ver tus gestos, oír tu predicación o, al mismo respecto, hacer preguntas. Incapaz de salvarle, has probado que eres un Budista inútil".

Los Maestros no se lamentan generalmente, pero cuando se lamentan significa algo. Éste no es sólo el lamento de Gensha, es el lamento de todos los Maestros. Pero ésta es su experiencia, y dondequiera que vas encuentras gente sorda y muda y ciega, porque toda la sociedad es así. ¿Y cómo salvarles? No pueden ver, no pueden oír, no pueden sentir, no pueden entender ningún gesto. Si te esfuerzas demasiado en salvarles, huirán, pensarán: "Este hombre quiere algo, quiere explotarme, o debe de tener algún plan". Si no haces mucho por ellos, sienten: "Este hombre no es para mí, porque no se toma suficiente interés".

Y se haga lo que se haga, no pueden comprender.

Éste no es el lamento de Gensha, porque las personas Iluminadas nunca se lamentan por sí mismas. Este lamento es general, es así como sucede. Un Jesús siente lo mismo, un Buda siente lo mismo.

Vayas donde vayas encuentras personas que están sordas, mudas, ciegas. Haces gestos: no pueden ver; o, aún peor, ven otra cosa. Les hablas: no pueden entender, y aún peor, malinterpretan. Dices otra cosa y de nuevo ellos entienden algo distinto, porque el significado no se puede dar con palabras. Sólo se pueden comunicar palabras; el significado tiene que ponerlo el que escucha.

Cuando digo una palabra, quiero decir una cosa. Pero si hay diez mil personas escuchando, habrá diez mil significados, porque cada uno escuchará desde *su* mente, desde *su* prejuicio, desde *su* concepto y filosofía y religión. Escuchará desde *su* condicionamiento, y su condicionamiento pondrá el significado. Es muy difícil, casi imposible. Es igual que si vas a un manicomio y hablas con la gente. ¿Cómo te sentirás? Eso es lo que siente Gensha, ése es el lamento.

Ése es también mi lamento.

Trabajando con vosotros, siempre siento que aparece un bloqueo. O tus ojos están bloqueados, o tus oídos están bloqueados, o tu nariz está bloqueada, o tu corazón está bloqueado; en alguna u otra parte algo está bloqueado. Algo que es como una piedra. Y es difícil penetrar, porque si hago demasiado para penetrar en ello, te asustas: ¿por qué estoy tan interesado? Si no hago demasiado te sientes abandonado. Así es como funciona una mente ignorante. Haces esto y lo malinterpretas, haces lo otro y lo malinterpretas. Una cosa es segura: que malinterpretarás.

Gensha se lamentó un día ante 'sus seguidores: "Otros Maestros han mantenido siempre la necesidad de salvar a todo el mundo".

Buda ha dicho que cuando te has salvado, lo único que se puede hacer es salvar a los demás. Cuando *tú* has llegado, lo único que puedes hacer es difundirlo a los demás, porque todo el mundo está esforzándose. Todo el mundo está en el Sendero dando traspiés, todo el mundo está moviéndose, sabiéndolo o sin saberlo, y *tú has llegado*. Ayuda a los demás.

Y esto es también una necesidad, una necesidad interna de las energías del hombre Iluminado, que aún vivirá algunos años; porque la Iluminación no es un destino, no está fijada, no está causada. Cuando sucede, no es necesariamente el momento en el que muere el cuerpo. No hay ninguna necesidad de que estas dos cosas sucedan a la vez. En realidad, es casi imposible, porque la Iluminación es un fenómeno repentino y *no causado*. *Trabajas* por ella, pero nunca sucede a causa de tu trabajo. Tu trabajo *ayuda* a crear la situación, pero sucede mediante otra cosa: ésa otra cosa es llamada gracia. Es un regalo de Dios, no es un producto derivado de tus esfuerzos, éstos no la causan.

Por supuesto, tus esfuerzos crean una situación: abro la puerta y la luz entra. Pero la luz es un regalo del sol. No puedo crear la luz con sólo abrir la puerta. El abrir la puerta no es su *causa*. No abrir la puerta era un obstáculo, pero abrirla no es una causa, no puedo causar la luz.

Si abres la puerta y es de noche, no entrará luz. Abrir la puerta no es crear luz, pero cerrando la puerta obstaculizas. Así que todos los esfuerzos que haces por la comprensión son sólo para abrir la puerta. La luz llega cuando llega. Tienes que permanecer con la puerta abierta para que cuando sea que llegue, cuando sea que llame a tu puerta, te encuentre allí y la puerta esté abierta para poder entrar. Es siempre *un regalo*, Y TIENE QUE SER ASÍ, porque alcanzar lo Supremo mediante tus esfuerzos es un absurdo. Una mente limitada haciendo esfuerzos; todos los esfuerzos serán finitos. ¿Cómo va a suceder lo infinito mediante esfuerzos finitos? La mente ignorante hace esfuerzos, esos esfuerzos están hechos en la ignorancia; ¿cómo van a cambiar, a transformarse en Iluminación? No, no es posible.

Haces esfuerzos, son necesarios, te preparan, abren la puerta, pero el acontecimiento sucede cuando sucede.

Tú permaneces asequible. Dios llama muchas veces a tu puerta, el sol sale cada día.

Recuerda, en ninguna otra parte se dice lo que me

gustaría deciros, aunque es una ayuda. No se dice porque si lo malinterpretas puede convertirse en un obstáculo. Hay día para Dios y también hay noche. Si abres la puerta por la noche, la puerta permanecerá abierta, pero Dios no entrará. Pero cuando llega *el día*, si abres la puerta en el momento adecuado, Dios entra inmediatamente.

Y tiene que ser así, porque toda la existencia tiene opuestos. Dios también está en un período de descanso, cuando duerme. Si abres la puerta entonces, Él no entrará. Hay un momento en el que está despierto, y se mueve. Tiene que ser así, porque toda energía se mueve a través de dos opuestos, descanso y movimiento, ¡y Dios es energía infinita!. Tiene movimientos y tiene un descanso. Por eso es necesario un Maestro.

Si lo haces por ti mismo, puede que estés esforzándote mucho y que no suceda nada, porque no estás esforzándote en el momento apropiado. Estás trabajando por la noche, ¡abres la puerta y sólo entra oscuridad! *Asustado*, la cierras de nuevo.

Abres la puerta y no hay más que enorme vacío. Te asustas, la cierras de nuevo, y una vez que ves ese vacío, nunca lo olvidas; y tendrás tanto miedo que tardarás muchos años en reunir valor para abrirla de nuevo. *Porque una vez que ves el abismo infinito, cuando Dios está dormido, cuando Dios está descansando, si ves ese momento de negatividad y abismo y oscuridad infinitos, te asustarás;* tanto que durante muchos años no harás otro intento.

Siento que muchas personas tienen miedo, tienen miedo de entrar en meditación, y sé que en algún momento de su vida pasada hicieron algún esfuerzo y tuvieron un vislumbre del abismo en el momento inapropiado. Puede que no lo sepan, pero está ahí, inconscientemente, de forma que cada vez que se acercan a la puerta y ponen la mano en el asidero, y sienten que es posible abrirla, se asustan. *Se echan atrás exactamente en ese momento, retroceden corriendo*, no la abren. Se apodera de ellos un miedo inconsciente. Tiene que ser así, porque han estado esforzándose y luchando durante muchas vidas.

De ahí la necesidad de un Maestro que sepa, que haya llegado y que conozca el momento adecuado. Él te dirá que hagas todos los esfuerzos cuando es la noche de Dios. Y no te dirá que abras la puerta. Te dirá que te prepares en la noche, que te prepares tanto como puedas, que estés listo; y cuando llegue la mañana y hayan entrado los primeros rayos, te dirá que abras la puerta. ¡La Iluminación será repentina! Entonces es totalmente diferente, porque cuando hay luz *es* totalmente diferente.

Cuando Dios está despierto no hay vacío. Es una plenitud; es plenitud perfecta, todo está lleno. Más que lleno: es una perfección rebosante. Es la cumbre, no el abismo.

Si abres la puerta en el momento inapropiado, es el abismo. Te dará vértigo, tanto vértigo que no volverás a intentarlo en muchas vidas. Pero sólo alguien que sabe, sólo alguien que se ha hecho uno con Dios, sólo alguien que sabe cuándo es de noche y cuándo es de día, puede ayudarte, porque ahora sucede también en él: tiene noche, tiene día.

Los hindúes tuvieron un vislumbre de esto y desarrollaron una bella concepción: el día de Brahma, el día de Dios. Cuando la creación está ahí lo llaman el día de Dios. Pero la creación tiene un tiempo límite, y comienza la noche de Brahma, la noche de Dios, y la creación se disuelve. Doce horas del día de Brahma es toda la creación. Luego, cansada, toda la existencia desaparece en la no-existencia. Entonces, durante doce horas es la noche de Brahma. Para nosotros son millones y millones de años, para Dios son doce horas, su día.

Los cristianos también tienen una teoría, o una hipótesis —porque todas las religiones son teorías, hipótesis, ya que nada ha sido probado, nada puede ser probado por la naturaleza del asunto... Dicen que Dios creó el mundo en seis días; luego, el séptimo descansó. Ellos también vislumbraron que incluso Dios debe descansar.

Ambas son sólo hipótesis, ambas son hermosas, pero trata de encontrar su esencia. La esencia es que cada día de Dios consta también de noche y día. Y cada día hay un momento apropiado para entrar y un momento inapropiado; en el momento inapropiado estás contra la pared, en el momento apropiado sencillamente entrarás. A causa de esto, los que han llamado en el momento inapropiado dicen que alcanzar la Iluminación es algo gradual, lo alcanzas a grados; y los que han lle-gado a puerta en el momento adecuado dicen que la Iluminación es repentina, sucede en un instante.

Es necesario un Maestro para decidir cuando es el momento adecuado.

Cuando Vivekananda era un discípulo, un día alcanzó el primer vislumbre. Lo puedes llamar *satori*, la palabra Zen para *samadhi*, porque es una *visión momentánea,* no algo permanente. Es como si no hubiera nubes en el cielo, el cielo está claro y desde una distancia de mil millas tienes un vislumbre del Everest en toda su gloria, pero luego el cielo se nubla y de nuevo se pierde el vislumbre. No es llegar, no has alcanzado el Everest, no has alcanzado la cumbre, sólo tuviste un vislumbre desde mil millas; eso es el *satori*. El *satori* es un vislumbre del *samadhi*. Vivekananda tuvo un *satori.*

En el ashram de Ramakrishna había mucha gente, trabajaba mucha gente. Un hombre, su nombre era Carlo, un hombre muy sencillo, un hombre muy inocente, también estaba trabajando a su manera. Ramakrishna, que era un hombre excepcional, aceptaba todas las técnicas, todos los métodos, y decía que todo el mundo tiene que encontrar su propio Camino, que no hay Supercamino. Y esto es bueno, de otra forma habría un embotellamiento, así que es bueno; puedes caminar por tu propio sendero. No hay nadie más para crear ningún problema o para abarrotarlo.

Este Carlo era un hombre muy sencillo. Tenía al menos cien dioses. Los hindúes son amantes de muchos dioses, uno no es suficiente para ellos. Así que en su lugar de veneración ponen a este dios, y a ese dios, y todo lo que pueden encontrar, incluso calendarios. No hay nada de malo en ello; si amas esto, está bien. Pero Vivekananda tenía una mente lógica, un intelecto muy agudo. Siempre discutía con este Carlo, un hombre inocente, y éste no podía contestar. Vivekananda decía: "¿Por qué esta tontería? Un Dios es suficiente, y las Escrituras dicen que Él es uno, así que, ¿por qué estos ciento y un dioses?". Esos dioses tenían todo tipo de formas, y Carlo tenía que trabajar con ellos al menos tres horas por la mañana y tres horas por la tarde. Se le iba todo el día en ello, porque tenía que trabajar con cada dios y, no importaba lo rápido que trabajase, empleaba al menos tres horas por la mañana y tres horas por la tarde. Pero era un hombre muy, muy silencioso, y Ramakrishna le amaba.

Vivekananda siempre discutía: "Tira esos dioses!". Cuando tuvo un vislumbre de *satori* se sintió muy poderoso. De pronto le llegó la idea de que con este poder, si simplemente enviaba un mensaje telepático a Carlo —que a la sazón se encontraba en la hora de adoración— para que llevase todos sus dioses al Ganges y los tirase, sucedería.

Simplemente envió el mensaje. Carlo era un hombre realmente sencillo. Recogió todos sus dioses en una sábana y los llevó hacia el Ganges.

Ramakrishna regresaba del Ganges y le dijo: "¡Espera! No eres realmente tú el que los está tirando. Vuelve a tu habitación y ponlos en su sitio". Pero Carlo dijo: "¡Basta! ¡Se acabó!".

Ramakrishna dijo: "¡Espera y ven conmigo!".

Llamó a la puerta de Vivekananda. Vivekananda abrió la puerta y Ramakrishna le dijo: "¿Qué has hecho? Esto no está bien y éste no es el momento adecuado para ti. Así que tomaré la llave de tu meditación y la guardaré. Cuando llegue el momento adecuado te la daré".

Y durante toda su vida Vivekananda intento llegar al *satori* de millones de formas, pero no pudo conseguir ese vislumbre de nuevo.

Justo antes de morir Ramakrishna, tres días antes, se le apareció en un sueño y le dio la llave. Le dijo: "Ahora puedes tomar la llave. Ahora el momento adecuado está aquí y puedes abrir la puerta".

Y al día siguiente por la mañana tuvo un segundo vislumbre.

Un Maestro sabe cuándo es el momento adecuado y te dará la llave cuando el momento haya llegado; entonces simplemente abres la puerta y lo Divino entra, porque si abres la puerta y entra la oscuridad, parecerá la muerte, no la vida.

No hay nada de malo en ello, pero te asustarás, y

te puede asustar tanto que puedes cargar con ese miedo para siempre jamás.

Buda dice que cuando llega la Iluminación cesa el deseo, *vasana*; entonces esa puerta se ha terminado, ese viaje ya no existe, ese escape ya no existe, y las energías que se movían en el deseo se convierten en compasión, se convierten en *karuna*. Y sólo hay una compasión: ayudar a los demás a alcanzar lo Supremo, porque no hay *otra* cosa que alcanzar. Todo lo demás es *basura*. Sólo lo Divino merece la pena ser alcanzado. Si alcanzas eso has alcanzado todo; si pierdes eso, lo has perdido todo.

Cuando uno se Ilumina vive durante algunos años antes de que el cuerpo complete su círculo. Buda siguió viviendo durante cuarenta años, porque el cuerpo había tomado impulso, el cuerpo había tomado cromosomas de los padres, tenía un círculo vital de su propio karma pasado. Tenía que vivir ochenta años, Iluminado o no. La Iluminación le sucedió cuando tenía alrededor de cuarenta años, así que vivió cuarenta años más.

¿Qué hacer ahora con la energía? Ya no hay deseos, ni ambición, y tienes infinitas energías fluyendo. ¿Qué hacer con esas energías? Pueden ser transformadas en compasión. Ya ni siquiera la meditación es necesaria: has llegado, estás rebosante, ahora puedes compartir. Ahora puedes compartir con millones, puedes dar.

Así que Buda hizo de esto una parte básica de su enseñanza. A la primera parte se la llama *dhyana*, meditación, y a la segunda parte *prajna*, sabiduría, logro. A través de la meditación llegas a *prajna*. Éstos son tus fenómenos internos: primero meditación, luego sabiduría. Un hombre Iluminado siempre está equilibrado: cuando no había meditación dentro, por fuera había deseos; ahora que hay sabiduría dentro, hacia el exterior debería haber compasión. Las energías externas deberían convertirse en compasión cuando las energías internas se han convertido en sabiduría, en Iluminación. Iluminación dentro, compasión fuera.

El hombre perfecto siempre está equilibrado.

De forma que Buda dice: "Sigue y sigue y ayuda a que la gente se salve".

Gensha se lamentó: ¿Cómo hacerlo si llegas a alguien que está sordo, mudo y ciego?y casi siempre te encuentras gente así, porque es la única que hay. No te encuentras con un Buda, y de todos modos un Buda no te necesita. Te encuentras con una persona ignorante, que no sabe qué hacer, que no sabe a dónde ir. ¿Cómo ayudarle?

Preocupado por estas palabras, uno de los discípulos de Gensha fue a consultar al Maestro Ummon.

Ummon era un discípulo hermano de Gensha: eran discípulos del mismo Maestro, Seppo. ¿Qué hacer? Gensha le había dicho algo tan inquietante: ¿cómo ayudar a la gente? Acudió a Ummon.

Gensha era un Maestro muy silencioso, mientras que Ummon era muy famoso; tenía miles de discípulos y tenía muchas estratagemas para trabajar con ellos. Era un hombre que, como Gurdjieff, creaba situaciones, porque sólo las situaciones pueden ayudar.

Si estás mudo, si estás sordo, la palabra no puede ayudar. Si estás ciego, los gestos son inútiles. ¿Qué hacer entonces? Sólo las situaciones pueden ayudar.

Si estás ciego, no te puedo mostrar la puerta con un gesto, ¡porque no puedes ver! ¡No te puedo hablar de esa puerta porque estás sordo y no puedes escuchar! En realidad ni siquiera puedes hacer la pregunta. "¿Dónde está la puerta?", porque estás mudo. ¿Qué hacer? Hay que crear una situación.

Puedo tomarte de la mano, puedo llevarte con mi mano hacia la puerta. Pero no sirve ningún gesto, ninguna palabra. Tengo que *hacer* algo; tengo que crear una situación en la que el sordo, el mudo y el ciego puedan moverse.

Preocupado por estas palabras, uno de los discípulos de Gensha fue a visitar al Maestro Ummon.

Porque sabía bien que Gensha no diría mucho; no era hombre de muchas palabras y nunca creaba ninguna situación; decía cosas y se mantenía en silencio. La gente tenía que acudir a otros Maestros para preguntar qué quería decir. Era un tipo de hombre diferente, un tipo de hombre silencioso, como Ramana Maharshi; no hablaba mucho. Pero Ummon era como Gurdjieff; él tampoco era un hombre de palabras, pero creaba situaciones y usaba las palabras sólo para crear situaciones.

Fue a consultar al Maestro Ummon, quien, al igual que Gensha, era un discípulo de Seppo.

Y Seppo era totalmente diferente a ambos. Se dice que jamás habló. Permaneció completamente en silencio, así que no tenía problemas: nunca se encontró con un sordo, mudo y ciego, porque nunca se movió. Sólo las personas que estaban buscando, sólo las personas cuyos ojos estaban abriéndose ligeramente, sólo las personas que estaban sordas pero que si les hablabas alto podían escuchar, que estaban mudas pero que si forzabas una situación podían decir algo... Es por eso por lo que muchas personas se Iluminaron cerca de Seppo, porque los que ya estaban al borde llegaron a él.

Ummon y Gensha se Iluminaron con Seppo, un hombre totalmente silencioso, que estaba siempre sentado y no hacía nada. Si querías aprender podías estar con él, si no querías te podías ir. Él no decía nada. *Tú* tenías que aprender, *él* no enseñaba. Él no era un profesor, pero mucha gente aprendió.

El discípulo acudió a Ummon:

"Inclínate, por favor", dijo Ummon.

Empezó inmediatamente, porque las personas que están Iluminadas no pierden el tiempo, sencillamente se lanzan a la cuestión inmediatamente.

"Inclínate, por favor", dijo Ummon. El monje, aunque cogido por sorpresa...

¡Porque esas no son maneras! No se ordena a nadie que se incline. Y no hay necesidad: si alguien quiere inclinarse, se inclinará, si quiere presentarte sus respetos, los presentará. Si no quiere no lo hará. ¿Qué tipo de hombre es este Ummon? Dice: "Inclínate, por favor", casi antes de que el monje le haya preguntado nada; acaba de entrar en la habitación, y Ummon dice: "Saluda, por favor".

El monje, aunque cogido por sorpresa, obedeció el mandamiento del Maestro; luego se enderezó con la esperanza de que su interrogante fuese respondido. Pero en vez de una respuesta, Ummon le lanzó un bastón. Él dio un salto hacia atrás. "Bueno", dijo Ummon, "no estás ciego. Ahora acércate".

Le dijo: puedes ver mi bastón, así que una cosa es segura, no estás ciego. Ahora acércate.

El monje hizo como se le había ordenado. "Bien", dijo Ummon, "así que tampoco estás sordo".

Puedes escuchar; te digo que te acerques y te acercas.

"Bueno, ¿comprendes?". "¿Comprender qué, señor?", dijo el monje. "Ah, tampoco estás mudo", dijo Ummon. Al oír estas palabras el monje despertó como de un profundo sueño.

¿Qué sucedió? ¿Qué está indicando Ummon? Primero, está diciendo que si no es tu problema, ¿por qué estar preocupado? Hay personas que vienen a mí... Vino un hombre muy rico, uno de los más ricos de la India, y dijo: "¿Qué pasa con los pobres? ¿Cómo ayudar a los pobres?". Así que le dije: "Si eres pobre, entonces pregunta. Si no, ¡deja que pregunten los pobres! ¿Cómo es que es un problema para ti? Tú no eres pobre, así que, ¿por qué hacer un problema de ello?".

Yo estaba presente un día en que el hijo de Mulla Nasrudín estaba trabajando tenazmente con sus deberes, por supuesto refunfuñando. De pronto, levantó la mirada y preguntó a su padre: "Papa, ¿para qué sirve todo este rollo de la educación?".

Nasrudín le respondió: "Bueno, no hay nada como la educación. Te hace capaz de preocuparte por toda la gente del mundo excepto por ti mismo".

No hay nada como la educación. La educación simplemente te hace capaz de preocuparte por situaciones de todas las partes del mundo, por toda la gente, excepto por ti mismo.

Los problemas siempre han existido, siempre existirán. No es porque tú estés aquí que hay problemas en otra parte. Tú no existías, y ya existían; pronto no existirás, y permanecerán ahí. Cambian de color, pero permanencen. El plan del universo es tal que parece que mediante problemas y sufrimiento algo *está* creciendo. Parece ser un paso, parece ser un aprendizaje necesario, una disciplina.

Lo primero que Ummon está señalando es: Tú no estás ni ciego, ni mudo, ni sordo, así que, ¿por qué estás preocupado y por qué estás agitado? *Tú* tienes ojos, ¿por qué perder el tiempo pensando en los ciegos? ¿Por qué no mirar a tu Maestro? Porque los ciegos siempre existirán, pero tu Maestro no estará aquí por siempre. Tú puedes pensar y preocuparte en cómo salvar a los cielos y los sordos, pero el hombre que puede salvarte no estará aquí para siempre. *Así que preocúpate por ti mismo.*

También mi experiencia es que la gente se preocupa sólo por los demás. Incluso una vez un hombre me hizo exactamente la misma pregunta. Dijo: "Nosotros podemos escucharte, pero, ¿qué pasa con los que no pueden venir a escuchar? ¿Qué hacer? Nosotros podemos leerte", dijo, "pero, ¿y los que no saben leer?".

Parecen preguntas pertinentes, pero están absolutamente fuera de lugar. ¿Por qué estás *tú* preocupado? Si te preocupas así, entonces nunca te podrás Iluminar, porque una persona que va gastando y disipando su energía en los demás nunca se mira a sí misma. En realidad es un truco de la mente para huir de uno mismo: te sientes muy bueno porque te estás preocupando por los demás. Eres un gran reformador social, o un revolucionario, o un utópico; un gran servidor de la sociedad; pero, ¿qué estás haciendo? Simplemente estás evitando la pregunta básica; es *contigo* con el que hay que hacer algo.

Olvídate de la sociedad entera y sólo entonces podrás hacer algo; y cuando *tú* estés salvado, puedes empezar a salvar a los demás.

Pero antes de eso, por favor, no lo pienses, es imposible. Antes de estar curado no puedes curar a nadie. Antes de que *tú* estés lleno de luz, no puedes ayudar a nadie a encender su propio corazón. Imposible: sólo una llama encendida puede ayudar a alguien. Primero conviértete en una llama encendida: eso es lo primero. Y lo segundo es: Ummon creó una situación. Podría haber dicho esto, pero no lo dijo: creó una situación, porque sólo en una situación te involucras totalmente. Si digo algo sólo se involucra el intelecto. Luchas desde la cabeza; pero tus piernas, tu corazón, tus riñones, tu hígado, tu totalidad no está involucrada. Pero cuando al monje le lanzarón un bastón, saltó totalmente. Entonces fue una acción total; entonces no sólo la cabeza y las piernas, el riñón, el hígado, sino la totalidad de él *saltó*.

Ése es todo el punto de mis técnicas de meditación: todo tu ser tiene que vibrar, saltar; todo tu ser tiene que bailar; todo tu ser tiene que moverse. Si simplemente te sientas con los ojos cerrados, sólo la cabeza está involucrada. Puedes seguir y seguir dentro de la cabeza —y hay mucha gente que continúa sentándose durante años seguidos, repitiendo un mantra con los ojos cerrados. Pero un mantra se mueve en la cabeza; tu totalidad no está involucrada: ¡y en la existencia está involucrada tu totalidad!

Tu cabeza está en Dios tan sólo en la misma medida en la que lo están tu hígado y tus riñones y tus pies. Estás totalmente en Él, y la cabeza sola no puede darse cuenta de esto.

Cualquier cosa intensamente activa será útil. Inactivo, puedes simplemente seguir divagando dentro de la mente. Y los sueños, los pensamientos, no tienen fin. Siguen infinitamente.

Kabir dijo que hay dos infinitos en el mundo: uno es la ignorancia y el otro es Dios. Hay dos cosas que no tienen fin: Dios no tiene fin, y la ignorancia tampoco. Puedes seguir repitiendo un mantra, pero no servirá de nada *a no ser que tu vida entera se convierta en un mantra*, a no ser que estés completamente involucrado en ello, sin reservar nada, sin división. Eso es lo que hizo Ummon. Tiró un bastón al monje.

Él dio un salto hacia atrás. "Bueno", dijo Ummon,

"no estás ciego. Ahora acércate. El monje hizo como se le había ordenado. "Bien, tampoco estás sordo".

¿Qué está indicando? Está indicando esto: "Tú puedes comprender, así que, ¿por qué perder el tiempo?". Luego le pregunta: "Bueno, ¿comprendes?". Ummon había terminado. La situación estaba completa. Pero el discípulo no estaba listo todavía, aún no lo había entendido. Preguntó, "¿Comprender qué, señor?".

Ahora todo estaba allí. Ummon había dicho todo lo que había que decir. Y había creado una situación en la que no había pensamientos: cuando alguien te lanza un bastón, saltas sin ningún pensamiento. Si piensas no puedes saltar, porque para cuando has decidido saltar ya te ha pegado el bastón. No hay tiempo.

La mente necesita tiempo, para pensar se necesita tiempo. Cuando alguien te tira un bastón, o te encuentras de repente una serpiente en el camino, ¡saltas! No piensas en ello, no haces un silogismo, no dice: Aquí hay una serpiente; una serpiente es peligrosa; es posible la muerte; debo saltar. Ahí no sigues a Aristóteles. Sencillamente pones todo Aristóteles de lado: ¡saltas! No te importa lo que dice Aristóteles; eres ilógico. Pero siempre que eres ilógico eres total.

Esto es lo que dijo Ummon. Saltas totalmente. Si puedes saltar totalmente, ¿por qué no meditar totalmente?

Cuando te tiran un bastón, saltas sin preocuparte por el mundo. No preguntas: "Eso está bien, pero, ¿y un ciego? Si tiras un bastón, ¿cómo ayudará eso a un ciego?". No haces ninguna pregunta, simplemente saltas; simplemente lo esquivas. *En ese momento desaparece el mundo entero, sólo TÚ eres el problema.* Y el problema está *ahí*, tienes que resolverlo y salir de él.

"¿Comprendes?".

Eso es lo que preguntó Ummon. El punto está completo.

"¿Comprender qué, señor?", dijo el monje.

Aún no lo ha comprendido.

"Ah, tampoco eres mudo".

También puedes hablar.

Al oír estas palabras el monje despertó como de un profundo sueño.

Una situación completa, no verbal, ilógica, total. Como si alguien le hubiera sacudido y despertado. Se despertó; por un momento todo se volvió claro. Por un instante hubo un relámpago, no había oscuridad. Sucedió el *satori*.

Ahora está ahí el sabor. Ahora el discípulo puede saborearlo. Ahora ha sabido y nunca podrá olvidarlo. Ahora la búsqueda será totalmente diferente. Antes de esto, era la búsqueda de algo desconocido, ¿y cómo puedes buscar algo desconocido? ¿Y cómo puedes dejar toda tu vida por ello? Pero ahora será total, ahora no es algo desconocido: se le ha dado un vislumbre. Ha saboreado el océano, quizá en una taza de té, pero el sabor es el mismo. Ahora *sabe*. Fue realmente una pequeña experiencia, una ventana abierta, pero todo el cielo estaba allí. Ahora puede salir de la casa, salir bajo el cielo y vivir en él. Ahora sabe que la cuestión es individual.

No lo hagas social. La cuestión eres TÚ, y cuando digo tú, quiero decir *tú*, cada individuo, no como grupo, no como sociedad. Cuando quiero decir *tú*, simplemente quiero decir TÚ, el individuo, y el truco de la mente es hacerlo social. La mente quiere preocuparse por los demás y entonces elude el problema. Puedes posponer tus propios problemas: es así como has estado desperdiciando tu vida durante muchas vidas. No la desperdicies más.

He estado manteniendo estas charlas, más sutiles que las de Ummon, pero si no me escuchásis puede que tenga que encontrar cosas menos refinadas.

No pienses en los demás. Primero resuelve *tus* problemas, entonces tendrás la claridad para ayudar también a los demás. Nadie puede ayudar a no ser que él mismo esté Iluminado.

X.
VIENDO DOBLE

Le preguntó un monje curioso a un
Maestro: "¿Cuál es el Camino?".
"Está justo ante tus ojos", dijo el Maestro.
"¿Por qué no lo veo por mí mismo?",
preguntó el monje.
"Porque estás pensando en ti mismo",
dijo el Maestro.
"¿Y usted?", dijo el monje, "¿usted lo ve?".
El Maestro dijo: "Mientras sigas
viendo doble, diciendo que yo no y tú sí, y así
sucesivamente, tus ojos estarán nublados".
"Cuando no hay ni yo ni tú,
¿se puede ver?", dijo el monje.
"Cuando no hay ni yo ni tú, ¿quién es el que quiere
verlo?", replicó el Maestro.

Sí, el Camino está justo ante tus ojos.

Pero tus ojos no están justo ante el Camino: están cerrados, cerrados de una forma muy sutil.

Están nublados. Millones de pensamientos los están cerrando, millones de sueños flotan sobre ellos; todo lo que has visto está ahí, todo lo que has pensado está ahí.

Y has vivido mucho tiempo, muchas vidas, y has pensado mucho, y está todo ahí acumulado en tus ojos.

Pero como los pensamientos no se pueden ver, ves tus ojos como si estuvieran limpios.

No tienen claridad. Hay en tus ojos millones de capas de pensamientos y sueños.

El Camino está justo delante de ti. Todo lo que es, está justo ante ti.

Pero tú no estás aquí. No estás en ese momento apacible en el que tus ojos están totalmente vacíos, sin nubes, y *ves*, y ves lo que es.

Así que lo primero que hay que comprender es: cómo conseguir ojos sin nubes, cómo vaciar tus ojos para que puedan reflejar la verdad, cómo noi estar continuamente en un loco apresuramiento en tu interior, cómo no estar continuamente pensando, cómo relajar el pensamiento.

Cuando no hay pensamiento, ves; cuando hay pensamiento, sigues interpretando y sigues errando.

No seas un intérprete de la realidad, sé un visionario. ¡No pienses en ella, vela!

¿Qué hacer? Una cosa: Cada vez que mires, sé sólo la mirada. Pruébalo. Sucede. Le ha sucedido a muchas personas, ¿por qué no a ti?

Tú no eres una excepción. La ley universal es tan asequible para ti como para Buda o como para *cualquiera*. Tan sólo haz un poco de esfuerzo.

Cuando veas una flor tan sólo vela, no digas nada. El río fluye: siéntate a la orilla y *ve* el río, pero no digas nada. Las nubes se mueven por el cielo: túmbate en el suelo y *ve*, y no digas nada. ¡No *verbalices*!

Éste es el hábito más profundo: verbalizar; éste es todo tu adiestramiento: saltar inmediatamente de la realidad a las palabras, empezar a hacer palabras inmediatamente: "bonita flor", "preciosa puesta de sol". Si es preciosa, ¡déjala ser preciosa!: ¿por qué meter la palabra? Si es bonita, ¿crees que la palabra "bonita" la hará más bonita? Por el contrario, te perdiste un momento extático. Entró la verbalización.

Antes de poder *ver*, te *fuiste*, te fuiste en un vagabundeo interno; si te vas demasiado lejos en este vagabundeo te vuelves loco.

¿Qué es un loco? El que nunca está en la realidad, el que siempre está vagando en su propio mundo de palabras y ha ido tan lejos que no puede regresar.

El loco *no* está en la realidad, pero, ¿estás *tú* en la realidad? Tú tampoco estás, la diferencia es sólo de grado. Un loco se ha ido muy lejos; tú nunca fuiste tan lejos, tan sólo anduviste en la vecindad, y te vuelves, tocas lentamente la realidad, y te vas de nuevo.

Tienes un pequeño toque, un pequeño contacto en alguna parte; desarraigado, pero aún parece que una raíz está ahí, en la realidad.

Pero esa raíz es muy frágil, se puede romper en cualquier momento, con cualquier accidente: se muere tu esposa, tu marido huye, te arruinas, y esa frágil raíz se rompe. Entonces continúas vagando y vagando hasta que ya no hay regreso, entonces nunca vuelves a la realidad. Éste es el estado del loco, y el hombre normal es diferente sólo en grado.

¿Y cuál es el estado de un Buda, un Iluminado, un hombre del Tao, de comprensión, de consciencia? Él está profundamente enraizado en la realidad, nunca se aparta de ella: justo lo contrario que el loco.

Tú estás en el medio. Desde ese medio puedes ir hacia ser un loco o puedes ir hacia ser un Buda. ¡Depende de ti!

No des mucha energía a los pensamientos, eso es suicida, te envenenas. Cada vez que empiece el pensamiento, si es innecesario —y el noventa y nueve por ciento de los casos es innecesario— vuelve inmediatamente a la realidad. Cualquier cosa servirá: incluso tocar la silla en la que estás sentado, o tocar la cama en la que estás tumbado. Siente el tacto: es más real que tus pensamientos acerca de Dios, ¡es más divino que tus pensamientos acerca de Dios porque es algo auténtico!

Tócalo, siente el tacto, sé el tacto, estáte aquí y ahora. ¿Estás comiendo? Saborea bien la comida; huélela bien, mastícala bien: ¡estás mascando la realidad! *No* te vayas vagando en pensamientos. ¿Estás tomando un baño? ¡Disfrútalo! ¿La ducha cae sobre ti? ¡Siéntela!

Conviértete más y más en un centro que *siente*, en vez de en un centro que piensa.

Sí, el Camino está justo ante tus ojos. Pero sentir no está muy permitido. La sociedad te educa como ser pensante, no como un ser que siente, porque sentir es impredecible, nadie sabe a dónde te llevará; y la sociedad no puede dejarte solo, te da pensamientos: todas las escuelas, colegios y universidades existen como centros para adiestrarte a pensar, a verbalizar más.

Cuantas más palabras dices, más talento se piensa que tienes; cuanto más articulado eres con palabras y palabras... más sabio se piensa que eres.

Enfrentarte con ello es difícil, porque treinta, cuarenta, cincuenta, sesenta años de adiestramiento... Pero cuanto antes empieces mejor; *tráete de vuelta a la realidad*.

Ése es el objeto de todos los grupos de "sensibilización"; en Occidente se han convertido en un punto focal, y todos los que están interesados en la consciencia, la expansión de la consciencia, tienen que estar interesados en los grupos de sensibilización, en el adiestramiento para ser más sensible.

¡Y no tienes que ir a ningún sitio para aprenderlo! La totalidad de la vida es sensibilidad. La realidad está ante ti veinticuatro horas al día, a tu alrededor. Te rodea, respiras en ella, la comes, ¡todo lo que haces tienes que hacerlo con la realidad!

Pero la mente se va lejos. Existe un espacio entre tu ser y tu mente: no están juntos, la mente está en alguna otra parte. Tú tienes que estar aquí en la realidad, porque cuando comes tienes que comer pan real: ¡pensar en pan no basta! Cuando tomas un baño tienes que tomar un baño real: pensarlo no sirve para nada. Cuando respiras, tienes que respirar aire auténtico: pensarlo no servirá.

La realidad te rodea por todas partes, te está golpeando por todos los lados; la encuentras dondequiera que vas.

Ése es el significado de: El Camino está justo enfrente de tus ojos.

Está en todas partes, porque no puede haber otra cosa: sólo lo real *es*.

Entonces, ¿cuál es el problema? ¿Por qué entonces la gente sigue buscando y buscando y buscando y nunca lo encuentra? ¿Dónde está el problema? ¿Cuál es el núcleo básico de todo el problema?

El problema es: la mente está en los pensamientos. Existe la posibilidad de que la mente esté en los pensamientos. El cuerpo está en la realidad, pero la mente puede estar en los pensamientos: y ésa es la dualidad.

Y todas vuestras religiones han estado a favor de la mente y no a favor del cuerpo: ése ha sido el mayor obstáculo que ha existido nunca en este mundo. Envenenan toda la mente de la humanidad: están a favor de la mente, no de la realidad.

Si yo os digo: cuando estés comiendo, come saboreando, y come tan profundamente que te olvides del que come, que te conviertas simplemente en el proceso de comer, ¡os sorprenderá! Porque ningún hombre religioso diría algo así! La gente religiosa ha estado enseñando: Come sin sabor, *aswad*; han hecho algo muy grande de ello: el adiestramiento del no-gusto.

En el ashram de Gandhi tenían once normas, una de ellas era *aswad*, no sabor: come, pero sin sabor, *mata el sabor completamente*. Bebe, pero sin sabor. Haz tu vida todo lo insensible que sea posible. Insensibiliza tu cuerpo totalmente para que te puedas convertir en pura mente.

Te convertirás en ella, pero es así como la gente va hacia la locura.

Yo os enseño lo contrario, justo lo opuesto. Yo no estoy en contra de la vida: y la vida es el Camino. Yo afirmo la vida en su totalidad. Yo no soy un negador, yo no niego, y quiero traer vuestra mente de vuelta a la realidad.

Tu cuerpo es más real que tu mente. Puedes engañar con la mente, no puedes engañar con tu cuerpo. El cuerpo está más enraizado en el mundo; el cuerpo es más existencial que tu mente. Tu mente es sólo mental. Piensa, teje palabras, crea sistemas, *y todos los sistemas son estúpidos*.

Una vez Mulla Nasrudín estaba apostando en una carrera de caballos. En la primera carrera, perdió; en la segunda, perdió; tercera... siguió perdiendo, y dos señoras sentadas justo a su lado en un palco estaban ganando continuamente.

Entonces, en la séptima, él no pudo contener su curiosidad: ¿Qué sistema estaban siguiendo? En todas las carreras, y ya era la séptima, habían resultado ganadoras y él había perdido. Así que se armó de valor, se inclinó y preguntó a las señoras: "¿Les va bien?". Ellas dijeron: "Sí", estaban rebosando de felicidad; así que él susurró: "¿Pueden decirme algo sobre su sistema? Sólo una pista".

Una de las señoras dijo riéndose: "¡Tenemos muchos sistemas! Pero hoy nos hemos decidido por el de las colas largas".

Y todos los sistemas y todas las filosofías son así: colas largas.

Ningún sistema es acorde a la realidad, porque todos los sistemas son fabricaciones de la mente, verbalizaciones, *tus* interpretación, *tus* proyecciones: la mente trabajando sobre la realidad; así es como nace un sistema.

¡Todos los sistemas son falsos!

¡La Realidad no necesita ningún sistema! La realidad necesita claridad de visión. Para mirarla no necesitas ninguna filosofía, *está justo aquí y ahora*. Antes de que empieces a entrar en una filosofía, está ahí; cuando vuelves, está ahí. Y siempre habrá estado ahí contigo mientras tú estabas pensando en ella.

Pensar en la realidad es perdérsela.

Si eres hindú, te la perderás; si eres cristiano, te la perderás; si eres mahometano, te la perderás; todo "-ismo" es una forma de perdérsela. Si tienes el Korán en tu cabeza, te la perderás; si tienes el Gita en tu cabeza, te la perderás; no importa la Escritura que lleves: la Escritura es mente, y la realidad no está supeditada a la mente; a la realidad no le preocupan tu mente y tus fabricaciones.

¡Creas bellas teorías! ¡Das bellos argumentos! ¡Encuentras racionalizaciones lógicas! ¡Te esfuerzas mucho! Sigues refinando tus teorías, sacándoles brillo, pero son como ladrillos. Sigues frotándolos, sacándoles brillo, pero nunca se pueden convertir en un espejo.

Y yo os digo: quizás los ladrillos puedan convertirse en un espejo... pero la mente nunca se puede convertir en un espejo de la realidad.

La mente es *destructora*. En el momento que entra, todo se nubla.

Por favor, no seas un filósofo o un adicto a ningún sistema. Es fácil recuperar a un alcohólico; es fácil recuperar a una persona que ha entrado profundamente en las drogas; es difícil recuperar a un *sistemadicto*.

Existen organizaciones como Alcohólicos Anónimos para los alcohólicos, y otras organizaciones para los drogadictos, pero no existe ninguna organización para personas que se han vuelto sistemadictas: no puede haberlas, porque toda organización es un sistema en sí misma.

Yo no estoy dando un sistema. Todo mi esfuerzo es sacaros de vuestra mente sistematizadora.

Si te puedes volver un niño, si puedes mirar la realidad sin ninguna preconcepción, llegarás. Es sencilla, es ordinaria, no hay nada especial en ella. La realidad no es nada especial ni extraordinaria: está *ahí*, ¡está *por todas partes*!

Estás intentando hacer lo imposible, lo que no puede hacerse; estás intentando alcanzar lo real *mediante* la mente. Mediante la mente *pierdes* lo real, no puedes *encontrarlo*. Tienes que abandonar la mente por completo.

Sí, el Camino está justo ante tus ojos, pero tú no estás ahí.

Lo primero: la mente no ayudará; trata de comprenderlo: *la mente no ayudará*, es la barrera. Y lo segundo: tu excesiva preocupación por ti mismo es la mayor barrera.

Ha sido mi observación constante que las personas que meditan se descarrían porque están demasiado preocupadas por sí mismas. Son demasiado egocéntricas. Pueden simular humildad, e incluso puede que quieran saber cómo no tener ego, pero son las personas más egocéntricas; sólo se preocupan por sí mismas, sólo están interesadas en sí mismas.

Preocuparse por los demás es estúpido; preocuparse por uno mismo es aún más estúpido; porque *estar preocupado* es una estupidez: no se cambia nada con ello.

La gente que se preocupa por los demás es más sana; así que en Occidente los psicoanalistas ayudan a la gente a pensar en los demás y a dejar de pensar en sí mismos. Los psicólogos enseñan a la gente a ser extrovertida, a no ser introvertida, porque un introvertido se vuelve enfermo. Un introvertido en realidad se vuelve *pervertido,* piensa continuamente en sí mismo, se cierra, permanece con sus frustraciones, preocupaciones, ansiedades, angustias, depresiones, ira, envidia, odio, esto y lo otro. Y la gran ocupación de la gente es preocuparse.

¡Piensa en qué tipo de angustia se vive así, continuamente preocupado! ¿Por qué estoy tan enfadado? ¿Cómo debería dejar de estarlo? ¿Por qué odio? ¿Cómo debería trascenderlo? ¿Por qué estoy deprimido? ¿Cómo puedo alcanzar la dicha? Se está continuamente preocupado, y con esta preocupación se crean las mismas cosas por las que se está preocupado. Se convierte en un círculo vicioso.

¿Has observado alguna vez que cuando quieres ir más allá de tu depresión la depresión se hace más profunda? ¿Que cuando no quieres estas enfadado te enfadas más? ¿Que cuando estás triste y ya no quieres estar triste, desciende sobre ti más tristeza? ¿No lo has observado? Ocurre debido a la Ley del Efecto Contrario.

Si estás triste y no quieres estar triste, ¿qué harás? Mirarás tu tristeza, tratarás de suprimirla, estarás atento a ello; y la atención es comida.

Los psicoanalistas han encontrado una pista. Esa pista no es muy significativa, después de todo, porque no puede conducirte a la realidad, a lo sumo puede hacerte *normalmente* insano. Puede hacerte un adaptado, es una especie de adaptación a la gente que te rodea. Dicen: Interésate por las preocupaciones de los demás; ayuda a la gente; sirve a la gente.

Los Rotarios, los miembros de los Lion Clubs y otros, siempre dicen: *Nosotros servimos;* son extrovertidos. Y sentirás que la gente que está en algún servicio social, los que están interesados en los demás y *menos* interesados en sí mismos, son más felices que los que están demasiado interesados en sí mismos.

Demasiado interés en uno mismo es una especie

de enfermedad. Cuanto más penetres en ti más se abre la Caja de Pandora: aparecen muchas cosas, y parece que no tiene fin. Estás rodeado por tus propias ansiedades, y sigues jugando con tus heridas, sigues tocándolas una y otra vez para ver si se han curado o no. Te has convertido en un pervertido.

¿Qué hacer? Sólo parece haber dos caminos: extroversión o introversión. Pero siendo extrovertido *nunca* podrás convertirte en un Buda, porque tu preocupación por los demás puede que sólo sea un escape. De hecho, lo es. No puedes mirar tus propias preocupaciones cuando estás preocupado por los demás. Te enfocas en los demás; tú estás en la sombra.

¿Pero cómo crecerá tu ser interno de esta forma? Parecerás más feliz, puede que parezca que estás disfrutando más la vida, pero, ¿cómo vas a crecer? ¿Cómo llegará tu ser interno a ese punto en el que se convierte en luz? Si no te interesas por él en absoluto, no sucederá.

Ser extrovertido es bueno sólo en el sentido de que permaneces sano y no te vuelves un pervertido. Ser introvertido es peligroso, porque si vas mal te volverás un pervertido.

¿Qué hacer entonces?

Trátate a ti mismo como si tú también fueses otro; no te intereses demasiado. Y *eres* otro. Si *tu* cuerpo es otro, ¿por qué no también mi propio cuerpo? *Tu* mente es otra, ¿por qué no mi propia mente?

Sólo es una cuestión de distancia. Tu cuerpo está a un metro y medio de mí, mi cuerpo está un poco más cerca, eso es todo. Tu mente está ahí, mi mente está aquí, es una diferencia de distancia. Pero mi mente es *tan otra* como tu mente, y mi cuerpo está tan lejos como tu cuerpo.

Y si este mundo entero no es una preocupación para mí, ¿por qué hacer una preocupación de mí mismo?

¿Por qué no dejar ambos y no ser ni extrovertido ni introvertido?

Éste es mi mensaje.

Si no puedes seguir esto, entonces es mejor seguir a los psicoanalistas: sé un extrovertido, no te preocupes; no crecerás, pero al menos no sufrirás tanto como sufre un introvertido. No seas un introvertido y no juegues con tus heridas.

No te intereses demasiado. No seas tan egoísta. *Mírate a ti mismo desde una distancia*; la distancia *existe*, sólo tienes que probarlo una vez y lo sentirás; *tú también eres parte de "los demás".*

Cuando tu cuerpo está enfermo es como si el cuerpo de otro estuviera enfermo: haz todo lo que sea necesario, pero no estés *demasiado* interesado, porque ese excesivo interés es una enfermedad *más grande* que la del cuerpo.

Si tienes fiebre, vete al médico, toma la medicina, cuida del cuerpo, ¡y eso es todo! ¿Por qué crear otra fiebre que ningún doctor puede tratar? Esta fiebre del cuerpo puede ser tratada, pero si te preocupas demasiado se crea otra fiebre; esa fiebre es más profunda: ningún doctor puede ayudarte con ella.

Y éste es el problema: puede que el cuerpo se ponga bien pronto, pero la otra fiebre puede continuar; y la otra fiebre *puede seguir*, y puede que sientas que el cuerpo está aún enfermo. Esto sucede todos los días. La enfermedad desaparece del cuerpo, pero no de la mente, y la mente la mantiene. Ha sucedido muchas veces.

Una vez alguien me contó sobre un amigo suyo borracho. Andaba con muletas, no podía andar sin ellas. Había estando con muletas durante muchos años, desde que tuvo un accidente veinte años antes. Entonces, un día que había bebido demasiado, se olvidó de las muletas y salió a dar un paseo. Después de una hora volvió lleno de pánico; dijo: "¿Dónde están mis muletas? ¡No puedo andar sin ellas! Debo haber bebido demasiado".

Pero si puedes andar mientras estás borracho, ¿por qué no cuando no estás borracho?

Ocasionalmente ha ocurrido que alguien que estaba paralítico, cuando su casa se incendia y todo el mundo sale corriendo, el hombre que estaba paralítico y no podía salir de su cama, que tenía que hacerlo todo en la cama, él también sale corriendo; porque se olvida. La casa está ardiendo: *se olvida completamente de que está paralítico*. En ese olvido no está paralítico. Y fuera de la casa, la familia le mira y dicen: "¿Qué estás haciendo? ¡Cómo puedes correr!", y se cae; vuelve a recordar.

Puede que estés creando muchas enfermedades, no porque el cuerpo esté enfermo, sino porque la mente lleva la semilla; de forma que una vez que sucede una enfermedad, la mente lleva la semilla y sigue proyectándola una y otra vez. Muchas enfermedades, el noventa por ciento, tienen su origen en la mente.

El exceso de preocupación por ti mismo es la mayor enfermedad posible. No puedes ser feliz, no puedes disfrutar. ¿Cómo vas a disfrutar? ¡Con tantos problemas dentro! ¡Problemas y problemas y problemas y nada más! Y no parece haber solución. ¿Qué hacer? ¡Te vuelves loco! Por dentro todo el mundo *está* loco.

He oído —sucedió en Washington— que un hombre se subió de pronto a un mástil, el mástil de una bandera; se reunió una multitud, vino la policía, y el hombre gritaba tan alto como podía, decía palabrotas; luego bajó.

Inmediatamente fue capturado por la policía, y le preguntaron: "¿Qué estaba haciendo ahí?".

El hombre dijo: "No me molesten. ¡Si no hago algo tan loco de vez en cuando me volveré loco! Me volveré chiflado. De verdad, no me detengan. Si hago algo así de vez en cuando, todo va suave como la seda. Y no pensé que a nadie le importara, porque con tanta locura como hay por todas partes, ¿*a quién iba a importarle*?".

Tú también necesitas volverte loco de vez en cuando, como cuando te pones iracundo: la ira es una locura temporal. Si no permites un escape de vez en cuando, acumulas tanto que explotas y acabas chiflado.

Pero si estás continuamente preocupado, ya estás chiflado.

He observado que la gente que medita, ora, explora y busca la Verdad son más propensos a la neurosis que el resto de la gente. Y la razón es que están demasiado interesados en sí mismos, son demasiado egocéntricos pensando continuamente en esto y aquello, este bloqueo, aquel bloqueo, esta ira, esa tristeza, el dolor de cabeza, el dolor de espalda, de estómago, de piernas... se están moviendo por dentro continuamente y *nunca* están bien, *no pueden estarlo*, porque el cuerpo es un vasto fenómeno y siempre estan sucediéndote cosas.

Y si no está sucediendo nada, también entonces están preocupados. ¿Por qué no está sucediendo nada? Y tienen que crear algo inmediatamente, porque eso se ha convertido en su constante ocupación, de otra forma se sienten *perdidos*. ¿Qué hacer? ¡No está sucediendo nada! ¿Cómo es posible que no me esté pasando nada? Sólo sienten su ego cuando está sucediendo algo: quizás sea depresión, tristeza, ira o una enfermedad; pero si está sucediendo algo se sienten bien, se pueden *sentir a sí mismos*.

¿Has visto a los niños? Se pellizcan a sí mismos para sentir que *están*. El niño sigue en ti: te gustaría pellizcarte y ver si estás o no.

Se cuenta de Mark Twain que una vez, en la cena de una fiesta, de pronto le entró pánico y dijo: "Lo siento, tengo que irme; y tendrán que llamar a un doctor. Parece que mi pierna derecha se ha quedado paralizada".

La señora que estaba sentada a su lado se echó a reír y dijo: "No se preocupe, ha estado pellizcando *mi* pierna".

Entonces Mark Twain explicó: "Una vez, hace veinte años, un médico me dijo: 'Un día u otro se quedará paralítico del lado derecho', así que desde entonces he estado pellizcándome la pierna derecha; siempre lo hago veinte o treinta veces al día. Justo ahora me estaba pellizcando y..." —estaba pellizcando la pierna de otra persona.

¿Pero por qué seguir pellizcando? ¿Por qué preocuparse por la parálisis? Es todavía peor enfermedad pellizcarse la pierna treinta veces al día durante veinte años; ¡es peor que una parálisis! La parálisis sucede una vez; esto está sucediendo treinta veces al día durante veinte años.

Se dice que un valiente muere una vez y que los cobardes mueren millones de veces: porque siguen pellizcándose con la aprensión de si ya están muertos o no.

Tus enfermedades te ayudan a retener tu ego. Sientes que está sucediendo algo; por supuesto, no la dicha, no el éxtasis, sino la tristeza y el "nadie es más triste que yo", y el "nadie está tan bloqueado como yo", y el "nadie tiene tal jaqueca como la que yo tengo"; ¡ahí te sientes superior, todos los demás son inferiores!

Si estás demasiado interesado en ti mismo, recuerda, no llegarás. Esta preocupación excesiva te cerrará, *y el Camino está justo ante tus ojos*. Tienes que *abrir* los ojos, no cerrarlos.

Ahora trata de comprender esta parábola.

Le preguntó un monje curioso a un Maestro:
"¿Cuál es el Camino?".

Lo primero que hay que comprender es que el monje es un curioso, no un buscador. Si eres un buscador preguntas de distinta forma, preguntas con tu *ser*, te pones en juego a ti mismo, te conviertes en un jugador apostando.

La curiosidad es sólo como un picor; sientes un picor sutil en la mente, pero no es nada, no estás *realmente* interesado en ello, no eres sincero. Sea cual sea la respuesta, no te preocupará, no te cambiará. Un hombre curioso es un hombre superficial.

No puedes hacer tales preguntas por curiosidad, tienes que hacerlas por una búsqueda muy auténtica.

Cuando vas a un Maestro te sientes obligado a preguntar algo, si no pensarán que eres tonto. Mucha gente viene a mí y yo sé por qué preguntan. A veces simplemente lo hacen por curiosidad: como han venido, tienen que preguntar, si no se pensará que son tontos.

Y preguntando demuestran que son tontos, porque si la pregunta no ha salido realmente de ti, si la pregunta no se ha convertido en un profundo interrogante, si la pregunta no lo pone todo en juego, si el problema no es un problema de vida o muerte, si no estás dispuesto a ser transformado por la respuesta, eres tonto si preguntas.

Y si no estás preguntando desde el corazón, es difícil dar alguna respuesta; e incluso si se da una respuesta, la malinterpretarás.

Este monje era un monje curioso y por eso en esta parábola no despierta. Hemos estado estudiando muchas parábolas; cuando la búsqueda es auténtica, al final sucede el *satori*, llega una cierta iluminación: de pronto el discípulo está alerta, como si alguien le hubiera sacudido y despertado; llega una claridad, quizá sólo durante una fracción de segundo, pero las nubes se dispersan y se ve el cielo enorme. Las nubes volverán —ése no es el problema— pero ahora sabes lo que es el cielo auténtico y llevarás esa semilla dentro de ti.

Si se cuida adecuadamente, esta semilla se convertirá en un árbol, y miles de seres podrán encontrar descanso y cobijo debajo de ti.

Pero si sólo eres curioso no sucederá nada. Si estás curioso, la pregunta no ha salido del corazón, es un picor intelectual: y en la mente no se pueden sembrar semillas.

Jesús solía contar la parábola de un granjero que fue a sembrar y tiró las semillas aquí y allá. Algunas cayeron en el camino: nunca germinaron, porque el camino era duro y las semillas no pudieron penetrar en la tierra, no pudieron entrar en la zona más profunda, más oscura de la tierra; porque sólo allí sucede el nacimiento. Sólo en la profunda *oscuridad* comienza Dios a trabajar: su trabajo es secreto y oculto.

Algunas cayeron al lado del camino: germinaron, pero los animales las destruyeron.

Sólo algunas cayeron en el terreno adecuado: éstas no sólo germinaron, sino que crecieron a su altura máxima, florecieron, llegaron a su plenitud; y cada semilla llegó a ser millones de semillas.

Si preguntas por curiosidad, estás preguntando desde el camino: la cabeza es como ese duro camino, tiene que serlo: tiene un tráfico tan constante... Tiene que estar muy dura, casi como el cemento. Ni siquiera en las carreteras hay tanto tráfico como en tu mente.

¡Tantos pensamientos yendo de aquí para allí a toda velocidad! Aún no hemos sido capaces de inventar ningún vehículo más rápido que el pensamiento; nuestros vehículos más veloces son *nada* ante el pensamiento. Los astronautas pueden llegar a la luna, pero no pueden llegar con la velocidad del pensamiento, tardan cierto tiempo; pero tú puedes llegar *inmediatamente* a la luna con el pensamiento. Para el pensamiento es como si el espacio no existiera: en un momento puedo estar aquí, al momento siguiente en Londres y al siguiente en Nueva York, y saltar muchas veces alrededor del mundo en un segundo. Hay *tanto tráfico* que el camino es casi de cemento. Arroja algo ahí y nunca germinará.

La curiosidad viene de la cabeza. Preguntar así algo a un Maestro es como si te hubieras encontrado con él en el mercado y le preguntases.

Conozco a este tipo de gente. *Incluso en el andén,* cuando iba a coger un tren, me acompañaban y me preguntaban: "¿Y Dios? ¿Existe Dios?".

Esta gente son curiosos. ¡Y son tontos! *Nunca* hagas una pregunta por curiosidad, ¡porque ES INÚTIL!: pierdes tu tiempo y haces que los demás pierdan el suyo.

Si el monje hubiera hecho a este Maestro la pregunta justo desde el corazón, el final habría sido diferente. Entonces habría florecido el *satori,* habría habido una plenitud. Pero el final no es así porque el principio fue incorrecto. Un Maestro te da una respuesta por compasión, sabiendo bien que eres curioso; pero quizá, ¿quién sabe?, a veces suceden accidentes y los curiosos se vuelven auténticamente interesados. Nunca se sabe.

Le preguntó un monje curioso a un Maestro: "¿Cuál es el Camino?". "Está justo ante tus ojos", dijo el Maestro.

Esto es *absurdo,* porque si realmente está ante tus ojos, entonces, ¿por qué busca la gente, por qué pregunta la gente? ¿Y por qué no pueden ver por sí mismos?

Hay que comprender varias cosas. La primera es que cuanto más cerca está algo, más difícil es verlo: si está *cerquísima,* es casi imposible, porque los ojos necesitan un cierto espacio, perspectiva, para ver. Puedo veros, pero si me acerco más y más, todo se vuelve borroso: vuestra cara será borrosa, las líneas perderán su forma; y si sigo acercándome y acercándome hasta poner mis ojos sobre tu cara, no veré nada, tu cará se volverá una pared. Pero aún puedo ver un poco porque habrá una pequeña distancia.

Ni siquiera esa distancia existe entre tú y lo real.

Está tocando tus ojos, está tocando tu piel; no sólo eso, penetra en tu piel. Se mueve en tu sangre. Late con tu corazón. ERES TÚ.

El Camino no sólo está frente a tus ojos: el Camino eres *tú*. Eres uno con él.

Así que, ¿cómo verlo? No hay ninguna perspectiva, ningún espacio. *A no ser que alcances una inteligencia clara, una claridad de entendimiento,* no serás capaz de verlo. A no ser que te vuelvas *intensamente consciente,* no serás capaz de verlo.

No hay distancia, así que las formas de ver ordinarias no servirán. Necesitas una *extraordinaria* consciencia, estar tan *extraordinariamente* alerta que nada esté dormido en ti.

De pronto se abre la puerta. El Camino está ahí, *tú* eres el Camino. Pero yerras porque ya estaba ahí antes de que nacieras: naciste sobre el Camino, en el Camino, por el Camino, del Camino; porque el Camino es la realidad.

Recuerda: este Camino no va a una meta, este Camino es la *meta*. Así que, en realidad, no hay viaje, sólo estar alerta, sólo estar en calma, silencioso, sin hacer nada. Tan sólo convirtiéndote en claridad, en consciencia, una fresca comprensión silenciosa.

"Está justo ante tus ojos", dijo el Maestro. *"¿Por qué no lo veo por mí mismo?",* preguntó el monje.

Cuando estás curioso toda respuesta creará otra pregunta, porque la curiosidad nunca puede ser satisfecha. La investigación sí, la investigación puede llegar a un fin, a una conclùsión; la curiosidad nunca, porque llevas de nuevo la misma mente curiosa a la respuesta, y surge una nueva pregunta de ella. Puedes satisfacer a alguien que realmente está inquiriendo, pero no puedes satisfacer a alguien que está simplemente preguntando: *"¿Por qué no lo veo por mí mismo?".*

Otra cosa: una persona curiosa en el fondo *no* está interesada en la realidad, sólo está interesada en sí misma. Dice: "¿Por qué no lo veo por mí mismo? ¿Por qué puedes verlo tú y yo no puedo verlo? No te puedo creer, no puedo confiar, y si está justo en frente de mis ojos, entonces, ¿por qué no puedo verlo?".

"Porque estás pensando en ti mismo", dijo el Maestro.

EL CAMINO ESTÁ AHÍ, y tú estás pensando en ti mismo: "¿Por qué no puedo ver?". Nadie que esté tan lleno de ego puede ver. Ponlo de lado, porque el ego es todo tu pasado, todo lo que has experimentado, aquello con lo que has sido condicionado, todo lo que has conocido, estudiado, coleccionado, recogido: información, Escrituras, conocimientos, *todo* eso es tu ego, *todo ello*, y si estás preocupado por ello, no puedes ver el camino.

"¿Y usted?", dijo el monje.

Todo lo que dice un Maestro, cada respuesta, podría conducir a un *satori* si la persona es la adecuada. Justo al principio, cuando dijo: "Está justo ante tus ojos!", habría sobrevenido la Iluminación si hubiera estado allí la persona adecuada.

Pero él erró, de otra forma la afirmación siguiente habría sido una comprensión. "¿Por qué no lo veo por mí mismo?", preguntó. "Porque estás pensando en ti mismo". Pero no. La curiosidad no puede quedar satisfecha, nunca tiene fin.

Siempre que toca el "yo" de alguien, de pronto se echa sobre ti. Él dijo: *"¿Y usted?, ¿lo ve usted?*

El ego siempre siente: Si yo no puedo verlo, ¿cómo va a verlo cualquier otro? El ego nunca puede creer que alguien pueda no tener ego. Imposible. Y si tú puedes creerlo, tu ego ya ha empezado a morir. Si *puedes* sentir esto, tu ego ya ha empezado a morir. Si puedes sentir que alguien puede no tener ego, la sujeción está ya aflojándose. El ego no te permitirá sentir que *nunca* haya habido alguien sin ego. Y a causa de tu ego, continúas proyectando ego en los demás.

Se han escrito muchos libros sobre Jesús —más que sobre ninguna otra persona— y muchos libros tratan de probar que Jesús tenía un ego muy profundo, porque decía: "Soy el hijo de Dios", "Yo y mi Padre somos uno". Está diciendo: Soy Dios.

Muchos psicoanalistas han intentado explicar que estaba neurótico. ¿Cómo puedes decir que eres Dios? Debes estar lleno de ego.

Eso es lo que creyeron los judíos cuando Jesús estaba vivo. Ellos también sintieron: "¡Este hombre está loco con su ego! ¿Qué está diciendo... que es Dios o el único hijo de Dios? ¡Reclamando tanto para sí mismo!". Y se burlaron.

Se *burlaron, se rieron*. Y cuando crucificaron a Jesús, su conducta hacia él fue sencillamente incomprensible. Pusieron una corona de espinas en su cabeza y dijeron: "Tú, Rey de los Judíos, hijo de Dios, tú y tu Padre sois uno, acuérdate de nosotros cuando vayamos también a tu Reino de Dios".

Le obligaron a cargar con su cruz. Estaba débil, la cruz era muy pesada —la habían hecho muy pesada deliberadamente, y le forzaron a llevar su propia cruz como a un criminal ordinario. Y él tenía sed, porque iba a ser crucificado en una colina, el Gólgota, muy cuesta arriba. Y él llevaba su gran cruz, sudando, sediento, y la gente se burlaba a su alrededor, haciendo chistes sobre él, y decían: "Mira, ¡el Rey de los Judíos! ¡Mira! El hombre que afirma que es el hijo de Dios".

Se habían reunido muchas personas sólo para disfrutarlo: era una especie de pasatiempo, una fiesta en la que se había reunido toda la ciudad para tirar piedras a este hombre. ¿Por qué se estaban vengando de esta forma?

Porque este hombre había herido sus egos. Afirmaba que él era Dios mismo. No podían entender que este hombre no tenía ego en absoluto: ¡de ahí la reivindicación!

La reivindicación no venía del ego; la reivindicación era simplemente una realidad. Cuando *tu* ego cae, tú también eres un dios.

Pero uno puede reivindicar desde el ego. Todas nuestras reivindicaciones son del ego, así que no podemos ver cómo una persona puede reivindicar sin el ego.

Krishna, en el Gita, dice a Arjuna: "Ven a mis pies. *Déjalo todo* y entrégate a mí". Los hindúes no son tan descarados, tienen muy buenos modales; no escribieron que este hombre estuviera lleno de ego. Pero en Occidente muchos han sentido lo mismo que con Jesús: "¡Qué tipo de hombre es éste que dice 'Ven a mis pies'?"

Nuestros egos no pueden sentir que cuando Krishna dice a Arjuna "Ven a mis pies", no hay nadie en su interior: es como ir a los pies de nadie. Pero los egos no pueden ver esto.

Puedes ver sólo lo que eres, no puedes ver lo que no eres. El monje dijo inmediatamente: "¿Y usted?". Se siente herido porque el Maestro ha dicho: "Porque estás pensando en ti mismo, por eso no estás encontrando el Camino; y está justo enfrente de ti". Ahora este hombre está reaccionando. Le gustaría herir también al Maestro, y pregunta: "¿Y usted? ¿Usted lo ve?".

Quería, esperaba —a causa de su propio ego— que este hombre dijese: "Sí, yo lo veo", y entonces todo habría sido fácil. El podría haber dicho: "entonces tú también estás interesado en tú 'yo'; ¿cómo vas a verlo? Somos iguales". Y se habría muy feliz, porque el caso habría quedado cerrado.

Pero no puedes cerrar tu caso con un Maestro. Él nunca satisface tus espectativas. Él es sencillamente imprevisible. No puedes cogerle en su trampa porque sus formas siempre cambian. Tu mente no puede darte la respuesta que él te va a dar.

El Maestro dijo: "Mientras sigas viendo doble, diciendo yo no y tú sí, y así sucesivamente, tus ojos estarán nublados".

El Maestro no ha dicho nada sobre sí mismo. Si hubiera estado allí un Arjuna, habría dicho: "Sí, yo lo veo —y por favor, no sigas dando vueltas y más vueltas, ven a mis pies". Pero este hombre no era Arjuna, tan sólo era un curioso que no estaba realmente interesado. Era sólo un problema, no una pregunta. No se va a cambiar a sí mismo en forma alguna, a lo sumo tendrá un poco más de información, tendrá más conocimientos.

Por eso el Maestro dice: "Mientras sigas viendo doble, diciendo yo no y tú sí, y así sucesivametne, tus ojos estarán nublados", porque los ojos del monje están nublados por el *yo* y el *tú*. Son un solo fenómeno, trata de comprender esto. *Yo* y *tú* son dos lados de la misma moneda: este lado *yo,* este lado *tú.* Si *yo* se va, *tú* se va. Si ya no existe el *yo, tú* ya no existes, porque cuando la moneda desaparece, ambos lados desaparecen juntos.

Yó: ése es un polo, *tú:* ése es el otro polo; ambos desaparecen o ambos permanecen.

SI TÚ EXISTES, entonces hay una multitud a tu alrededor, una enorme multitud de *yos* y *tús;* si tú no existes, ha desaparecido toda la multitud como si hubiera sido una pesadilla —*lo era*— y simplemente existe el silencio, en el que no hay división, ni siquiera ésta de *yo* y *tú.*

Es por eso que la gente Zen nunca habla de Dios, porque, dicen ellos, "si hablamos de Dios tendremos que decir *tú*". Buda nunca habló de Dios, y dijo: "No recéis, porque vuestra oración mantendría la división, la dualidad, la visión dual: *yo* y *tú*".

En la cumbre misma llevarás también la *misma* enfermedad de forma sutil: dirás *yo,* dirás *Vos.* No importa lo amorosamente que lo digas, la división existe, y con la división no es posible el amor: ésa es la diferencia entre el pensamiento judío y la forma de pensar de Jesús.

Martin Buber escribió un libro: *Yo y tú.* Es uno de los más profundos pensadores judíos, pero sigue siendo un pensador. Puede que hable de misticismo, pero esa charla es también la de un pensador y filósofo, porque en el final mismo mantiene la vieja división, Yo y Tú. Ahora, el *tú* no está aquí, en este mundo, pero Dios se ha convertido en Tú y, de esta forma, la vieja división sigue existiendo.

Los judíos y los mahometanos han negado siempre que te puedas hacer uno con Dios, tan sólo por miedo a que el *yo* pueda reclamar que se ha convertido en Dios. Han mantenido la división. Ellos dicen que te puedes acercar más y más y más, pero tú seguirás tú y Él seguirá siendo Él. Tú seguirás siendo un *yo* y a Él *hay que* tratarle de *Tú.*

Y éste es el problema que creó Jesús, porque él dijo: "Yo y mi Padre en el Cielo somos uno". Abandonó la división entre yo y tú.

Ése ha sido el problema de los mahometanos en la India: no pudieron comprender los Upanishads, no pudieron comprender la enseñanza hindú de que tú eres lo mismo que Él. Abandona el *yo* y Él no será ya más un *tú*. De hecho, de pronto desaparecen los polos y la energía es una. Yo desaparezco aquí, tu desapareces ahí, y la energía es una.

A veces, en profundo amor suceden vislumbres en los que ni tú eres un *yo* ni tu amante o amada un *tú*, pero sólo a veces. Cuando dos energías simplemente se encuentran y no puedes encontrar la división, se mezclan y se juntan y se funden y se hacen una, de pronto ha desaparecido el límite, por eso el amor crea *miedo*.

El amor profundo crea miedo profundo. Parece la muerte, porque el *yo* desaparece, el *tú* desaparece, y esto es una especie de muerte.

Y sólo cuando *tú* mueres entras en lo Divino.

Pero entonces lo Divino ya no es un Dios ajeno, ya no hay otro al que te puedas dirigir, *de aquí* que en el Budismo no exista ninguna oración.

De forma que los cristianos no pueden entender qué tipo de religión es el Budismo.

¡Ninguna oración!

"¿Cómo puedes rezar?", dijo Buda. "Porque la oración sólo es posible en la división: Yo rezando, Tú escuchando. ¿Cómo puedes rezar?".

En el Budismo sólo existe la meditación. Intenta comprender la diferencia: la oración mantiene la vieja división entre Yo y Tú, la meditación abandona la división. *La oración tiene que conducir finalmente a la meditación.* La oración no puede ser lo último. Es hermosa, pero no es lo Supremo. *Lo Supremo sólo puede ser esto:* Cuando ambos han desaparecido y sólo existe la Unidad.

¡Tremendo! ¡Enorme! ¡Te asusta! Todas las cómodas divisiones de Yo y Tú desaparecen. Desaparece toda relación, ése es el miedo; eso es lo que asusta a Buber. Tiene miedo de que si no hay ni Yo ni Tú ya no es posible ninguna relación.

La relación te da un hogar; la relación te da una sensación de comodidad; la relación te da algo que no parece un *tremendum*, que no es atemorizador. La meditación tiene que ser lo Supremo, porque la oración nunca puede conducir a lo no-dual, y esto es lo que está diciendo el Maestro. Dice: "Mientras sigas viendo doble, diciendo yo no y tú sí, y así sucesivamente, tus ojos estarán nublados".

La división es lo que nubla. A causa de la división hay neblina en los ojos, a causa de la división hay polvo en los ojos, a causa de la división tus ojos están embarrados, nublados, distorsionados.

Abandona la división y el Camino estará ahí. Pero una mente curiosa sigue y sigue y sigue. El monje se podía haber Iluminado en ese momento, porque la Iluminación no es otra cosa que una claridad, una comprensión. Verdades tan profundas... y las semillas siguen desperdiciándose, porque ese hombre es una autopista, ese hombre no es el terreno apropiado. Él dijo, de nuevo:

"Cuando no hay ni yo ni tú, ¿se puede ver?

Evita esta tendencia a ser *curioso*. El monje no está escuchando nada en absoluto; no ha comprendido ni una sola palabra; no ha sentido nada, sigue en la misma superficie, en el mismo nivel, ni siquiera un centímetro más profundo. Sus preguntas ahora no son un interrogante, sino una reacción; a todo lo que dice el Maestro, él reacciona. Siempre que sucede esto significa que cuando el Maestro está hablando, él también está pensando en ese momento, preparando la siguiente pregunta. No está escuchando.

"Cuando no hay ni yo ni tú, ¿se puede ver?". De nuevo está esperando. Siempre que haces una pregunta a alguien tienes ya una respuesta en mente. Si su respuesta concuerda con la que esperabas, el hombre tiene razón; si no concuerda, entonces ese hombre está diciendo tonterías.

Nunca vengas a mí con respuestas previstas, porque si tienes ya una respuesta, no hay necesidad de preguntar. Y éste es la diferencia: si haces una pregunta *sin ninguna respuesta prevista*, serás capaz de oír la respuesta. Si tienes una sutil expectativa de que *ésta* va a ser la respuesta, si tu mente te ha dado ya una respuesta, no serás capaz de escuchar, estarás simplemente esperando la confirmación de que tu respuesta es correcta, o de que este hombre está equivocado; pero en cualquier caso tú tienes razón.

Nunca hagas una pregunta con la sensación de que tienes razón; si tienes razón entonces no hay necesidad de preguntar. Haz siempre la pregunta desde la posición de hombre ignorante, sabiendo bien que no sabes, así que, ¿cómo vas a prever, cómo vas a crear una respuesta? Sabiendo perfectamente que no sabes, ¡PREGUNTA!, y serás terreno adecuado, y las semillas caerán en ti y será posible una gran cosecha.

El hombre preguntó de nuevo: "Cuando no hay ni yo ni tú, ¿se puede ver?". Está intentando arrinconar al Maestro, como lo intenta siempre la mente; porque ahora él debe decir que sí. Si dice que sí, la mente curiosa puede preguntar de nuevo: "¿Entonces quién lo verá si no hay ni yo ni tú?". Cuando yo no esté y tú no estés, ¿quién lo verá entonces?

Pero no puedes arrinconar a un hombre Iluminado. Puedes arrinconar a otra mente, entonces puedes jugar al ajedrez; pero a un hombre que no tiene mente no puedes arrinconarlo, no puedes derrotarlo, porque él no está ahí. Su victoria es absoluta.

Con él, o eres derrotado o huyes. Su victoria es absoluta porque él ya no está ahí. ¿Cómo va a ser derrotado? ¿Cómo va a ser forzado a arrinconarse?

Éste es un bello rincón. Este hombre debía ser un profesor, o un lógico, o un pundit. Ya ha intentado arrinconar al Maestro en tres preguntas, y si hubiera habido un hombre ahí habría sido arrinconado; pero como un Maestro no está, ¿cómo vas a arrinconarle? Él es el cielo entero. ¿Cómo vas a arrinconar a todo el Cielo? *En él existen todo los rincones,* pero no puedes arrinconarle.

El Maestro dijo:

"Cuando no hay ni yo ni tú, ¿quién es el que quiere verlo?".

En realidad, sólo *ves* cuando no existes. Cuando *no* existes no hay deseo de intentar ver . Cuando *tú* no existes, *¿a quién le preocupa el Camino?* EL CAMINO YA HA SUCEDIDO. *¿A quién* le preocupa Dios?, ¡ya está ahí!

Aquí desaparece, y *allí* todo está listo, todo lo que

estabas buscando, todos los interrogantes han sido satisfechos. Aquí te disuelves, y todas las respuestas desaparecen y todos los interrogantes se disuelven. De pronto está ahí la Verdad.

Tu disolución es la Verdad. Tu "no estar ahí" es el Camino. Tu ausencia es la presencia de Dios.

Acerca de Osho

Osho nació en Kuchwada, Madhya Pradesh, India, el 11 de diciembre de 1931. Desde su edad más temprana fue un espíritu rebelde e independiente que insistía en experimentar la verdad por sí mismo, más que adquirir conocimiento y creencias de otros.

Después de su iluminación a la edad de veintiún años, Osho completó sus estudios académicos y pasó varios años enseñando filosofía en la universidad de Jabalpur. Entretanto, viajaba por la India dando charlas y desafiando a los líderes religiosos ortodoxos en debates públicos, cuestionando las creencias tradicionales y encontrándose gente de todo tipo y clase. Leía profusamente todo lo que podía encontrar para ampliar la comprensión de los sistemas de creencias y de la psicología del hombre contemporáneo. A finales de los sesenta, Osho empezó a desarrollar sus técnicas únicas de meditación dinámica. El ser humano moderno, dice, está tan agobiado con las tradiciones caducas del pasado y con la ansiedad de la vida moderna, que tiene que pasar por un proceso de limpieza profunda antes de que pueda tener la esperanza de descubrir el estado relajado y sin pensamiento de la meditación.

A lo largo de su trabajo, Osho ha hablado de prácticamente todos los aspectos que se relacionan con el desarrollo de la consciencia humana. Ha destilado la esencia de lo que es significativo en la búsqueda espiritual del hombre contemporáneo, basándose no en la comprensión intelectual sino en las pruebas de su propia experiencia existencial.

Osho no pertenece a ninguna tradición. «Soy el comienzo de una consciencia religiosa totalmente nueva —dice—. Por favor, no me conectéis con el pasado; ni siquiera vale la pena recordarlo.»

Sus charlas a sus discípulos y buscadores de todo el mundo han sido publicadas en más de seiscientos volúmenes y traducidas a más de treinta idiomas. En sus propias palabras: «Mi mensaje no es una doctrina, no es una filosofía. Mi mensaje contiene una cierta alquimia, una ciencia de la transformación; así que únicamente aquéllos que están dispuestos a morir tal como son y a nacer otra vez en algo nuevo, algo que no pueden siquiera imaginar ahora mismo..., únicamente esos pocos valientes, estarán preparados para escuchar, porque escuchar va a ser algo arriesgado. Al escuchar, has dado los primeros pasos hacia el renacimiento. Por tanto, ésta no es una filosofía de la que puedas hacer un abrigo y luego alardear de ella. No es una doctrina en la que puedas encontrar consuelo ante preguntas inquietantes. No, mi mensaje no es comunicación verbal. Es algo mucho más arriesgado. Es nada menos que muerte y renacimiento».

Osho dejó su cuerpo el 19 de enero de 1990. Su enorme comuna en la India sigue siendo el centro de crecimiento espiritual más grande del mundo y atrae miles de visitantes internacionales que vienen a participar en la meditación, en la terapia, en el trabajo corporal y programas creativos o simplemente a experimentar lo que significa estar en un campo búdico.

Osho Commune International
Puna, India

La comuna es una escuela de misterios para la exploración interior. Es la mayor aventura que existe, la mayor danza.

El camino que tienes que recorrer, has de recorrerlo a solas; pero saber que hay mucha gente haciéndolo en solitario infunde mucho ánimo.

... un pequeño oasis en el que la vida se vive con una visión totalmente diferente; donde la meta es totalmente diferente; donde la vida se vive con propósito, significado; donde la vida se vive con método; donde vivimos la vida alerta, conscientes, despiertos; donde la vida no es simplemente fortuita; donde la vida empieza a convertirse más y más en un crecimiento en determinada dirección.

Y éste no es un ashram indio; es una comuna internacional, un lugar de encuentro entre Oriente y Occidente. Esta comuna representa a toda la humanidad, no del pasado sino del futuro.

Nuestro principal esfuerzo es hacer que la meditación sea accesible absolutamente a todos aquellos que deseen meditar, y para ello la adaptamos a las características de cada uno. Si una persona necesita descansar, entonces el descanso debería ser su meditación. «Sentarse silenciosamente sin hacer nada mientras llega la primavera y la hierba crece por sí misma» —ésta será su meditación. Tenemos que encontrar tantas dimensiones de la meditación como gente hay en el mundo; y el modelo no debe ser muy rígido, porque no hay dos personas iguales. Esto es una revolución. El individuo no tiene que adaptarse al modelo; el modelo debe adaptarse al individuo. Esto es por lo que aquí puedes encontrar tantas meditaciones. El método puede ser activo o pasivo, no importa, el objetivo es el mismo: cómo hacerte estar tan silencioso que todo pensamiento desaparezca y tú seas como un espejo que refleja lo que hay.

Osho Multiversity

[Es la universidad de la comuna, calificada de «multiversidad».]

En esta comuna hay al menos cincuenta grupos de terapia funcionando, por una razón muy concreta: simplemente para equilibrar los miles de años de represión. Es sólo para traer a la luz todo lo que hemos reprimido —como cristianos, hindúes, budistas. Es sólo para deshacer el daño secular que se te ha hecho. Estos grupos de terapia no son el final; sólo te preparan para la meditación, el testigo pasivo de pensamientos, emociones y acciones sin juicio ni identificación.

El momento culminante del día es la reunión vespertina: dos horas de celebración que incluyen música, baile y una meditación en silencio con uno de los discursos de Osho.

«Esto no son conferencias; son simplemente un recurso para que llegues a ser silencioso, porque si te dicen que te vuelvas silencioso sin hacer ningún esfuerzo, encontrarás grandes dificultades. Yo estoy haciendo que te des cuenta de los silencios sin ningún esfuerzo por tu parte. El que yo hable se está utilizando, en primer lugar, como una estrategia para que tú estés en silencio.»

PARA MÁS INFORMACIÓN

www.osho.org

Una dirección web en diferentes idiomas que ofrece meditaciones de Osho, libros y casetes, un recorrido *online* de la Osho Commune International, de los centros de información de Osho en el mundo y una selección de charlas de Osho.

Osho Commune International

17 Koregaon Park - Pune 411 011 (MS) - INDIA
Tel.: +91 (212) 628 562 - Fax: + 91 (212) 624 181
E-mail: osho-commune@osho.org

Osho International

570 Lexington Ave
New York, N. Y. 10022 USA
E-mail: osho-int@osho.org
Tel.: 1-212-588-9888 - Fax: 1-212-588-1977
www.osho.org

Página web en español:

http://www.sp.osho.org

Si deseas recibir información gratuita sobre nuestras novedades

- Llámanos

o

- Manda un fax

o

- Manda un e-mail

o

- Escribe

o

- Recorta y envía esta página a:

ARKANO BOOKS

C/ Alquimia, 6
28933 Móstoles (Madrid)
Tel.: 91 614 53 46 - 91 614 58 49
Fax: 91 618 40 12
e-mail: alfaomega@sew.es

Nombre: ....

Primer apellido: ....

Segundo apellido: ....

Domicilio: ....

Código Postal: ....

Población: ....

País: ....

Teléfono: ....

Fax: ....

Y llovieron flores